国家文化产业资金支持媒体融合重大项目

高等职业教育教学改革融合创新型教材 · 财经基础课

国家资源库专业特色课程配套教材

统计学基础

TONGJIXUE JICHU

荀　雪　刘　明　梅　叶　主　编

王志玲　李鑫萍　王　青
孙　涵　樊　璞　赵　芳　副主编

陈秀香　主　审

东北财经大学出版社
Dongbei University of Finance & Economics Press
大连

图书在版编目（CIP）数据

统计学基础 / 苟雪，刘明，梅叶主编．—大连：东北财经大学出版社，2024.12

（高等职业教育教学改革融合创新型教材·财经基础课）

ISBN 978-7-5654-5238-3

Ⅰ.统… Ⅱ.①苟… ②刘… ③梅… Ⅲ.统计学-高等职业教育-教材 Ⅳ.C8

中国国家版本馆CIP数据核字（2024）第078955号

东北财经大学出版社出版

（大连市黑石礁尖山街217号　邮政编码　116025）

网　址：http://www.dufep.cn

读者信箱：dufep@dufe.edu.cn

大连天骄彩色印刷有限公司印刷　东北财经大学出版社发行

幅面尺寸：185mm×260mm　字数：401千字　印张：18.25

2024年12月第1版　2024年12月第1次印刷

责任编辑：张晓鹏　孟　鑫　责任校对：石建华

封面设计：原　皓　版式设计：原　皓

定价：48.00元

教学支持　售后服务　联系电话：（0411）84710309

如有印装质量问题，请联系营销部：（0411）84710711

前　言

党的二十大报告指出："我们要坚持走中国特色社会主义法治道路，建设中国特色社会主义法治体系、建设社会主义法治国家。"统计是经济社会发展的综合性、基础性工作，《中华人民共和国统计法》是国家制定的关于统计活动的行为准则，依法统计是推进国家治理体系和治理能力现代化的必然要求。统计培养的是学生对社会经济现象中的数据信息进行收集、整理和分析的能力。

"统计学基础"是培养学生统计能力的基础课程。学习本课程，不仅可以为学生学习专业统计课程奠定理论和方法基础，而且可以为其他专业课程的学习和能力培养提供数量分析方法。本教材遵循财经类专业学生职业能力培养的基本规律，课程设计充分体现职业性、实践性、生动性，以统计工作过程为依据整合、规划教学内容，力争实现理论与实践一体化，力求教学相长，并形成了如下特色：

一、具有完整的课程体系

统计工作包括统计设计、统计调查、统计整理和统计分析及预测四个阶段。本教材分成八章，第一章统计概述，第二章统计调查，第三章统计整理，第四章至第八章为统计分析，涵盖了综合指标分析、抽样推断、相关与回归分析、时间数列和指数分析。

二、内容丰富多样

本教材中的各重要知识点和能力点均安排了"做中学"案例、"学中做"案例和"技能训练"案例，让学生能够"学中做""做中学"。

三、案例具有针对性

本教材的案例选取严格遵循财经商贸大类的人才培养方案、课程标准，紧密结合目前的商贸大类统计岗位需求，能够满足专业人才培养的需求，具有较强的针对性。

四、案例生动现实

本教材选取了大量社会经济现象中的最新案例，同时为每章知识点配备了微课讲解，注重理论知识与实际生活的结合，使统计"源于生活又高于生活"，既能激发学生的学习兴趣，又能服务于财经类各专业人才培养目标。

本教材由滨州职业学院苟雪、济南职业学院刘明及青岛港湾职业技术学院梅叶担任主编，滨州职业学院陈秀香担任主审。其具体编写分工如下：苟雪负责整本书的框架确定，确保教材内容结构严谨、逻辑清晰，刘明、梅叶负责撰写第一章至第三章，王志玲、李鑫萍、王青、孙涵、樊璞和赵芳负责撰写第四章至第八章。教材编写完成后，全体成员参加了定稿会议，对教材进行了细致的审阅和修改。

本教材在编写过程中，参考了大量的教材和有关研究成果及资料，在此向相关作者深表谢意。由于编者水平及时间所限，书中难免有疏漏之处，欢迎各位同行和读者批评指正。

编　者

2024年9月

目录

第一章

统计概述

知识目标

1.了解统计的起源与发展；
2.理解统计的三层含义；
3.了解统计学的研究对象及特点、统计工作过程以及统计学的研究方法；
4.掌握统计学几个重要的基本概念；
5.了解统计的基本职能、统计的组织与管理以及统计立法等。

能力目标

1.厘清统计工作的过程；
2.能够熟练识别生活中的标志和指标并运用到经济社会案例分析中；
3.能为企业设计指标体系。

素养目标

1.培养认真思考、团队合作的职业素养；
2.树立统计法律意识和民族自豪感；
3.树立大局意识，能够客观理性地分析问题。

第一节　走进统计

一、统计的起源与发展

（一）古代统计

中国统计思想发展历史源远流长。《周易·系辞下》中记载，“上古结绳而治”。在中国原始社会时期，通过“结绳记事”，产生了一般的计数活动，从而形成了中国统计的萌芽。

我国最早的统计数字出现于公元前21世纪夏禹立国时期。据《后汉书·郡国志》中记载："及禹平水土，还为九州，今《禹贡》是也。是以其时九州之地，凡二千四百三十万八千二十四顷，定垦者九百三十万六千二十四顷，不垦者千五百万二千顷。民口千三百五十五万三千九百二十三人。"

春秋战国时期，各诸侯国已经开始将统计思想用于治理国家，利用统计结果对经济社会现象进行实际分析，呈现出统计思想的一个高峰时期。在此阶段，中国统计蕴含了丰富的统计方法，比如平均数法、相对数法、分组法、图表法和估算法等，且都已经被运用到实际工作中，特别是在国家治理、经济管理和社会生活等领域。例如，范蠡发现农业收成的好坏有一定的规律性：六年一丰收，六年一平年，十二年一大饥；有时是三年一个循环。这样就可以根据农业收成的规律，去预测农产品及其价格的变动趋势。李悝运用数量分析的方法——分组法和平均数法，推算出了五口农民家庭的收入和消费以及个人所得。商鞅特别重视统计调查，强调要对人口的出生与死亡进行登记。

（二）近代统计

在1911—1949年期间，中国开始建立统计学科，同时开始引进和学习数理统计学派的统计学理论知识和思想。1914年，统计学者顾澄翻译的《统计学之理论》，被认为是中国开始引进英美数理统计学派的统计理论的标志，之后，很多中国学者开始接受和学习英美数理统计学派的理论。

1930年3月9日中国统计学社成立，其宗旨为：研究统计学理及其方法；赞助、推动国内外统计事业的发展。中国统计学社的成立对中国统计思想的发展有着至关重要的作用。

20世纪30年代，国内各大院校（如南开大学、清华大学、重庆大学等）开始设立统计课程，大大促进了统计理论知识的应用和统计思想的推广。1929年，南开大学经济学院对华北地区的部分重要工业区进行了实地考察，并且将考察结果编写成《天津地毯工业》《天津针织供应业》《天津碾米工业》《中国之乡村工业》等书。清华大学的国情普查研究所于1938年对云南呈贡县进行了人口普查；1942年还对云南环湖户籍示范区进行了一次人口普查。

在国际环境影响下，英美数理统计学派思想逐步取代社会统计学派思想而成为中国统计学思想的主流。

（三）现代统计

中华人民共和国成立后，在国家治理方面学习苏联的经验，着手推行物质产品平衡表体系（MPS），逐步建立起工业、农业、基本建设、交通、贸易、人口、劳动工资、物资分配等统计制度，先后组织开展了工农业总产值和劳动就业调查、第一次全国人口普查、农民和职工家计调查等一系列统计调查。

1952年8月7日，国家统计局宣告成立，中国政府统计工作揭开崭新的一页。1979年11月，中国统计学会在杭州成立。此后，各省、自治区、直辖市也都随之成立了统计学会。20世纪70年代后期，中国的统计研究步入新时代。

党的十一届三中全会以后，全党工作重点转移到社会主义现代化建设上来。全国人大常委会通过了《中华人民共和国统计法》，标志着我国政府统计开始走上法治轨道。统计部门积极适应我国经济社会领域重大变革，立足于统计信息、咨询、监督三大职能，建立统一领导、分级管理的统计管理体制，出台《国民经济行业分类与代码》等重要统计标准，恢复农村社会经济调查、职工家庭生活调查等重要调查项目，加强综合平衡，工业、商业、人口和社会统计，新建国际收支、旅游、环境保护等方面的统计调查制度，成立国家统计局直属的农村和城市社会经济调查队，着手开展统计信息化建设，在国际统计舞台上逐渐崭露头角。这一时期，统计部门全面推进各项统计改革和建设，为计划经济向社会主义市场经济顺利转轨转型提供了丰富客观的统计数据信息。

作为党和国家事业的重要组成部分，统计事业在风雨兼程的峥嵘岁月中，始终与时代同进步、与祖国共成长。从百废待兴到拨乱反正，中国统计在艰难中起步，在探索中前行；从改革开放到世纪腾飞，中国统计在开拓中奋进，在创新中发展。

二、统计的三层含义

统计的含义包括三个方面：统计工作、统计资料和统计学，统计是这三个方面的统一体。

（一）统计工作

统计工作是指人们对自然现象、社会现象、经济现象的数据资料进行收集、整理、分析研究的工作过程的总称，也就是实际从事统计的实践活动。例如，农业调查员根据气象部门提供的当前气象条件、土壤情况以及农业生产管理部门提供的秋粮基本长势、病虫害防治情况研判区域内粮食生产形势；国家专职统计人员对国情国力与社会发展情况进行调查研究；经营管理人员为了推销产品而对其市场供求情况的信息资料进行收集、整理和分析等，这些活动都是统计工作。

小思考 1-1

生活中对自然现象、经济现象、社会现象的统计工作还有哪些？

（二）统计资料

统计资料是统计工作中所取得的各项数字资料以及其他与之相联系的资料的总称。它既是统计工作的结果，也是统计信息的载体。统计资料中大多为数据资料。例如，党的二十大报告指出："居民人均可支配收入从一万六千五百元增加到三万五千一百元。城镇新增就业年均一千三百万人以上。建成世界上规模最大的教育体系、社会保障体系、医疗卫生体系，教育普及水平实现历史性跨越，基本养老保险覆盖十亿四千万人，基本医疗保险参保率稳定在百分之九十五。及时调整生育政策。改造棚户区住房四千二百多万套，改造农村危房二千四百多万户，城乡居民住房条件明显改善。互联网上网人数达十亿三千万人。"这些数据表明了党和国家贯彻以人民为中心的发展思想，在幼有所育、学有所教、劳有所得、病有所医、老有所养、住有所居、弱有所扶上持续用力，人民生活全方位改善。

准确、及时、科学、真实地反映实际经济活动的统计资料本身具有十分重要的价值，但必须设法及时地开发利用这些统计资料，否则它们躺在纸堆里是毫无用处的。

（三）统计学

拓展阅读 1-1

统计学是应用数学的一个分支，主要通过概率论建立数学模型，收集所观察系统的数据，进行量化的分析、总结，并进而进行推断和预测，为相关决策提供依据和参考。《不列颠百科全书》对统计学的定义为：“统计学是关于收集和分析数据的科学和艺术。”《统计与真理》一书中提到：“在理性的基础上，所有的判断都是统计。”统计学是对统计实践活动的经验总结和理论概括，是在统计工作的经验积累到一定程度时自然产生的，它是收集、整理、分析统计数据的方法和技术，为我们的决策提供“量”方面的依据。将这些基本理论、基本方法和基本技能应用到工业、农业、商业等领域，说明这些领域的统计资料是如何收集、整理和分析的，就形成了工业统计学、农业统计学、商业统计学等专业统计学。

（四）三者间的关系

统计三个方面的含义之间存在下列关系：统计工作的成果是统计资料，二者是过程与结果的关系；统计学是对统计工作的经验总结和理论概括，反过来又指导统计工作，使统计工作更完善，二者是理论与实践的关系；统计工作、统计资料和统计学三者之间相互联系，密不可分，成为一个统一的总体。

三、统计的意义

中国当代经济学家、教育学家、人口学家马寅初曾说：“学者不能离开统计而研究，政治家不能离开统计而施政，事业家不能离开统计而执业。”可见学习统计的必要性和重要性。

1. 良好的统计训练使人宏观意识比较强

总体和总量是统计学中最基本的概念，虽然统计调查和处理都要从个体入手，但其最终目的是由此而对现象的总体作出评价。统计总是把着眼点放在宏观大势的把握上，对个体数据如何处理其实取决于对总体的认识。久而久之，统计训练使人宏观意识得到强化，遇到问题时会习惯性地将其放在大的时空背景中去考虑。唐代诗人杜甫有诗云：会当凌绝顶，一览众山小。统计训练能带给人的就是这种感觉。

2. 良好的统计训练还能使人在看待和处理问题时不那么偏激

统计中的平均分析和平衡分析都在教导我们对事物应持中庸的态度。统计人的豁达也源于此。知道了平均水平，便把握了事物的一般趋势，心中有底；同时也知道事物围绕着平均水平还会有变异，当好的极端出现时，能够不欣喜若狂，而当差的极端出现时，又可处之泰然。

3. 良好的统计训练可以使人有较强的分寸感

统计注意研究事物发展过程中量变引起质变的度，注意研究事物的数量规律。统计是用数据说话的，不能空穴来风，得出的认识通常有方法依据和信息支持，八九不离十，比起单纯的理论说教，能给人以更实在的感受，分寸感强。统计训练使人的豁达有较为坚实的基础——对人的分寸感的培养。

拓展阅读 1-2

4. 良好的统计训练可以培养尊重科学、实事求是的精神

真实是统计的根本准则，是统计的生命线。统计工作人员不仅需要有统计理论的指导，还需要具备尊重科学、实事求是的精神。因为如果不这样，而是凭主观想象出数字，或出于主观意愿在统计工作中弄虚作假、在统计资料上搞数字游戏，那么，人们从统计工作人员那里得到的便是假信息，这样的信息不仅无用，而且有害。

小思考 1-2

一提到“女博士”“广场舞大妈”这两个词，似乎都有贬义词的味道，为什么会出现这种现象？从统计学的角度，如何反驳这种现象呢？

四、统计学的研究对象

微课 1-1

统计学的研究对象和方法

统计学的研究对象是指统计研究所要认识的客体。只有明确了研究对象，才可能根据它的性质特点指出相应的研究方法，达成认识对象客体规律性的目的。

统计学按其研究对象的范围划分，可以分为广义统计学和狭义统计学。

广义统计学以自然现象、社会现象、经济现象的数量作为研究对象，它既不属于社会学科，也不属于自然学科，而是一门独立的、跨学科的通用方法论科学。

狭义统计学通常是指社会经济统计学，是研究社会经济统计活动的规律和方法的学科，是对社会经济现象的一种调查研究活动。社会经济统计学是一门多科性的学科，又可分为人口统计学、农业统计学、工业统计学、教育统计学、卫生统计学等。在社会主义现代化建设中，如果不能准确、及时、全面、系统地掌握这些领域的数量及其变化的信息，就不可能制定出正确的政策与计划，不可能有效地调节和控制，必然会导致决策上和行动上的失误，更谈不上现代化建设。所以经济越发展，越需要加强统计，越需要发挥统计的作用。

本书所阐述的统计学是指社会经济统计学，本书所涉及的统计工作指的是社会经济统计工作。社会经济统计学的研究对象是社会经济现象总体的数量特征和数量关系，以此来反映经济现象的现状和发展变化的规律。

五、统计学研究对象的特点

拓展阅读 1-3

统计学研究对象的特点主要有数量性、总体性、变异性。

（一）数量性

所谓数量性，就是用数据表述客观事实和依据客观事实的逻辑归纳作

出定量判断。不能计量的研究不是统计研究。可见，研究现象的数量性是统计学研究对象的基本特征。数量性包括以下三方面内容：

（1）数量的多少，即研究现象的规模、大小、水平等；

（2）现象的数量关系，即研究现象的内部结构、比例关系、相关关系等；

（3）质变的数量界限，即研究现象的量达到什么界限时会引起质的变化。

统计学不是研究现象的纯数量关系，而是在质与量的辩证统一中研究现象的数量关系。例如，1948年9月，中共中央在河北平山县西柏坡召开了政治局扩大会议，会议提出全党的战略任务是：建设500万人民解放军，在从1946年7月算起的大约5年左右时间内，从根本上推翻国民党的反动统治。这个战略目标的主要根据是什么？是一系列重要的统计数据：首先，国民党军队的总兵力已由解放战争初期的430万人减少到365万人，我军的总兵力则由127万人发展到280万人。虽然我军在数量上仍处于劣势，但战场上的机动兵力和战斗力已大大超过对方。其次，在作为主战场的东北地区，我军已占较大优势：国民党军队55万人被分割在长春、沈阳、锦州3个孤立地区，靠空运补给，而我军总兵力达103万人，不仅建立了农村根据地，还控制了95%的铁路运输线。最后，全国解放区面积已达235万平方千米，约占全国总面积的1/4，解放区人口1.68亿人，占全国总人口的1/3以上，并已全部完成土地改革，广大农民努力生产，踊跃参军支前。

（二）总体性

由于社会经济统计的研究对象是社会经济现象总体的数量方面，因此，总体性就成为社会经济统计的重要特点。总体是由许多性质相同的个体所组成的整体。统计研究的是大量现象整体的数量特征，而不是个别事物的个别数量，只有这样才能对事物的本质和规律作出正确的判断。例如，进行城镇居民家计调查，目的不在于了解个别居民家庭的生活状况，而是要反映整个城市的居民收入水平、收入分配、消费结构等。客观事物的个别现象通常有其特殊性、偶然性，而总体现象则具有相对的普遍性、稳定性，是有规律可寻的，统计研究现象总体的数量特征，有助于我们对现象规律性的认识。

当然，统计研究是要从个别单位入手的，但对个别单位具体事实的观察只是起点，统计研究要对每个单位的观察结果进行综合分析，以得到现象总体的综合特征，这才是统计研究的目的。统计研究对象的总体性，并不排斥对个别典型单位的深入研究，这也是为了更有效地掌握总体现象的规律性。

（三）变异性

统计研究同类现象总体的数量特征，它的前提则是总体各单位的特征表现存在着差异，而且这些差异并不是由某一特定的原因事先形成的。例如，一家企业职工的工龄长短有差异、文化水平高低有差异、工资报酬多少有差异等。如果各单位不存在这些差异，也就不需要做统计了；如果各单位之间的差异是按已知条件事先可以推定的，也就不需要使用统计方法了。例如，昼夜时间长短因季节变化而不同，这与统计无关；而江河水位高低随雨量随机变化而不同则是统计研究的对象。统计上把总体单位由随机因素引起的某一标志表现的差异称为变异。

如果说总体各单位的变异表现出个别现象的特殊性和偶然性，而对现象总体的数量研究，则是从各单位的变异中归纳概括出它们的共同特征，显示出现象的普遍性和必然性。这就是统计认识方法的特点。

六、统计的工作过程

统计工作的过程就是一个收集、整理、描述、分析数据的过程，包括统计设计工作、统计调查工作、统计整理工作、统计分析工作四个阶段。

（一）统计设计工作

统计设计是整个统计工作活动过程的第一步，是整个统计工作的龙头。它主要回答两个问题：采集什么样的数据和如何采集这些数据。其任务是根据统计研究对象的性质和统计研究的目的，对统计活动的各个方面作出通盘的安排与规划，并拟订出设计方案。

（二）统计调查工作

统计调查是根据统计研究的目的要求，采用科学的方法，对所要调查的对象进行有计划地、系统地收集资料的过程。统计调查担负着收集第一手资料的任务，所收集的资料是否准确关系到统计工作的质量，因此，统计调查是统计工作的感性认识阶段，是统计整理与分析的基础环节。

（三）统计整理工作

统计整理是根据统计研究的目的，采用科学的方法，对调查资料进行科学分组、加工汇总，使其系统化、条理化的过程。统计整理是统计工作的中间环节，是统计调查的继续，也是统计分析的前提。没有对统计资料的整理工作，统计调查也就失去了意义，更不用说进行统计分析了。

（四）统计分析工作

统计分析工作是对经过加工汇总的统计资料进行分析研究，计算各项综合指标，并利用各种分析方法，揭示现象的数量特征和内在联系，阐明现象的发展趋势和规律性，并根据分析作出科学结论的过程，必要时还要进行估计和预测。统计分析是统计工作的理性认识阶段，也是形成统计信息的重要阶段。可以说，统计分析是统计工作的决定性环节。

统计各环节虽然有前后之分，但彼此之间却是紧密联系、不可分割的。在实践中，统计各环节中的工作也常常交叉进行。

七、统计研究的基本方法

作为认识客观现象总体数量方面的方法论科学，统计在其各个阶段需要运用各种专门的方法，如大量观察法、统计分组法、综合指标法和统计推断法等。

（一）大量观察法

大量观察法是指统计在研究社会经济现象及其发展变化过程中，要对现象总体的全部或足够多的个体进行调查研究并综合分析，从而反映现象总体的数量特征。社会经济现象是复杂多变的，其发展变化受诸多因素的影响。在这些影响因素中，既有必然因素，又有偶然因素；既有基本因素，又有特殊因素。总体各单位受偶然因素或特殊因素的影响各异，只有观察全部总体单位或足够多数量的单位，并进行综合概括，消除偶然因素或特殊因素的影响，才能得出总体受基本因素影响而形成的统计规律。

拓展阅读 1-4

（二）统计分组法

统计分组法是根据统计研究的需要和现象内在的特点，按一定标志，把总体划分为若干个不同部分或组的一种统计研究方法。应用统计分组，可以揭示现象的不同类型，研究现象总体内部构成及内部数量关系。统计分组与统计指标是结合运用的，对统计分组来说，需要有一定的指标来反映分组的内容，才能揭示现象总体内在的本质特征和数量关系；对统计指标来说，有了科学的分组，才能计算出实在的统计指标，才不至于掩盖现象总体内部的矛盾和差异。

小贴士 1-1

根据《晋书·食货志》记载，晋武帝平定吴国后，有司上奏："男女年十六以上至六十为正丁，十五以下至十三、六十一以上至六十五为次丁，十二以下、六十六以上为老、小，不事。"这一年龄分组，反映了当时劳动人口的年龄构成，具有一定的科学性。

（三）综合指标法

将大量观察所得的资料进行加工、汇总，就可以得到反映现象总体一般数量特征的综合指标。运用各种综合指标对现象总体的数量方面进行分析的方法叫综合指标法。常用的综合指标有三类：总量指标、相对指标和平均指标。在这三类指标的基础上展开统计分析的具体形式有对比分析、平均分析、变异分析、动态分析、指数分析、经济模型分析等。

拓展阅读 1-5

（四）统计推断法

统计研究中，一些现象所包括的个体是有限的，而另一些现象所包括的个体非常多或是无限的。对于前者，可以用综合指标法进行分析；而对于后者，则采用统计推断法进行分析。统计推断法是根据样本资料，按一定的置信标准，用样本数据来判断总体数量特征的统计分析方法。统计推断法广泛用于对总体数量特征的估计和对总体某些假设的检验。

小贴士 1-2　今年首次国家农产品质量安全抽检总体合格率为 97.7%

2022 年 1—3 月，农业农村部组织开展了 2022 年第一次国家农产品质量安全例行监测工作，抽检蔬菜、畜禽产品和水产品 3 大类产品共 86 个品种 127 项参数 6 910 个样品，总体合格率为 97.7%。

其中，2022 年第一次例行监测共抽检了 31 个省份的 112 个大中城市的 586 个蔬菜生产基地、426 辆蔬菜运输车、285 个屠宰场、169 个养殖场、665 辆（个）水产品运输车和暂养池、476 个农产品批发（农贸）市场。结果显示，蔬菜、畜禽产品和水产品合格率分别为97%、99%和97.4%。

从监测品种看，抽检的蔬菜中，水生蔬菜全部合格，瓜类蔬菜、食用菌、甘蓝类蔬菜和叶菜类蔬菜合格率分别为98.9%、98.7%、98.5%和97.9%。抽检的畜禽产品中，猪肝全部合格，猪肉、牛肉、羊肉、禽肉和禽蛋的抽检合格率分别为99.7%、97.8%、99.5%、98.2%和98.5%。抽检的大宗养殖水产品中，鳙鱼、对虾和鳜鱼全部合格，草鱼和鲤鱼合格率分别为99.5%和99.3%。

资料来源　佚名. 农业农村部：前三月全国农产品质量安全抽检总体合格率为97.7% [EB/OL]. [2022-05-06]. https: //baijiahao.baidu.com/s? id=1732068341828997696&wfr=spider&for=pc. 有删减.

第二节　统计立法及组织管理

一、统计法

统计数字的准确是统计工作的生命，要保证统计数字的准确，最重要的是抓好统计法治工作。为了科学、有效地组织统计工作，保障统计资料的真实性、准确性、完整性和及时性，发挥统计在了解国情国力、服务经济社会发展中的重要作用，促进社会主义现代化建设事业发展，《中华人民共和国统计法》（以下简称《统计法》）于1983年12月8日第六届全国人民代表大会常务委员会第三次会议通过，根据1996年5月15日第八届全国人民代表大会常务委员会第十九次会议《关于修改〈中华人民共和国统计法〉的决定》修正，2009年6月27日第十一届全国人民代表大会常务委员会第九次会议修订，自2010年1月1日起施行。《统计法》最新修订的决定由第十四届全国人民代表大会常务委员会第十一次会议于2024年9月13日通过，自公布之日起施行。

统计立法是指将统计工作的性质、任务、管理体制、工作制度、机构设置，当事人的职责、权利、义务以及法律责任等事项以法律的形式确定下来。统计立法对于发展市场经济，巩固统计改革成果，保障统计人员的权利，促进社会主义现代化建设事业具有重要的意义。

（一）《统计法》对统计工作具有指南作用

《统计法》确定了国家建立集中统一的统计系统，实行统一领导、分级负责的统计管理体制；确定了各级统计机构及企业事业组织统计机构的设置及人员配置。根据《统计法》的有关规定，国家制定统一的统计标准；国家统计标准由国家统计局或由国家统计局与国务院标准化部门共同制定。这就为提高数据的统一性及可比性创造了条件。《统计法》使统计工作有法可依。

《统计法》对建设一支具备现代化统计专业知识的队伍提出了明确要求。《统计法》明确指出：为适应现代化统计需要，统计干部要有真才实学，要不断学习，要持证上岗。明确领导人与统计机构和统计人员的权利、义务和责任，禁止篡改统计数据、弄虚作假的行为，确保统计数据的真实、准确。《统计法》肯定了调查方法体系的改革成果，对统计调查活动做了进一步规范，即禁止非法统计调查，保护统计调查对象的商业秘密，统计人员进行调查应遵守合法程序及提高统计调查的科学性。

（二）《统计法》对统计工作具有保障作用

拓展阅读 1-6

《统计法》赋予统计机构、统计人员一定的职权，以保证统计资料的提供能准确、及时和全面。《统计法》明确要求统计调查对象要依法申报统计资料，要准确、及时、全面，不得虚报、拒报、迟报，不得伪造、篡改。

《统计法》的出台有效遏制了篡改统计资料、编造虚假数据的行为，保证了统计数据的真实性，保障了统计调查对象的合法权益，维护了统计秩序。为了加强统计工作，提高统计数据的准确性和及时性，惩处和预防统计违法违纪行为，《统计法》对法律责任部分做了具体规定，对存在以下行为如“拒绝提供统计资料或者经催报后仍未按时提供统计资料的”“提供不真实或者不完整的统计资料的”“拒绝答复或者不如实答复统计检查查询书的”“拒绝、阻碍统计调查、统计检查的”“转移、隐匿、篡改、毁弃或者拒绝提供原始记录和凭证、统计台账、统计调查表及其他相关证明和资料的”等，由县级以上人民政府统计机构责令改正，给予警告，可以予以通报；其直接负责的主管人员和其他直接责任人员属于国家工作人员的，由任免机关或者监察机关依法给予处分。

案例 1-1　　某镇参与篡改统计资料案

【案情】

根据群众举报，A市统计局对D镇进行了执法检查。通过对该镇25家工业企业的抽查发现：上年工业总产值上报数据为63.4亿元，核实数据为28.2亿元，多报35.2亿元；当年上半年工业总产值上报数据为27.4亿元，核实数据为10.6亿元，多报16.8亿元。对该镇13个投资项目进行抽查后发现，当年上半年投资完成额上报数据为2.1亿元，核实数据为0.2亿元，多报1.9亿元。该市统计局经过深入调查发现：该镇发布的一些文件和具体做法，严重影响企业独立真实地上报统计数据，存在要求统计调查对象提供不真实的统计资料的违法行为。具体来说：一是该镇通过政府发文，分别向全镇规模以上工业企业和建设项目单位逐一分解工业总产值、完成投资额等目标任务；二是镇经济中心要求企业按照下达目标任务填报统计调查表；三是该镇经济中心要求有关单位制作虚假的施工合同等材料，将3个未开工或不够规模的项目变成正在施工的大规模项目上报等。

【处理结果】

该市统计局对该镇镇长、镇经济中心主任进行了约谈，市监察局给予该镇镇长、镇经济中心主任和统计人员记过处分，对镇经济中心主任和统计人员予以免职，并在全市范围内予以通报。

【评析】

本案是一起乡镇有关部门和统计人员参与篡改统计资料的违法案件。该镇镇长对本镇发生的严重统计违法行为失察，应根据《统计违法违纪行为处分规定》第四条及《统计违纪违法责任人处分处理建议办法》的有关规定进行处分；该镇经济中心主任、统计人员在实施统计调查活动中，明知数据不实，不履行职责调查核实，造成不良后果，应根据《统计违法违纪行为处分规定》第五条及《统计违纪违法责任人处分处理建议办法》的有关规定进行处分。本案中，镇政府通过发文、下达任务等间接形式要求企业提供不真实统计资料，同时要求企业制作虚假的证明资料。通过这种“双管齐下”的方式使本镇主要经济指标大幅提升，严重影响了该镇统计数据质量，该镇镇长对本地严重统计违法行为应当发现而未发现，造成失察，同样应当承担相应的法律责任。这也是部分乡镇常见的统计违法方式，上级统计部门应加强对乡镇统计工作的监督检查，确保基层统计数据质量。

二、统计的基本职能

微课 1-2

统计的基本职能

恩格斯提出：“统计是国家制定政策的基础。”统计的基本职能是指统计本身所固有的内在功能。统计具有信息、咨询、监督三大职能。

（一）统计信息职能

统计信息职能是指统计具有信息服务的功能，也就是统计通过系统地收集、整理、分析统计资料，经过反复提炼筛选，掌握并提供大量有价值的、以数量描述为基本特征的统计信息，为社会服务。统计部门其实就是信息部门。

当今世界，信息、物质（材料）、能源被公认为现代社会的三大要素、三大支柱。而统计信息是现代化信息的重要组成部分，在很大程度上现代化信息是以统计信息为依托的。在我国，包括统计信息在内的现代化信息，对建设社会主义起到促进、推动和保障作用。

（二）统计咨询职能

统计咨询职能是指统计具有提供咨询意见和决策建议的服务功能。统计部门利用所掌握的大量统计信息资源，经过进一步的分析、综合、判断，为宏观、微观决策及科学管理提供咨询意见和决策建议。统计咨询职能的实现，必须以统计信息的产业化、社会化和国际化为条件。

统计咨询职能是统计信息职能的延续和深化。统计咨询所运用的经济模型技术，在统计分析和决策咨询中发挥着重要的作用。今后仍要深入研究和应用现代经济计量模型与方法，并大力推进电子计算机在统计工作中的应用，使统计咨询产业在国家建设、人民生活和对外交往中发挥更重要的作用。统计咨询分为有偿咨询和无偿咨询两种。统计咨询应更多地走向市场。

（三）统计监督职能

统计监督职能是指统计具有揭示社会经济运行中的偏差、促使社会经济运行不偏离正轨的功能。统计监督是党和国家监督体系的重要组成部分，是政府统计工作的一项基本职能。党的十八大以来，统计现代化改革深入推进，统计监督在服务、保障经济社会发展方面发挥了积极作用。统计部门以定量检查、经济监督、预警指标体系等手段，揭示社会经济决策和执行中的偏差，使社会经济决策及其执行按客观规律的要求进行。

统计信息职能是统计的最基本的职能，是统计咨询职能和统计监督职能能够发挥作用的保证，统计咨询职能和统计监督职能的强化会促进统计信息职能的优化。

三、统计的基本任务

《统计法》规定：统计的基本任务是对经济社会发展情况进行统计调查、统计分析，提供统计资料和统计咨询意见，实行统计监督。统计的基本任务在实际工作中主要体现在以下方面：

（1）全面、精确、及时、系统地分析和预测，为制定各项政策、指导国民经济和社会发展提供依据；

（2）对各项政策的执行情况进行统计检查和监督；

（3）为管理各项经济活动和社会活动提供资料；

（4）为进行宣传教育和从事科学研究等提供资料。

随着改革开放的不断深入、社会主义市场经济的不断发展，统计工作将面临许多新问题。因此，我们应该以《统计法》为基本依据，积极吸收世界其他国家在利用统计管理国民经济、为企业服务、为社会大众服务等方面的先进经验，结合我国实际积极探索统计改革和发展的新途径。

四、统计的组织

统计工作要达到正确认识客观现象本质规律的目的，不仅需要科学的方法，而且需要强有力的组织领导。为此，必须建立适应我国国情的统计系统，加强统计工作的领导。为适应建立社会主义市场经济的需要，必须把国家统计部门建设成为社会经济信息的主体部门和国民经济核算的中心，成为国家的咨询和监督机构。

统计工作必须贯彻集中统一的原则。也就是说，应在全国范围内建立集中统一的统计系统，执行统一的政策，贯彻统一的统计标准，使用统一的报表和数据管理制度，以利于新国民经济核算体系的实施和以互联网、大数据、云计算、物联网为代表的现代信息技术的发展。

统计组织的集中统一原则是和我国的社会经济制度相适应的。在社会主义市场经济条件下，国家要运用各种手段对经济进行宏观调控，需要利用统计信息及时、准确地反映经济中各种错综复杂的关系，科学地揭示其发展变化的规律，以便综合运用税收、利率、汇率等经济杠杆调节经济运行；需要利用统计信息灵敏地反映宏观经济运行的态势，以便进行有效的管理和监督；众多企业需要及时、准确地掌握市场信息，以便科学合理地组织生产经营活动。统计信息是经济、社会、科技信息的主体，所以统计信息对企业来说尤为重要。如果没有集中统一的统计系统，统计的信息、咨询和监督的职能是难以有效发挥的。

另外，统计是一种经过严密组织，同时由广大统计人员和群众参加的工作。如果没有统一的制度和方法，没有统一的组织领导，就不能保证统计信息的真实性和准确性。

我国集中统一的统计系统由各级政府部门的综合统计系统、各级业务部门的专门统计系统以及城乡基层企事业单位的统计组织所组成。随着统计的产业化、社会化、商品化和国际化发展，统计系统要按照精简、统一、高效的原则设计统计工作的流程，打破产品经济的专业界限，在总系统下面设立“规划设计、采集加工、开发运用、协调保障”四个子系统，以此来调整统计系统内各子系统的职责分工，切实做到转变职能、提高效率。据此，对综合统计系统与专业统计系统所履行的统计调查职能方面的工作应作相应的分工调整。调整的原则是：凡属宏观调控所需要的、综合性的、有关基本国情国力的统计信息，由政府统计部门组织调查，或由政府统计部门与有关业务部门共同组织调查。除此之外，皆由各有关部门自行组织调查，但必须接受政府统计部门的统一管理，不得与国家统计调查重复矛盾。现行的部门统计调查项目中，有些可以委托行业协会或统计信息咨询机构承担。对于基层单位的统计组织（如乡镇统计站）和企事业单位统计机构，政府统计系统应进一步加强对它们的组织领导和业务指导，使其在提供农村和城市社会化综合服务方面发挥更大的作用。企业统计信息机构在完成国家和地方统计调查任务的同时，应把工作重点转移到为企业的生产经营管理服务上来，使企业统计工作保持旺盛的生机和活力。

按照集中统一原则建立的统计系统，应能够适应新形势的要求，将以往自下而上单向逐级上报统计信息的信息运行方式转变为以现代信息系统和网络技术为基础的纵向运行与横向运行并存、自下而上的信息运行与自上而下的信息反馈并存的信息运行方式；应改变以往那种条块分割、互不衔接、交叉重复统计和信息大量遗漏的局面，充分发挥统计系统的整体有效功能。

第三节　统计学的几个基本概念

统计学中的基本概念较多，其中一些基本概念以后各个章节都要用到。这些基本概念有：统计总体与总体单位、标志与标志表现、变异与变量、统计指标与指标体系等。

一、统计总体与总体单位

（一）定义和特点

微课 1-3

统计总体与总体单位

统计总体就是统计研究的具体对象，简称总体，它是由客观存在的、具有某种共同性质的许多个别事物所构成的整体。总体单位是指构成总体的各个基本单位，它是各项统计资料最原始的承担者，简称个体。根据不同的研究目的和要求，总体单位可以是人、物或事件等。

做中学 1-1

研究某高校教职工的收入，则该高校所有的教职工就构成了一个统计总体，该校的每个教职工就是总体单位；全国人口普查中，凡是具有中国国籍且在中国境内居住的人口都是普查的对象，这些人口所构成的整体就是统计总体，该总体中的每一个人就是总体单位。统计研究是以总体单位为基础的，总是从收集总体单位的资料开始，然后将每个总体单位的资料进行汇总综合，最终反映总体的综合数量特征。

总体按包含个体的多少可以分为有限总体和无限总体。有限总体指总体所包括的总体单位是有限的，是可以计数的，如全省的高校。统计研究的绝大部分总体是有限总体。无限总体是指总体所包括的单位是无限的，是不可以计数的。例如，高速公路上不断行驶的车辆，由于时间不断延续，这些飞驰的车辆就构成了一个无限总体。

统计总体具有三个基本特征：同质性、大量性和差异性。

1.同质性

同质性是指构成统计总体的每个单位必须至少在某一方面具有共同性质，就是这个共同性使这些单位结合成一个整体。掌握统计总体的同质性，才能正确框定调查范围，可以说同质性是构成统计总体的基础。

2.大量性

大量性是指统计总体应包括足够多的总体单位。这是由统计的研究目的决定的，统计研究的是大量现象总体的数量方面，这就要求统计总体不能由一两个单位或少数单位构成，而应由足够多的单位组成，这样才能综合反映出统计总体的一般数量特征和统计总体的规律性。

3.差异性

差异性是指构成统计总体的个体除了至少在某一方面具有共同性质外，在其他方面要存在差异。如山东省的大学在校生的就业意向，除了学校都是在山东省内、身份都是在校生等共同特点外，在学习成绩、专业、就业意向等方面都是存在差异的。在统计中，差异性也叫变异性。

（二）总体与总体单位的关系

统计总体与总体单位的划分不是固定不变的，会随着研究目的和任务的不同而改变，原来的统计总体有可能变为总体单位，原来的总体单位也有可能变为统计总体。

做中学 1-2

要研究我国各省（自治区、直辖市）国有企业的发展情况，全国所有的国有企业便构成统计总体，每一省（自治区、直辖市）国有企业就是总体单位；如果要研究某省的国有企业经济发展情况，则该省所有的国有企业便构成统计总体，总体单位是该省的每一个国有企业。所以，只有当研究的目的确定下来后，这两个概念才能确定。

微课 1-4

标志与标志表现

二、标志与标志表现

统计学中提到的标志，指的是总体单位的属性和特征。所谓标志表现，就是标志在每个总体单位中的具体表现。比如，一个班级中有40名学生，每个学生都有一些共同的属性和特征，如性别、年龄、民族、某门功课的考试成绩等，如班级中某学生的“性别”为男、“年龄”为18岁。这里的“性别”“年龄”是标志，“男”“18岁”是标志表现。

在征兵条件中，身高、体重、血压、心率、听力、视力等就是每个人的标志，而应征入伍的公民在每个标志下的具体表现就是标志表现。

拓展阅读1-7

标志按其性质不同可分为品质标志和数量标志。由上面征兵的例子可以看出，“性别”“颅脑情况”“双足情况”是反映总体单位属性的标志，它的具体表现只能用文字表示。“身高”“体重”是反映总体单位数量特征的标志，它的具体表现可以用数字表示。于是在统计学中，将类似于“性别”这样的表明事物属性特征，只能用文字说明，不能用数值来表示的标志称为品质标志，而将类似于“年龄”这样的表明事物量的特征，用数值来表示的标志称为数量标志。数量标志的具体表现称为标志值。

标志按变异情况可分为不变标志和可变标志。凡是总体各单位某种标志的具体表现都是相同的，这种标志就称为不变标志。凡是总体各单位某种标志的具体表现不相同或不完全相同的，这种标志就称为可变标志。比如，要研究某学校教师的工资收入情况，则该学校所有教师便构成了统计总体，每一位教师是总体单位，提到“职业”这个标志，标志表现都是“教师”，因此“职业”便是不变标志。每位教师的工资收入是不完全相同的，“工资”便是可变标志，它因每位教师的工龄、职称及工作绩效等的不同而各不相同。

学中做1-1

假如需要调研2024年第一季度山东省青岛市平安保险公司员工的收入情况，标志有“年份、季度、省份、城市、公司、身份、收入”，其中数量标志有“年份、季度、收入”，品质标志有“省份、城市、公司、身份”，不变标志有“年份、季度、省份、城市、公司、身份”，可变标志只有“收入”。在此类指标分析中，有同学将“平安保险公司”作为标志，是错误的，因为“平安保险公司”是“公司”的标志表现。

三、变异与变量

微课1-5

变异与变量

1.变异

变异就是标志在总体各单位之间的具体表现之差异。正是因为总体单位之间存在着程度不同的差异，才需要通过统计研究来发现其变化的原因、过程和规律。统计总体的同质性是进行统计研究的前提条件，而统计总体各单位之间的差异性才是统计研究的内容。

变异有属性变异和数量变异之分。品质标志在统计总体各单位之间的具体表现不同称为属性变异。如人有爱好之异，企业有经济类型之别。数量标志在统计总体各单位之间的具体不同表现称为数量变异。如人有年龄大小之异，企业有利润高低之别等。

2. 变量

变量是指可变的数量标志，即要同时满足可变标志和数量标志两个条件，如人的年龄大小不完全一样，因此“年龄”这一数量标志就是一个变量。变量的具体取值称为变量值。如人的年龄为17岁、18岁或60岁等，这些具体数字就是变量值。

变量按其取值是否连续，可分为连续型变量和离散型变量。连续型变量是指变量在其取值范围内可取任意值，且任意两个变量值之间可以有无数多个具体值，不能一一列举，如身高、体重、产值、利润等。离散型变量是指变量值只能取整数的变量，相邻两个整数之间不可能有小数连接，如职工人数、设备台数、企业个数等。

小思考 1-3　“年龄”属于连续型变量还是离散型变量?

按照中国人的习惯，年龄一般取整数，如21、22、23、24、25…，则年龄属于离散型变量。而如果按照国外习惯，年龄取整数年龄+月+天的形式，如21岁6个月18天，则应该将其归类于连续型变量。本书将“年龄”视为连续型变量，但在应用中，如在个人档案的填写中，多数按照离散型变量进行整数填写，特此说明。

四、统计指标与指标体系

（一）统计指标的含义及其特点

1. 统计指标的含义

统计指标是反映同类社会经济现象某种综合数量特征的范畴，它表明现象总体在具体时间、地点、条件下的综合数量表现。一般地，统计指标具体由五个要素构成：指标所属的时间、空间、指标名称、指标数值和计量单位。

一项完整的统计指标至少应该由时间要素、空间要素、指标名称、指标数值、计量单位五部分构成，如2022年中国国内生产总值为1 210 207亿元，2022年为时间要素，中国为空间要素，国内生产总值为指标名称，1 210 207为指标数值，亿元为计量单位。于是，我们对国内生产总值指标就有了完整的认识。

拓展阅读 1-8

2. 统计指标的特点

统计指标的特点可概括如下：

（1）可量性。所有的统计指标都是可以用数值来表现的、可计量的，这是统计指标最基本的特点。统计指标所反映的就是客观现象的数量特征及可量性，这种数量特征是统计指标存在的形式，没有数量特征的统计指标是不存在的。

（2）综合性。它是指统计指标既是同质总体大量个别单位的总计，又是大量个别单位标志差异的综合，是许多个体现象数量综合的结果。统计指标的形成都必须经过从个体到总体的过程，它是通过个别单位数量差异的抽象化来体现总体综合数量的特点的。

（3）具体性。统计指标的具体性有两方面的含义：一是统计指标不是抽象的概念和数字，而是一定的、具体的社会经济现象的量的反映，是在质的基础上的量的集合。二是统计指标说明的是客观存在的、已经发生的事实，它反映了社会经济现象在具体时间、地点和条件下的数量变化。

指标按性质的不同分为数量指标和质量指标。数量指标是反映现象总规模、总水平或总数量的统计指标，又称总量指标。数量指标用绝对数表示。例如，人口数量、国民生产总值、工业生产总值、工资总额等均是数量指标。质量指标是反映现象本身的相对水平或平均水平的指标。例如，平均工资、人均收入、人口密度、出勤率、设备利用系数、利润率等均是质量指标。质量指标用相对数或平均数表示。质量指标必须由总量指标作为基础才能计算，是总量指标的派生指标。数量指标与质量指标密切联系、相互制约，在对客观现象进行总体分析时一般要结合使用。

学中做 1-2

在你所知范围内，假设一项统计调查，列出调查目的，明确指出其中的总体、总体单位、标志（数量标志、品质标志、不变标志、可变标志、标志值）、变量（变量值、连续型变量、离散型变量）、统计指标（数量指标、质量指标）等，并尝试列出一套指标体系。

（二）指标和标志的区别和联系

1. 指标与标志的区别

（1）表现形式不同。所有统计指标都是可计量的，均可以用数值来表示；而标志未必都可计量，比如“性别”“血型”等品质标志就不可以用数值来表示。

（2）反映的内容不同。指标是用来说明统计总体综合数量特征的，而标志是说明总体单位的属性或特征的。如某人的身高、年龄等是直接说明该个体的身高、年龄特征的，属于标志；而统计总体中所有人的平均身高、平均年龄则是对该统计总体中每个人的身高、年龄等进行了差异综合而得到的平均数，是一个综合指标。

2. 指标与标志的联系

（1）指标与标志之间存在着汇总关系。统计指标的数值是对总体单位某一标志的具体表现进行综合汇总、计算而得到的，没有总体单位的标志表现，就不可能有统计总体的指标数值。而且总体各单位标志值的大小及其变化将直接影响统计总体指标数值的大小及其变化。例如，某企业职工的“性别比例”指标是对每个职工“性别”的具体确认进行综合汇总而计算出来的；职工的“平均工资”指标是以该企业全部职工的工资总额为基础计算出来的，每一个职工工资的多少及升降直接影响该企业平均工资水平的高低。

（2）指标与标志之间存在着转换关系。根据研究目的与任务的不同，指标有可能变为标志，标志也有可能变为统计指标，这是由统计总体与总体单位的变化来决定的。如果原来的统计总体因研究目的的变化而变为总体单位，则原来的统计指标就相应变为标志；如果原来的总体单位变为统计总体，则原来的标志就相应变为统计指

本章总结

标。例如，研究某市工业企业的生产经营状况，则该市每个工业企业的增加值、职工人数等是标志；如果研究该市某一特定工业企业的生产经营情况，则该工业企业是我们的研究对象，其工业增加值、职工人数等就是统计指标了。

综合训练

随堂测 1

一、单项选择题

1.对某市高校科研所进行调查，统计总体是（　　）。

A.某市所有高校　　B.某一高校科研所
C.某一高校　　D.某市所有高校科研所

2.（　　）职能是统计的基础职能。

A.辅助决策　　B.咨询　　C.信息　　D.监督

3.下列各项属于连续变量的是（　　）。

A.职工人数　　B.机器台数　　C.企业数　　D.利润额

4.调查某地区 1 200 家企业的职工工资水平情况，则统计总体为（　　）。

A.1 200 家企业的全部职工　　B.1 200 家企业
C.1 200 家企业职工的全部工资　　D.1 200 家企业每个职工的工资

5.某班 4 名学生统计考试成绩分别为 80 分、90 分、76 分和 95 分，这 4 个数字是（　　）。

A.标志　　B.指标值　　C.指标　　D.变量值

二、多项选择题

1.下列属于数量标志的有（　　）。

A.某人的年龄　　B.某人的性别　　C.某人的体重　　D.某人的收入

2.指标和标志之间存在变换关系，是指（　　）。

A.在同一研究目的下，指标和标志可以对调
B.在研究目的发生变化时，指标有可能成为标志
C.在研究目的发生变化时，标志有可能成为指标
D.在不同研究目的下，指标和标志可以相互对调
E.在任何情况下，指标和标志都可以相互对调

3.下列属于连续变量的有（　　）。

A.身高　　B.体重　　C.年龄　　D.人数

4.调查2024级护理学院老年护理专业学生的成绩，下列说法正确的有（　　）。

A.里面出现了5个标志　　B.学生属于标志
C.成绩属于数量标志　　D.护理学院属于标志表现

5.若调查某地区高校教师的工资水平，则总体单位总量是（　　），总体标志总量是（　　）。

A.该地区所有的高校教师　　B.该地区高校教师的人数

C.该地区每个高校教师的工资　　　　D.该地区高校教师的工资总额

三、简答题

1.如何理解“统计”的含义？

2.如何理解统计学的研究对象及其特点？

3.统计的工作过程有哪几个阶段？

4.常用的统计研究方法有哪些？

5.统计的基本职能有哪些？以实际生活为例描述你对这些职能的理解。

四、技能训练

训练1

[背景资料]

某校招生1 500名学生，现要了解这1 500名学生的入学成绩状况。

[能力要求]

准确指出该调查活动的统计总体、总体单位、统计指标、数量标志。

[温馨提示]

(1) 本训练旨在使学生理解和掌握统计总体、总体单位、统计指标、数量标志4个概念。

(2) 根据各概念的基本含义来回答，注意统计总体和总体单位要根据研究目的来确定，统计指标和数量标志要根据统计总体和总体单位来确定。

训练2

[背景资料]

在了解教师的基本情况时，从教师统计资料中得到这些名词：教授、副教授、讲师、助理讲师、职称。

[能力要求]

针对上述五个名词，指出品质标志和标志表现。

[温馨提示]

(1) 本训练旨在使学生掌握品质标志及其标志表现。

(2) 准确理解品质标志和标志表现的内涵后回答。注意要正确区分标志和标志表现、品质标志和它表现的属性。一般说来，标志是抽象的名词，而标志表现是具体的表现。

训练3

[背景资料]

现有五种表述：

(1) 指标是说明总体特征的，而标志则是说明总体单位特征的；

(2) 指标都是能用数值表现的，标志也都能用数值表现；

(3) 许多指标值是从标志值汇总而来的；

(4) 指标和标志之间存在着变换关系；

(5) 指标数值和标志值之间也存在着变换关系。

[能力要求]

指出上述五个表达中哪几个能正确表达指标和标志之间的关系。

[温馨提示]

(1) 本训练旨在使学生正确理解和掌握标志和指标的基本概念。

(2) 根据指标和标志的概念、特征以及它们之间的区别和联系来进行选择。

训练4

[背景资料]

在研究企业职工和生产经营基本情况时，在企业的资料中有下列名称：姓名、年龄、体重、工种、月工资、全厂人均产量（件）、车间人数、车间设备台数。

[能力要求]

指出上述名称中的连续型变量和离散型变量。

[温馨提示]

(1) 本训练旨在使学生掌握变量的含义，并能正确区分连续型变量和离散型变量。

(2) 根据变量的含义，明确变量只是说明总体单位数量特征的名称且是可变的。上述名称中并不都是变量。要根据变量的取值区分其种类。

训练5

[背景资料]

某市有下列统计数据：2023年全市人均年收入9 500元；该市某厂人均月创GDP 9 687元；2023年全市工农业总产值20亿元，预计2024年达到23亿元；该市注册资本最大的私人企业是晓洋公司，注册资本2 563万元；全市有外商投资企业19个；该市管辖6个区；该市2024年上半年进出口总额32 038万美元。

[能力要求]

指出上述资料中的统计指标，并指出是哪种统计指标。

[温馨提示]

(1) 本训练旨在使学生掌握统计指标的基本概念。

(2) 指标是说明统计总体综合数量特征的，因此，要完成本训练，首先需要明确上述资料中各数据的所属是统计总体还是总体单位，然后根据指标的性质区分数量指标和质量指标。

第二章

统计调查

知识目标

1. 了解统计调查的概念、意义和要求；

2. 理解统计调查的分类和各种统计调查种类的概念、特点和适用条件；

3. 掌握统计调查收集资料的方法；

4. 掌握统计调查方案的内容和程序；

5. 明确统计表和统计调查问卷的基本结构，了解问卷调查的基本方法和应注意的问题。

能力目标

1. 能够根据统计调查的目的确定调查对象和调查单位；

2. 能够根据统计调查的要求选择合适的统计调查方法和方式；

3. 能够设计结构完整的统计调查方案；

4. 能够根据统计调查的需要，设计简单规范的统计表或调查问卷。

素养目标

1. 养成数字意识和重视调查研究的职业习惯；

2. 树立实事求是、脚踏实地的工作态度和精益求精、诚实守信的统计职业道德；

3. 提升调查研究、科学决策的能力，主动维护数据安全；

4. 提高数字获取能力和数字素养。

案例 2-1　　美国宝洁公司的市场研究

美国的宝洁公司在消费者市场研究方面始终处于领先地位，目前大量的、被广为应用的市场调研技术都是宝洁公司开创的。宝洁公司的调查研究有两个目标：一是如果消费者已拥有这个产品，调查消费者还有什么要求；二是如果完全没有这个产品，就需要了解消费者的需求，开发新产品。

早在1924年，宝洁公司就在美国成立了消费者研究机构，成为在美国工业界率先运用科学分析方法了解消费者需求的公司之一。起初，宝洁公司雇用了“现场人员”，逐门逐户进行采访，了解家庭主妇对产品性能的喜好和征询其建议。到20世纪70年代，宝洁公司成为最早用免费电话与用户沟通的公司。

目前，宝洁公司每年要通过各种市场调研工具和技术与全球多达700万消费者进行交流。通过入户访问、观察、举办消费者座谈会、问卷调查、访问商店、建立跟踪调查系统、接收消费者信件以及接听消费者电话等方式，建立起庞大的数据库，及时获取消费者意见并将其迅速反馈给产品开发部，以求产品的改进。

在中国，宝洁公司建立了一支专业调查队伍，他们的足迹遍布全国城乡。调查人员深入普通百姓家庭，观察他们的生活习惯，看他们如何洗衣服、如何刷牙、如何洗头、如何给孩子洗尿布。多年来，他们用这种方法，与数十万计的消费者进行了接触。他们的调研方式还包括举办消费者座谈会、入户访问、商店调查等，得到调查数据后对其进行分析，然后才决定是否开发。

资料来源　佚名. 成功的宝洁　失败的润妍［EB/OL］.［2021-08-13］. https://www.renrendoc.com/paper/141572706.html.

数据的收集是统计分析的前提，如何取得准确可靠的统计数据是统计研究的重要内容之一。从统计工作的全过程来看，统计调查是取得社会经济现象各个方面真实数据的主要来源，是获得直接统计数据的重要手段。它是统计工作的基础环节，是认识事物的起点，统计资料的整理、计算汇总与分析研究都必须在调查收集资料的基础上进行。因此，调查工作的好坏、取得的资料是否完整与正确，将直接影响到以后各个阶段工作的好坏，影响整个统计工作任务的完成。

第一节　统计调查概述

一、统计调查的含义和要求

（一）统计调查的含义

统计调查是按照统计研究的目的和要求，运用科学的方法，有计划、有组织地向调查对象收集数据资料的工作过程。

统计调查与一般的社会调查一样，同属于调查研究活动，但它以收集数字信息为主要特征。统计调查的基本任务是，按照所确定的指标体系，通过具体的调查，取得反映社会经济现象总体全部或部分单位以数字资料为主体的信息。

统计调查所收集的资料包括原始资料和次级资料。实际上，从本身来源看，统计数据最初都来源于直接的调查或实验。但从数据使用者的角度，统计数据主要来源于两个渠道：

一是来源于自身直接的调查或科学实验，这是统计数据的直接来源，我们称为原始资料（又称第一手资料或一手资料），是指向被调查单位直接收集的、未经加工整理保持原始状态，需进一步条理化、系统化的数据资料。调查是取得社会经济数据的重要手段，其中有统计部门进行的统计调查，也有其他部门或机构为特定目的而进行的调查，如市场调查。原始资料一般比较准确可靠，但收集工作量较大、收集成本较高。

二是来源于别人调查或实验的数据，这是统计数据的间接来源，我们称为次级资料（又称第二手资料或二手资料），是指在某处已经存在并因为某种目的已经过加工整理的现成的资料。现实生活中的二手资料主要是公开出版的或公开报道的数据，如统计年鉴、报告、文件、期刊、文集、数据库、报表等。在我国，公开出版或报道的社会经济统计数据主要来自国家和地方的统计部门以及各种媒介。例如，公开的出版物有《中国统计年鉴》《中国统计摘要》《中国社会统计年鉴》《中国工业经济统计年鉴》《中国农村统计年鉴》《中国人口统计年鉴》《中国市场统计年鉴》，以及各省、自治区、直辖市的统计年鉴等；提供世界各国社会和经济数据的出版物，如《世界经济年鉴》《国外经济统计资料》《世界发展报告》等。联合国有关部门、世界各国也定期发布各种统计数据。除了公开发布的统计数据外，还可以通过其他渠道获得一些尚未公开的统计数据，以及广泛发布在各种报纸、期刊、图书、广播、电视上的数据资料。利用二手资料对使用者来说既经济又方便。事实上，数据使用者所使用的数据大多数是别人调查或科学实验得到的数据。很容易理解，因为对大多数使用者来说，凡事亲自去做调查往往是不可能的。使用二手资料时应注意统计数据的含义、计算口径和计算方法，以避免误用或滥用。同时，在引用二手资料时，一定要注明数据的来源，以尊重他人的劳动成果。

统计调查的基本任务是获取反映有关社会经济现象总体真实情况的原始资料。

小贴士 2-1　大兴调查研究之风

拓展阅读 2-1

1941 年 8 月，中共中央同时发布了《中共中央关于调查研究的决定》和《中共中央关于实施调查研究的决定》，决定设立中央调查研究局。调查研究作为党的一项重要工作制度被确立起来。中央调查研究局担负国内外政治、军事、经济、文化及社会阶级关系各种具体情况的调查与研究工作。其机构设置如图 2-1 所示。各种类型的调查团随后成立，广泛深入地开展调查研究活动。

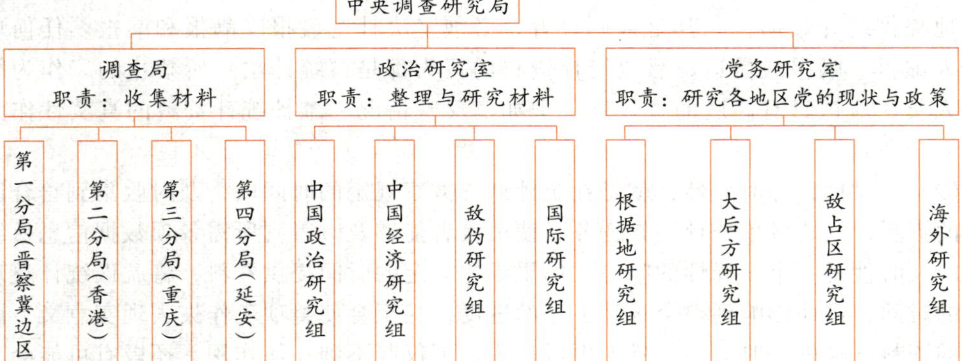

图2-1　中央调查研究局组织机构设置

资料来源　国家统计局．大兴调查研究之风［EB/OL］．（2023-01-01）．https：//www.stats.gov.cn/zsk/snapshoot？ reference=a5a3c836c677b36b7502c6a14f3a0b1b_F01BDAF361BA806F3362BB1D0E4F3BFD&siteCode=tjzsk.

（二）统计调查的意义

统计调查在整个统计工作中有着非常重要的地位。其担负着提供基础数据资料的任务，所有的统计计算和统计研究都是在原始资料收集的基础上进行的。因此，从统计工作的全过程来看，统计调查是统计工作的基础环节，是统计整理和统计分析的前提，统计调查阶段工作质量如何，直接关系到整个统计工作的质量。如果统计调查工作做得不好，收集的数据资料残缺不全或数据资料有错误，导致统计信息失真，必将影响以后的数据资料汇总和统计分析工作的进行，以致不能从中得出正确的结论，据此作出的判断就失去了意义。当用失真信息与错误结论作为实际工作的依据时，将会给企业或有关部门带来意想不到的损失。只有做好统计调查，才能保证统计工作对客观事物规律性的认识，从而作出合理预测。

总之，“没有调查，就没有发言权”。统计调查是开展统计研究的基础，是整个统计活动获取数据资料的阶段，是整个统计认识活动的基础，直接影响统计认识活动的成果。统计调查在整个统计工作过程中的意义显而易见。

（三）统计调查的基本要求

《统计法》第八条明确规定：国家机关、企业事业单位和其他组织以及个体工商户和个人等统计调查对象，必须依照本法和国家有关规定，真实、准确、完整、及时地提供统计调查所需的资料，不得提供不真实或者不完整的统计资料，不得迟报、拒报统计资料。数据质量是统计调查工作的立身之本，为了保证统计工作的顺利进行，更好地完成统计工作，统计调查必须满足以下四个基本要求：

（1）准确性，即真实性，是指统计调查所收集的资料符合客观实际情况，不受任何主观偏见的影响，做到真实、可靠。这是统计调查最基本的要求，也是统计工作的生命。如果统计数据不真实，容易使得以后各环节的工作偏离实际，给企业乃至国家带来不良影响，甚至严重后果。统计调查工作中，影响数据准确性的因素有主观原因，也有客观原因。在实际统计工作中，不论是调查者还是被调查者，都应依法实事求是地提供统计数据；尤其是被调查者，必须坚决杜绝谎报、瞒报和漏报。任何单位和个人虚报、瞒报或伪造、篡改统计资料的行为都是《统计法》所禁止的。作为统计工作人员，应该具有高度的责任感，把如实反映情况、维护统计资料的真实性作为自己的光荣职责。

（2）及时性，即时效性，就是在统计调查方案规定的时间内，及时收集到符合调查要求的资料，完成各项统计调查任务，使决策者能够及时得到所需各项数据信息。统计资料的及时性是一个全局性的问题。如果不按规定的时间提供资料，将耽误统计整理和分析的时间，进而影响到整个统计工作的进度，甚至会使整项工作失去现实意义。因为过时的资料已经失去时效性，犹如雨后送伞，不仅起不到任何作用，还极有可能会“贻误战机”，导致严重后果。

（3）完整性，即全面性，就是按照统计调查方案的规定，无论采用何种调查方式，都应当对调查单位和调查项目的资料毫无遗漏地进行收集、调查，并避免出现重复、遗漏等现象，保证资料的完整性。如果调查资料残缺不全，就会给统计整理带来困难，进而影响到统计分析，使统计工作不能顺利进行，最终不仅不能反映被调查现象的全貌，还会导致统计工作质量不高。完整性是整个统计工作及时完成的保证。

（4）系统性，即条理性，是指收集的统计资料要符合事物的逻辑，不能杂乱无章，应该格式正确、条理清晰、一目了然，便于整理和逐级汇总。

统计调查的基本要求是衡量统计调查工作质量的重要标志。统计调查只有做到了准确，才能得出正确的结论，为正确的统计分析和管理决策提供客观依据；只有做到了及时，才能保证统计资料的时效性，提高统计资料的使用价值；只有做到了完整，才能很好地满足决策部门的需要；只有做到了系统，才能保证统计资料清晰、有效和实用。统计调查的准确性、及时性、完整性、系统性是互相结合、互相依存的，是辩证统一的。在每项统计调查工作中，都要根据实际情况，分清主次缓急，以准确为核心，做到“准中求快，快中求准”，尽可能用少的成本取得完整、系统的资料。

二、统计调查的种类

统计调查是根据调查的目的与要求，运用科学的调查方法，有计划、有组织地收集统计资料的工作。然而，由于社会经济现象的错综复杂和统计研究目的的多样性，在实际工作中，统计调查的组织者通常不止使用一种调查方法，而是根据统计调查的目的、调查对象的特点和调查机构的条件等，灵活地选用不同的调查方法收集统计资料。统计调查按划分标准不同主要有以下三种分类：

（一）按照调查对象包括的范围不同，可分为全面调查和非全面调查

（1）全面调查，是指统计调查机构为了取得系统、全面的基本统计资料，对调查对象的所有单位逐一进行调查的一种统计调查方式。全面调查主要包括统计报表制度和普查。目前国家统计局实施的全面调查，主要有人口普查、经济普查、农业普查和统计报表。例如，要全面了解我国的人口结构和素质，就要对全国的所有人口进行调查，此时进行的人口普查就是全面调查。

与其他调查方法相比，全面调查的优势是通过这种方法取得的资料较为系统、全面、稳定、可靠，有利于积累资料，并进行动态对比，能够全面掌握调查总体的基本情况。由于全面调查的报表资料是逐级上报和汇总的，报表资料的来源建立在基层单位各种原始记录的基础上，因此，不仅可以满足国家宏观管理的需要，各级政府部门也能获得管辖范围内的报表资料，了解本地区、本部门的经济社会发展情况，从而利用统计资料对生产、经营活动进行监督管理。全面调查的劣势主要是调查涉及面广、工作量大，需要花费大量的人力、物力和财力，基层负担重，而且由于中间环节多，统计数据易受干扰。

全面调查在我国计划经济时代应用比较普遍。改革开放以来，随着社会主义市场经济的发展，经济成分逐渐多元化，调查单位大量增加，全面调查的应用范围有所缩小。

目前，在国家统计调查中，全面调查主要是在各类规模以上的企业调查中运用。如国家统计局组织实施的《工业统计报表制度（2019年）》，主要是对年主营业务收入2 000万元及以上的工业法人单位进行全面调查；2017年发布的《规模以上服务业统计报表制度》，主要是对年营业收入1 000万元及以上，或年末从业人员50人及以上的服务业法人单位进行全面调查。

（2）非全面调查，是对调查对象总体中的一部分单位所进行的一种统计调查方式。重点调查、典型调查和抽样调查都属于非全面调查的范畴。例如，了解某企业产品质量情况，只需抽取一部分产品进行检验即可；要了解我国或一个地区的职工家庭生活状况，不需要对全国或一个地区的所有职工家庭一个不漏地调查，只要选择其中一部分具有代表性的职工家庭进行调查，即可达到调查的目的。

与全面调查相比，非全面调查所涉及的调查单位较少，可以集中力量作深入、细致的调查，能调查更多的指标，获得更多的数据资料，从而提高统计资料的准确性，还可以节省人力、物力和财力，缩短调查期限，从而提高统计资料的时效性。通过非全面调查，我们可以了解客观事物的细节及其发展变化的原因。

全面调查和非全面调查是以调查对象所包括的单位范围不同来区分的，而不是以最后能否取得反映总体特征的全面资料来区分的。如抽样调查，它是非全面调查，但也可以通过推算最终得到反映总体特征的全面资料。

（二）按照调查登记的时间是否连续，可分为经常性调查和一次性调查

（1）经常性调查，又称连续性调查，是随着研究现象的发展变化连续进行的登记调查方式。其目的主要是获得关于事物的全部发展变化过程及其结果的统计资料。例如，企业每天的原材料库存量、工业产品产量、燃料和动力消耗等情况经常发生变化，必须经常登记才能取得一定时期的结果。

（2）一次性调查，又称非连续性调查，是指对研究对象的调查具有间隔性和不连贯性，一般两次调查的间隔时间在一年以上的一种调查方式。例如，历届奥运会情况的调查，一个国家或地区的人口数及构成、企业固定资产总值、商品库存数等的调查，由于这些资料短期内变化不大，没有必要连续登记，就可以间隔一段时间调查一次。一次性调查得到的资料反映现象在某一瞬间所具有的水平。一般而言，一次性调查的针对性较强，间隔多长时间调查一次，要视具体情况而定，可以定期也可以不定期。

（三）按照统计调查的组织方式不同，可分为统计报表和专门调查

（1）统计报表是指按照国家统一规定的表式和要求、统一的指标项目、统一的报送时间，自上而下统一布置、自下而上逐级提供基本统计资料的调查方式。统计报表具有统一性、全面性、周期性、可靠性等特点。目前，我国有相当一部分统计资料是通过这种方式取得的。统计报表所提供的国民经济和社会发展基本统计资料，是国家了解国民经济发展情况，制订和检查国民经济和社会发展计划、经济和产业政策的重要工具，同时也是工业企业的各级业务主管部门和基层企业进行生产业务指导和管理的重要依据。

（2）专门调查是指为了一定的研究目的而专门组织的调查，通常包括普查、抽样调查、重点调查、典型调查。专门调查可以针对不同问题和情况采用相应的调查方式，灵活多样，适应性强。

微课 2-1

统计调查方式和方法的类型

三、统计调查的方法

统计调查的方法是指收集调查资料的方法，即统计资料的收集方法。通常，调查方法的选择和运用，对调查结果有很大的影响。如果方法得当，则获得的结果可信度高；反之，会降低调查结果的准确度。统计资料的收集必须按照调查目的、调查对象和调查项目的特点，采用不同的方法。在实际调查中，常用的方法有直接观察法、报告法、访问法、邮寄调查法、实验法、网上调查法等。消费者调查如图 2-2 所示。

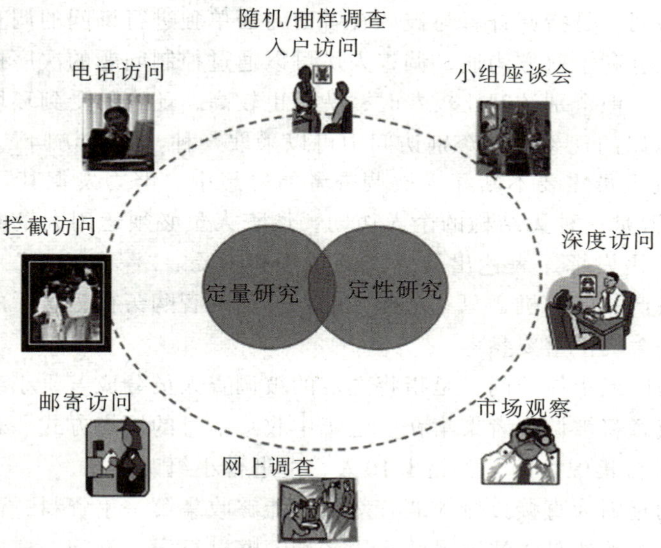

图2-2 消费者调查示意图

（一）直接观察法

直接观察法是调查人员在进行现场调查时边观察边记录以收集资料的一种方法。运用这种方法时，训练有素的观察员或调查人员到事先选取的重要地点（如人流量大的超市、购物广场等），利用自身的感觉器官或借助一定的仪器，观测和记录调查对象的特征，而调查对象在未觉察的情况下会直接表达最真实的想法，因此直接观察法取得的数据比较真实可靠；但是如果调查对象过多，则需要消耗大量的人力、物力、财力和时间，而且直接观察法无法收集历史资料。

（二）报告法

报告法是指调查单位通过隶属关系将由各种原始记录和核算资料组成的统计资料提供给上级的一种方法。我国现行的统计报表多采用这种方法。

（三）访问法

访问法是通过询问的方式向被调查者了解情况，被调查者只须作出回答，从而收集统计资料的一种调查方法，又称采访法。市场调查常采用此方法。我国的人口普查也采用采访法。

根据调查人员同被调查人员接触方式的不同，访问法又分为当面采访调查和电话采访调查。

1.当面采访调查

它是指调查人员与被调查者面对面交谈，询问有关问题，当面收集资料的一种调查方法。当面采访调查是访问法中比较通用的形式。当面采访调查的交谈方式有个别访问、小组访问或集体访问。采访可一次完成，也可分多次进行。具体采用哪种采访方式，需视调查目的、时间、费用和被调查者的实际情况而定。

（1）个别访问，是指调查者与被调查者面对面单独进行询问的调查方式。这种调查方式方便灵活、有利于双方沟通，调查人员可以通过控制问题的次序提高针对性，获得的资料比较丰富。但个别访问比较费时，费用也较高，还容易受到环境的影响，甚至有时会出现沟通障碍的现象。在个别访问中可以采取一种“深度访问”的方法。“深度访问”意味着调查人员需要不断深入被调查者的思想中，努力发掘其行为背后的真实动机。“深度访问”是一种无结构的个人访问，调查人员必须运用大量的追问技巧，尽可能让被调查者自由发挥，表达出最真实的想法和感受。“深度访问”常用于动机研究，如消费者购买某产品的动机，只有这样才能发掘消费者购买行为背后的真正理由，为管理者进行营销决策提供重要参考。

（2）小组访问或集体访问，是指将选定的被调查人员分成若干小组，由调查人员分头收集信息，或者将被调查者聚集在一起集中收集信息的调查方式。若被调查者人数在6~10人，可以进行集中访问，若超出10人，可进行小组访问。

当面采访调查因为直接接触被调查对象，能够收集第一手资料，而且调查人员可以根据选定的被调查者的具体情况灵活运用多种策略进行深入询问，样本代表性强，信息反馈快。但由于当面采访调查需要面对面甚至是一对一，因此调查时间长、调查费用较高。而且，当面采访调查要想获得更加可靠的资料，对调查人员的沟通技巧要求很高，再加上被调查者可能出于某种原因，给出的答案不一定是他的真实想法，进而会对调查结果产生一定的影响，所以，当面采访调查在实践中会受到限制，只有调查问题不多、不复杂，尤其是不涉及敏感或隐私话题时，才采用此方法。

另外，集体访问和“深度访问”都属于定性方法。它们通常围绕一个特定主题或一些具体问题进行交谈得到有关资料，其全面、准确与否，都取决于被调查者的配合与回答，真实性有待验证。这种方法多用于企业的市场调查等专项调查中。

小贴士 2-2　　北魏时期的派员调查法

北魏太安年间（公元455—459年），高宗拓跋濬派遣使者20余批巡行天下，诏令其观察诸州县垦殖田亩、饮食衣服、闾里虚实、盗贼劫掠、贫富强劣等情况，并根据调查结果，确定政绩，进行处罚。派员调查法丰富了中国统计史上调查方法的内容，具有一定的创造性。

资料来源 根据国家统计局网站资料整理。

2.电话采访调查

电话采访调查是指调查人员利用电话与被调查者进行语言交流，获得所需资料的一种调查方法。电话采访调查具有时效快、费用低等特点。电话采访调查可以按照事先设计好的问卷进行，也可以针对某一专门问题进行。用于电话采访调查的问题要明确，数量也不宜过多。

（四）邮寄调查法

邮寄调查法是将事先设计和印刷好的调查表或调查问卷，通过邮寄或利用宣传媒介的方式送达被调查者，由被调查者填写后再邮寄回来或投放到指定回收点的一种调查方法。

邮寄调查法的特点是在整个调查过程中，调查人员和被调查者没有直接的语言交流，信息的传递完全依赖调查表或者调查问卷，所以对问卷质量要求较高。邮寄调查法辐射范围广，不受被调查者地域的限制，只要是通邮的地方，无论是全市、全省、全国，甚至是全球范围内，都可以采用。邮寄调查法的调查对象数量可以很多，而费用开支并不高，被调查者也有充裕的考虑时间，这样得到的资料比较真实可靠。不足之处是调查表或调查问卷的回收率可能比较低，回收时间也可能较长，调查结果的完整性不易控制，有效问卷比例不好把握。邮寄调查法所采用的调查表或调查问卷的发放方式有邮寄、宣传媒介推送和专门场所发放三种。邮寄调查法在统计部门进行的统计及市场调查机构进行的问卷调查中经常被使用。

（五）实验法

实验法是一种特殊的观察调查法，是指在事先设定的特殊实验场所、特殊状态下，对调查对象进行实验以取得统计资料的一种调查方法。根据场所的不同，实验法分为在室内进行的室内实验法和在市场上或室外进行的市场实验法。室内实验法需事先设定实验场所，让被调查对象进入实验场所，调查者从旁边观察被调查者的行为举止，进而得出实验结论。例如，餐厅希望获知其推出的多种新品哪种更受食客青睐，可以让食客们投票决定。市场实验法可用于消费者需求调查，如新产品上市前的市场实验，企业让被调查者试用一种新产品，以得到消费者对新产品的看法，借此判断是否应作出调整。

（六）网上调查法

网上调查法是通过互联网收集资料进行调查的一种方法，一般有两种方式：一种是网上直接调查法，是指利用互联网直接收集第一手资料，如通过电子邮件或利用“问卷星”等形式发放问卷调查、利用网络视频会议组织专家访谈、在访问率高的网站上设置专项网页等；二是网上间接调查法，是指利用互联网间接收集二手资料，如新闻资料、调查报告等，这种方法方便快捷，现在被广泛应用。与传统调查方法相比，网上调查法具有特殊的优势，主要体现在以下几个方面：

（1）无时空限制，调查群体大。

（2）效率高，反馈速度快。传统的统计调查周期一般都较长，尤其是调查对象数量较多时，甚至可能要用几周甚至几个月才能获得所需信息。而网上调查法利用覆盖面广、传播速度快的优势弥补了这一不足，大大缩短了调查的时间，极大地提高了统计资料的时效性，能够让调查者尽快得出结论，满足各方面的需要。网上调查法尤其适用于处于激烈竞争市场环境中的企业要做的市场调查。

（3）组织简单，费用低廉。网上调查法在统计资料收集过程中不需要派出调查人员，不需要印刷调查表或调查问卷，调查工作中最繁重、最关键的资料采集和录入是由众多网络用户在终端完成的，调查过程可以无人值守，并且能够不间断地接受调查填表，信息检验和信息的处理也由计算机自动完成。而在传统调查方法中，纸张、印刷、电话、人员培训、劳务以及后期统计与资料整理均需耗费大量的人力、物力和财力。

（4）统计工作更加准确。网上调查法在调查信息的处理上，省去了额外的编码录入环节，被调查者输入的信息通过网络直接进入数据库，减少了数据录入过程中的遗漏和错误，在自动统计软件的配合下，可以用很短的时间完成标准化的统计分析工作，提供的数据准确度高。

（5）更易合作。与传统调查方法尤其是与个别访问调查相比，调查对象可以在一种没有调查人员在场的相对轻松的气氛中填写调查表或调查问卷，他们更愿意合作并回答更多的问题，可能答案也更加真实，这是面对面访问所无法比拟的。

（6）保密性更好。网上调查法一般使用匿名提交的办法，因此比其他传统调查方法拥有更加彻底的保密性。

网上调查法尽管有明显的优势，但仍存在一定的局限性。互联网是一个非常开放的空间，理论上任何人都可以参与，可实际上网上调查会受到网络受众特征的限制，调查对象难以控制和选择，所代表的群体可能是有限的，不一定能满足调查样本的要求，调查结果一般只能够反映网民中对特定问题有兴趣的参与者的意见；再加上被调查者会对网上信息的安全性有顾虑，所获信息的准确性和真实性难以判断，最终影响资料的可靠性。

统计调查的方法多种多样，实际工作中究竟采用哪种方法，应根据调查的目的及调查对象的特点确定，同时还要考虑调查对象的客观情况和调查者的工作条件等。

拓展阅读2-2

第二节　统计调查方案

微课2-2

统计调查方案

统计调查是一项复杂而又细致的工作，不仅涉及面广，而且涉及人员众多，因此，要顺利完成调查工作，必须有目的、有计划、有组织地进行，保证调查工作统一认识、统一内容、统一方法、统一步调。因此在统计调查工作正式开始之前，应该制订一个周密详细的统计调查方案，进而提高统计调查资料的质量。统计调查方案是为了科学地组织统计调查工作而制订的计划，即根据统计调查的目的和任务，对统计调查的各方面和各环节制定的有组织、有计划的全面安排和统一部署。不同调查的调查方案在内容和形式上会有一定的差别，但一般情况下，一个完整的统计调查方案应包括以下几个方面的基本内容：

一、确定调查目的

确定调查目的，是统计调查首先要解决的问题。所谓调查目的，是指在此次调查过程中所要达到的具体目标，即明确为什么要进行统计调查，调查能够解决哪些问题，需要收集哪些资料，满足什么要求，具有什么样的社会经济意义等。在现实生活中，任何社会经济现象都有其自身发展变化的特点和规律，要研究分析这些特点和规律，就要从不同方面、不同角度来收集资料。不同的研究目的决定着不同的调查内容和范围，只有明确调查目的，才能有的放矢，确定应该向谁调查、调查什么、采取什么调查方法等一系列问题，避免统计调查工作的盲目性。调查目的应尽可能具体明确，突出重点，简明扼要，主要根据经济社会发展的实际需要，结合调查对象本身的特点来确定。

做中学 2-1

国务院于2023年开展的第五次全国经济普查的目的是：第五次全国经济普查是一项重大国情国力调查，将首次统筹开展投入产出调查，全面调查我国第二产业和第三产业的发展规模、布局和效益，摸清各类单位的基本情况，掌握国民经济行业间的经济联系，客观反映推动高质量发展、构建新发展格局、建设现代化经济体系、深化供给侧结构性改革以及创新驱动发展、区域协调发展、生态文明建设、高水平对外开放、公共服务体系建设等方面的新进展。通过普查，进一步夯实统计基础，推进统计现代化改革，为加强和改善宏观经济治理、科学制定中长期发展规划、全面建设社会主义现代化国家提供科学准确的统计信息支持。

资料来源　国务院．国务院关于开展第五次全国经济普查的通知［EB/OL］.（2022-12-01）. https：//www.gov.cn/zhengce/content/2022-12/01/content_5729862.htm.

二、确定调查对象和调查单位

有了明确的调查目的，就可据以确定调查对象和调查单位。确定调查对象和调查单位，是要解决“向谁调查”和“由谁来提供具体所需的统计资料”两个问题。能否正确确定调查对象和调查单位，将直接影响调查的准确性和完整性。

（一）调查对象

所谓调查对象就是根据调查目的确定的、需要进行调查研究的某一社会经济现象的总体或调查范围，它是由性质相同的许多个体单位组成的。统计总体这一概念在统计调查阶段称为调查对象。调查对象通常是一种社会经济现象。确定调查对象时，不仅要根据调查目的对所研究的现象进行认真分析，把握其主要特征，还要明确规定调查对象的总体范围界限，避免因与其他社会经济现象之间的界限不清而导致资料重复或遗漏。

做中学 2-2

2023年我国第五次全国经济普查的对象，是在我国境内从事第二产业和第三产业活动的全部法人单位、产业活动单位和个体经营户。具体范围包括：采矿业，制造业，电力、热力、燃气及水生产和供应业，建筑业，批发和零售业，交通运输、仓储和邮政业，住宿和餐饮业，信息传输、软件和信息技术服务业，金融业，房地产业，租赁和商务服务业，科学研究和技术服务业，水利、环境和公共设施管理业，居民服务、修理和其他服务业，教育，卫生和社会工作，文化、体育和娱乐业，公共管理、社会保障和社会组织等。

资料来源　国务院. 国务院关于开展第五次全国经济普查的通知［EB/OL］.（2022-12-01）. https：//www.gov.cn/zhengce/content/2022-12/01/content_5729862.htm.

（二）调查单位

所谓调查单位，就是构成调查对象总体的每一个个体单位，亦即总体单位。它是构成调查总体的基本单位，是在调查过程中应该登记其标志的具体单位，它是调查项目和调查内容的承担者或载体，也是我们收集数据、分析数据的基本单位。调查单位的选取取决于调查目的和调查对象，如果调查目的和调查对象发生变化，则调查单位也随之发生变化。

做中学 2-3

调查某连锁超市所属120家店铺的产品销售情况，则调查对象是该超市下属所有的连锁店铺，调查单位是每一家连锁店铺。假如调查目的调整为调查该连锁超市所有员工的基本情况，则调查对象就变为该连锁超市所有的员工，调查单位就成了每一位员工。

在实际调查中，调查的单位可以由调查对象的全部单位组成，也可以由部分单位组成。如果调查采用全面调查方式，如普查，那么调查对象中的每一个单位都是调查单位；若调查采用非全面调查方式，如抽样调查，则调查单位只是调查对象中的一部分单位。

在统计调查阶段，除了确定调查单位外，还要规定填报单位。填报单位是指按规定日期、表式负责向上报告调查内容、提交统计资料的单位，又称报告单位。调查单位可以是个人、企事业单位，而填报单位一般是在行政上、经济上具有一定独立性的单位，因此，调查单位与填报单位有时是一致的，有时是不一致的。

做中学 2-4

在进行工业企业普查时，每个工业企业既是调查单位又是填报单位；但在进行工业企业设备普查时，每个工业企业仍是填报单位，但调查单位就不一致了，则是工业企业所拥有的所有设备。

三、确定调查项目

调查项目是指调查的主要内容，即向调查单位进行登记的有关标志，主要解决“向被调查者调查什么”的问题，由调查目的和调查对象的性质特点决定。通俗地说，调查项目就是一份在调查过程中需要获得答案的各种问题的清单，包括需要向调查单位了解的有关品质标志、数量标志和其他情况。例如，2023年我国第五次全国经济普查的主要内容包括普查对象的基本情况、组织结构、人员工资、生产能力、财务状况、生产经营、能源生产和消费、研发活动、信息化建设和电子商务交易情况，以及投入结构、产品使用去向和固定资产投资构成情况等。

调查项目安排得恰当与否，直接关系到整个统计调查工作的成败。因此，调查项目的繁简和选择标志的多寡，应该根据调查目的和对象的特点，遵循少而精的原则，妥善处理。一般来说，确定项目应该注意以下几点：

（1）只列入为实现调查目的所必需的项目，只登记与问题本质有关的标志，不应包括可有可无、备而不用的标志，以免内容庞杂，造成不必要的调查时间延长，影响调查工作的质量。

（2）要从实际出发，只提出能够取得确切资料的项目，即要求调查的项目除了要满足调查目的之外，还要具有可能得到答案的内容。调查者可以根据实际和自身情况，选择容易取得的资料列入项目之中。

（3）列入的调查项目之间应尽可能做到相互联系，以便于从整体上了解现象的相互关系，也便于后续对有关项目进行相互核对和检查错误，从而保证调查资料的质量。同时，还应考虑该次调查项目同以往同类调查项目之间的衔接，以便进行动态对比，研究现象的发展变化情况。

（4）列入的调查项目或标志的含义要明确、统一、易懂，避免出现不确定性因素。要保证调查人员或被调查者可以充分理解所调查的内容，从而使所得到的答案具有真实性和准确性；否则，如果被调查者都按照各自不同的理解填写，则会造成结果无法汇总的局面。

四、拟定调查表或调查问卷

（一）调查表

确定调查项目之后，就要进一步拟定调查表，即把调查项目用表格的形式展现出来。调查表是将已经确定的各个调查项目按照合理的顺序排列而成、用来反映调查单位特征的一种表格。它是收集原始资料的基本工具，也便于统计调查后对资料进行汇总整理。调查表有两种形式，即单一表和一览表。

单一表是将每个调查单位分开填写，这样可以容纳较多的调查项目（即标志），便于分类整理和汇总。如工业企业的产量、成本等定期报表，都采用单一表形式，见表2-1。

表 2-1 某工业企业总产值及主要产品产量

	计量单位	计划			实际			
		本年	本季	本月	本月	本季	本年本月止累计	去年同月止累计
总产值（按不变价格计算）								
总产值（按现行价格计算）								
主要产品产量								

一览表是把许多调查单位填写在一张表格上，见表2-2。此种形式的优点是填写简便，便于合计和核对数据，易于检查填报的正确性；缺点是不能容纳较多的标志。

表 2-2 员工基本情况调查表

序号	姓名	部门	性别	出生日期	学历层次	毕业院校	职务职称

填表人　　　　　　　　填表日期

一般来说，调查项目较多时，宜使用单一表；调查项目不多时，宜使用一览表。

调查表从结构看由表头、表体、表脚三部分组成。表头一般在调查表的上方，用来说明调查表的名称、编号、调查日期以及填报单位的名称、地址、性质、隶属关系等。表体一般包括被调查者的具体项目的内容、栏号、计量单位等，是调查表的主要部分。表脚一般包括被调查单位的填报人签名、盖章处及填表日期和上报日期等。为使填表者正确填写调查表，还可以加上填表说明和项目解释。填表说明用来提示填表时应该注意的事项，项目解释则说明调查表中某些标志的含义，包括范围、计算方法等。填表说明和项目解释必须依据国家制定的统一标准，以保证统计调查中采用的指标含义、计算方法、分类目录和统计编码等的标准化，这是填表人员必须遵循的准则。

调查项目除使用调查表外，还可以调查问卷的形式表现。在市场调查中，调查的内容主要是通过问卷来体现的。

（二）调查问卷

1.调查问卷的基本结构

微课 2-3

调查问卷设计技巧

调查问卷是普遍使用的收集统计调查资料尤其是第一手资料的一种工具，通常由调查者根据调查目的和要求进行设计，是有详细问题和备选答案的调查测试和记录的清单，它系统地记载着体现调查项目的一系列问题。不同的调查问卷在具体结构、题型、措辞、版式等设计上有所不同，但结构上一般都由以下几部分组成：

（1）开头部分。开头部分一般包括问卷标题、说明、问候语和问卷编号等内容。每份问卷都有一个调查主题，可使人一目了然，增强填答者的兴趣和责任感。例如，“中国互联网发展状况及趋势调查”这个标题，把调查对象和调查中心内容和盘托出，十分鲜明。说明可以是一封给调查对象的信，也可以是指导语，说明这项调查的目的和意义，下面同时填上调查单位名称和年月日。问候语的作用是引起被调查者对调查的重视，消除顾虑，激发其参与意识，争取他们的积极合作，因此问候语要语气诚恳、礼貌，文字要简洁准确。另外，在结尾处一般还要对被调查者的参与和合作表示感谢。问卷编号主要用于识别问卷、调查者、被调查者姓名等，便于校对检查和更正错误。

（2）主体部分。该部分是调查问卷的核心内容，包括所要调查的全部问题，主要由问题和答案组成。另外，还有被调查者基本情况等。

（3）注释。其包括调查项目的解释，问卷的填写方法、要求和注意事项，问卷寄送方式等内容。

2.调查问卷的设计原则

（1）有明确的主题。从实际出发拟题，问题目的明确，重点突出，没有可有可无的问题。

（2）结构合理、逻辑性强。问题的排列应有一定的逻辑顺序，符合应答者的思维程序。一般是先易后难、先简后繁、先具体后抽象。

（3）通俗易懂。问卷应使应答者一目了然，并愿意如实回答。问卷中语气要亲切，符合应答者的理解能力和认知能力，避免使用专业术语。对敏感性问题要采取一定的提问技巧，使问卷具有合理性和可答性，避免主观性和暗示性，以免答案失真。

（4）控制问卷的长度。回答问卷的时间控制在20分钟左右，问卷中既不浪费一个问句，也不遗漏一个问句。

（5）便于资料的校验、整理和统计。

3.调查问卷的设计程序

（1）把握目的和内容。问卷设计的首要工作是充分了解本项调研的目的和内容。为此需要认真讨论调研的目的、主题和理论假设，并细读研究方案，或者向方案设计者咨询，与他们进行讨论，将问题具体化、条理化和可操作化，即变成一系列可以测量的变量或指标。

（2）收集资料。设计不是简单的凭空想象，要想把问卷设计得完善，研究者还需要了解更多的东西。问卷设计是一种需要经验和智慧的技术。与其说问卷设计是一门科学，还不如说是一门艺术。虽然也有一些规则可以遵循以避免错误，但好的问卷设计主要来自熟练的调研人员的创造性。

（3）确定调查方法。不同类型的调查方式对问卷设计是有影响的。在面访调查中，被调查者可以看到问题并与调查人员面对面地交谈，因此可以询问较长的、复杂的、不同类型的问题。在电话访问中，被调查者可以与调查员交谈，但是看不到问卷，这就决定了只能问一些简短的问题。邮寄问卷是由被调查者独自填写的，与调查者没有直接的交流，因此问题也应简单些并要给出详细的指导语。在计算机辅助面访（CAPI）中，可以实现较复杂的跳答和随机化安排问题，以减少由于顺序造成的偏差。人员面访和电话访问的问卷要以对话的风格来设计。

（4）确定内容。一旦决定了访问方法的类型，下一步就是确定每个问答题的内容：

每个问答题应包括什么，以及由此组成的问卷应该问什么，是否全面与切中要点。针对每个问题，我们还应反问：这个问题有必要吗？是需要几个问答题还是只需要一个就行了？

我们的原则是，问卷中的每一个问答题都应对所需的信息有所贡献，或服务于某些特定的目的。如果从一个问答题中得不到可使用的数据，那么这个问答题就应该取消。

（5）决定结构。一般来说，调查问卷的问题有两种类型：开放性问题和封闭性问题。

开放性问题，又称无结构的问题，是指被调查者可以用他们自己的语言自由回答、不具体提供选择答案的问题。例如："您为什么喜欢××电视广告？"开放性问题可以让被调查者充分地表达自己的看法和理由，并且比较深入，有时还可获得研究者始料未及的答案。它的缺点是：收集到的资料中无用信息较多，难以统计分析，面访时调查员的记录直接影响调查结果，并且由于回答费事，可能遭到拒答。因此，开放性问题在探索性调研中是很有帮助的，但在大规模的抽样调查中，它就弊大于利了。

封闭性问题，又称有结构的问题，它规定了一组可供选择的答案和固定的回答格式。例如：您购买手机时考虑的主要因素是什么？（A.价格 B.品牌 C.配置 D.外观 E.性能 F.其他）。封闭性问题的优势体现在三个方面：一是答案是标准化的，对答案进行编码和分析都比较容易；二是回答者易于作答，有利于提高问卷的回收率；三是问题的含义比较清楚。因为所提供的答案有助于理解题意，这样就可以避免回答者由于不理解题意而拒绝回答。但封闭性问题也存在一定的缺陷：如果回答者对题目理解不正确，则难以觉察出来，或者可能产生"顺序偏差""位置偏差"。

拓展阅读 2-3

（6）其他方面

诸如决定问题的措词、安排问题的顺序、确定格式和排版、拟定问卷的初稿和预调查、制成正式问卷。

问卷设计好以后，一般采用访问、邮寄、发放等方法进行调查。

拓展阅读 2-4

五、确定调查时间和调查期限

统计调查要确定资料所属的时点或时期以及调查期限。明确规定调查的时点或时期，是保证统计资料准确性的前提条件。

调查时间是指调查资料所属的时间。如果调查的是时期现象，如产量、产值、销售量、销售额等，就要明确规定资料所反映调查对象的起止日期；如果调查的是时点现象，如人口数、企业数、原材料库存额等，就要明确规定统一的标准时点，如月末的库存额、季末职工在册人员等。调查期限是完成整个统计调查工作所需的工作期限，包括从收集资料开始到报送资料为止整个统计调查工作所需的时间。

做中学 2-5

2023 年我国第五次经济普查的标准时点为 2023 年 12 月 31 日，普查时期资料为 2023

年年度资料。某地区的进度安排：2023年，制订普查方案，组建普查机构，落实人员、经费、场所和责任，开展宣传动员、投入产出电子台账记账、普查区划分与绘图、普查指导员和普查员选聘及培训、综合试点、单位清查、登记准备等工作；2024年，开展普查登记、数据审核验收、数据质量抽查、数据评估发布、普查年度国民经济核算等工作；2025—2026年，建立和完善普查相关数据库，开展分析研究、资料编辑、总结表彰等工作。

学中做 2-1

第七次全国人口普查的标准时点是2020年11月1日零时。按此规定，此次普查工作分三个阶段进行：

一是准备阶段（2019年10月—2020年10月）。这一阶段的主要工作是：组建各级普查机构，制定普查方案和工作计划，进行普查试点，落实普查经费和物资，开展普查宣传，选聘培训普查指导员和普查员，普查区域划分和制图，进行户口整顿，开展摸底等。这些工作都将在2020年10月31日前全部完成，以确保普查登记工作的如期进行。

二是普查登记阶段（2020年11月—2021年12月）。这一阶段的主要工作是：普查员入户登记，进行比对复查，开展数据质量抽查等。这是整个普查工作中最为关键的环节，也是工作量最大、动员力量最多、直接决定普查数据质量的重要阶段。

三是数据汇总和发布阶段（2022年1月—2022年12月）。这一阶段的主要工作是：数据处理、评估、汇总，发布主要数据公报，普查资料开发利用等。

请确定：我国第七次全国人口普查的调查时间和调查期限。

小贴士 2-3　1928年的户口调查

1928年，当时的国民政府内政部进行了一次全国户口调查，各省市民政厅负责调查上报，要求于年底前完成（但延至1930年年底，仍有部分省市未能报出）。内政部依据调查结果予以估计，求得1928年全国人口总数为474 787 386人。

这次调查，由于未规定调查标准时间，调查项目多而杂，以及其他原因，所得数据不够准确。

六、调查的组织实施工作

为保证统计调查工作的顺利进行，还必须重视调查的组织工作，制订调查的组织实施计划。计划内容一般包括：

（1）确定调查的组织领导机构和调查人员的组成。统计调查需要动员许多单位和人员参加，所以需要有严密的组织计划和工作安排。由什么机关领导、哪些人员参与等都应该在组织计划中明确指出。

（2）做好调查前的各项准备工作。除上述工作外，还有如宣传教育工作、调查人员和被调查者的培训工作、文件资料的印刷下发传达工作等。对于规模大而又缺少经验的统计调查，还需要进行试点调查，根据试点工作中发现的新问题和新情况，对调查方案作必要的补充或修正。

（3）明确调查的方式和方法。根据对统计调查的目的、要求和调查对象特征等多方面的综合评估，确定采取哪种调查方式和方法。不同的调查目的需采取不同的调查方式和方法。

（4）制定调查工作程序和进度安排。

（5）调查经费的预算和开支。调查经费指在开展调查工作过程中所需支付的各种费用，如劳务报酬、会务费、材料费、宣传费、补助费等。事先要做好预算并保证经费及时到位，以免影响整个统计调查工作的顺利进行。

拓展阅读2-5

（6）提供或公布调查结果的时间以及其他事项。在调查开始前，应明确调查结果提供或公布的时间，做好统计调查的整体规划，及时满足各方面的需要。

小贴士2-4　管仲的国情调查提纲

管仲（？—前645年），春秋时齐国政治家。他曾拟定了一份极其详细的国情调查提纲，所列问题共69项，都是有关基本国情国力的调查项目，其中人口方面的有37项、经济方面的有25项；包含数量标志55个、品质标志7个。在2 500年之前，即有如此系统、周密、具体的国情调查提纲，在世界统计史上也属创举。

资料来源　国家统计局．管仲的国情调查提纲［EB/OL］.（2023-01-01）. https：//www.stats.gov.cn/zs/tjlshi/gd/202301/t20230101_1903377.html.

第三节　统计调查的组织形式

统计调查是取得统计数据的渠道和手段。社会经济现象错综复杂，调查对象千差万别，根据不同的调查目的和调查对象的特点，选择合适的调查方式和方法是统计调查的重要内容。统计调查的方法体系在法律上有明确的规定。《统计法》第二章第十八条规定："收集、整理统计资料，应当以周期性普查为基础，以经常性抽样调查为主体，综合运用全面调查、重点调查等方法，并充分利用行政记录等资料。重大国情国力普查由国务院统一领导，国务院和地方人民政府组织统计机构和有关部门共同实施。"这是统计法律从总体上对我国统计调查方法所作的基本的法律规范，明确了统计调查方法体系的总框架。

一、普查

（一）普查的概念

普查是为某一特定目的而专门组织的一次性全面调查。它主要用来收集某些不能够或不适宜用定期的统计报表收集的统计资料，一般用来调查重要的国情、国力和资源状况等社会经济现象的总量，如我国的人口普查、经济普查、工业普查、农业普查等。

（二）普查的特点

普查的主要特点有以下三个：

（1）普查是全面调查，普查得到的数据比较全面、系统、准确可靠。普查比任何其他调查方式方法所取得的资料更全面、更系统，调查对象的范围更广泛，调查单位的数量更大，调查内容更详细，如经济普查、人口普查。

（2）普查通常是一次性或周期性的调查。普查往往间隔的时间比较长，一般每隔10年进行一次。目前我国的普查制度已规范化、制度化，人口普查每10年进行一次，在尾数逢“0”的年份进行，目前已组织了7次人口普查；每逢“3”的年份进行第三产业普查，逢“5”的年份进行工业普查，逢“7”的年份进行农业普查。普查主要调查在一定时点上社会经济现象总体的数量，有时也可以反映一定时期的现象。

（3）普查的涉及面广，工作量大，调查时间较长，调查的工作较复杂，需要耗费大量的人力、物力和财力，因此普查不宜经常进行。

（三）普查的作用

（1）为制订长期计划、宏伟发展目标、重大决策提供全面、详细的信息和资料。

（2）为搞好定期调查和开展抽样调查奠定基础。

（四）普查的组织工作

普查作为一种专门组织的全面调查，不仅对获取资料的准确性和时效性要求高，而且涉及面广、工作量大，组织工作复杂繁重。同时，普查对象会随着时间和空间的变化发生变动，这就说明做好普查的组织工作非常重要，要严格遵守以下几个组织普查的原则：

（1）建立统一集中的组织领导机构。比如全国第二次经济普查，由国务院成立第二次经济普查领导小组，负责普查的组织和实施。

（2）设计详细的普查方案。设计与调查目的相应的普查方案，是保证普查获得高标准资料和顺利完成普查任务的需要。

（3）培训普查人员。有目的地培养和提高普查人员的工作能力、业务水平是保证普查工作顺利完成不可缺少的环节。

（4）做好物资准备和经费预算。比如全国第二次经济普查的经费，由中央和地方各级人民政府承担，并列入相应的年度财政预算，按时拨付，确保到位。

小贴士2-5　　**我国的周期性普查**

我国目前实施周期性的普查制度，明确规定人口普查、第三产业普查、工业普查、农业普查每10年进行一次，分别在逢0、3、5、7年份实施；基本单位普查每5年进行一次，在逢1、6年份实施。根据我国周期性普查制度的规定，每10年就有6次普查，每一次普查都需要2~3年时间，且期间还有一些小型普查及各种各样的调查，所以说“年年有普查”，一点也不为过。

二、抽样调查

（一）抽样调查的概念

抽样调查是非全面调查的一种主要组织形式，也是实际中应用最广泛的一种调查方式。它是按随机原则，从调查对象的总体中抽取一部分单位作为样本进行观察，根据获得的样本调查结果来推断总体数量特征的一种统计调查方法。所谓随机原则，是指被研究现象总体中的每一个总体单位都有同等机会被抽中。抽样调查的目的是取得反映总体情况的信息资料，因而可以起到全面调查的作用。

（二）抽样调查的特点

抽样调查不同于其他非全面调查，它具有以下特点：

（1）抽样调查的调查单位是按随机原则抽取的，抽取出的调查单位称为样本单位。显然，样本单位的抽取不受调查者任何主观因素的影响，即单位的抽取既不取决于调查者的爱好、愿望，也不取决于被调查者的合作态度，总体中每个单位被抽中的机会是相同的。只有按随机原则抽样，才能使抽取出来的部分单位所构成的样本总体的内部结构的分布特征，与研究现象总体的内部结构分布特征类似，从而保证被抽中的样本单位对总体具有充分的代表性，以保证抽样和抽样调查的科学性。这是建立在概率论的理论基础之上的。

（2）抽样调查的目的是根据取得的样本总体的数字资料推断总体的数量特征。这是抽样调查区别于其他非全面调查，也区别于全面调查的一个明显特征：一方面，抽样调查是非全面调查，是根据对部分单位调查取得的资料整理计算出样本指标，然后再依据样本指标推算总体指标，而其他非全面调查如重点调查、典型调查等，都不具备推断的条件，不能估计总体的数量特征；另一方面，抽样调查与全面调查的目的都是要掌握研究现象总体的数量特征，但比较而言，抽样调查可以节约大量的人力、物力、财力和时间，且实施起来比较灵活。

（3）抽样调查带来的抽样误差可以事先计算并加以控制。抽样调查的目的是根据部分单位调查取得的数据来推断总体指标数值，不可避免地会产生误差。对于抽样误差，可以事先通过一定的资料估算出来，也可以根据统计调查的目的和要求，结合总体各单位标志值的差异程度进行控制，如通过增加样本单位的数量、选择适当的抽样调查组织形式和方法等途径降低抽样误差，或者按照事先给定的可靠程度把抽样误差控制在合理范围内，从而保证抽样推断的准确性和可靠性。

除此之外，抽样调查之所以在实际工作中应用最广泛，还因为有以下优势：

（1）经济性。这是抽样调查最显著的优点。由于抽样调查抽取的样本单位通常是研究现象总体中很少的一部分，不仅可以大大减轻工作量，还可以节省大量的人力、物力和调查费用。尤其是当研究现象总体范围大、总体情况比较复杂时，抽样调查的此种优势更为明显。

（2）时效性。抽样调查一般是直接取样，然后整理计算出所需样本指标，进而推算总体指标。由于工作量较小，因此调查准备的时间、调查时间以及数据处理的时间等都可以缩减，从而提高了数据的时效性。与普查、统计报表等全面调查相比，抽样调查可以更加迅速、及时地获取所需要的数据资料。如进行农产品产量调查，采用抽样调查方法，从取样、实割实测到推算定产，最终取得农产品产量数据，比等农作物全部收割完毕并入库后再经过层层统计报表汇总得到最终产量数据，所需时间要短得多。另外，由于抽样调查工作量小、调查时间短，所以它可以根据研究现象的发生和发展变化情况，反复地进行，随时取得所需数据，以尽快调整工作思路，更快更好地为管理决策或其他方面提供数据支持。

(3) 准确性。一方面区别于全面调查，由于抽样调查工作量小，为提高工作效率和统计质量，通过组织训练有素的专业人员进行调查、收集、整理、分析数据，就可以大大减少或避免统计工作各环节中由于观察、测量、登记、计算等可能出现差错而引起的误差，增强抽样调查的准确性。另一方面区别于其他非全面调查，抽样调查采用随机原则抽取调查单位，排除主观因素的影响，使样本具有较高的代表性，据此推算的结果通常是可靠的和比较准确的。

(4) 适用性。从适用范围看，抽样调查可用于调查全面调查能够调查的现象，如民意测验、居民生活状况调查等；也可用于调查全面调查不能调查的现象，特别是一些特殊现象的调查，如产品质量检验、农产品实验、医药的临床实验等。从调查项目看，抽样调查可更加深入、详细，获得的数据也更加全面、完整和准确。从调查方式看，抽样调查相比其他方式更加灵活，只要需要，可以随时组织实施，如市场调查。所以，抽样调查适用于对各个领域、各种问题的调查。

(三) 抽样调查的作用

拓展阅读2-6

(1) 能够解决全面调查无法（或难以）解决或者不必要进行全面调查的问题。如连续生产大量的某种小件产品的质量检验，由于其产量是无限的，只能进行抽样调查。再如，对居民主要耐用消费品的需求量、森林的木材蓄积量等的调查。这些现象表面上看可以进行全面调查，但没有必要，为了节约人力、物力、财力可采用抽样调查。

(2) 用于具有破坏性或消耗性的产品质量的检查。例如灯泡使用寿命的检查，手机、电视抗震能力的检查，食品质量的检查都具有破坏性或消耗性，最好采用抽样调查。

(3) 用于工业生产过程的质量控制。对于成批或大量的产品生产过程，可用抽样调查进行质量控制，以便及时采取措施，排除障碍，使生产过程保持正常，从而起到对生产过程进行质量控制的作用。

(4) 可以补充和修订全面调查的结果。例如，人口普查的数量容易发生差错，可用抽样调查去修正普查的数据，从而提高人口普查资料的准确性，保证调查资料的质量。

(四) 抽样调查的方法

抽样调查的方法可分为重复抽样和不重复抽样。

(五) 抽样调查的组织形式

抽样调查的组织形式有简单随机抽样、类型抽样、等距抽样和整群抽样。详细内容见第五章。

拓展阅读2-7

三、重点调查

（一）重点调查的概念

微课 2-4

重点调查与典型调查

重点调查是指从调查对象的全部调查单位中选择一部分重点单位进行调查，以取得统计数据的一种专门组织的非全面调查。所谓重点单位是指在全部总体单位中所占比重很小，但在研究现象的标志总量中占有很大比重、在总体中具有举足轻重地位的调查单位。对这些单位进行调查，就能从数量上了解被研究现象总体的基本情况。例如，国家统计局组织开展的网上零售交易平台调查，预先确定了40多家重点网上零售交易平台名单，针对这40多家重点网上零售交易平台开展调查，从而掌握网上零售交易的基本情况。

重点调查的对象可以是一些行业、企业，也可以是一些地区、城市。根据研究问题的不同需要，重点调查可以采取一次性调查，也可以进行定期调查。目前主要在针对部分行业、企业的统计调查中使用。

（二）重点单位的选取

重点调查的关键是选取重点单位。重点单位的选取着眼于其在研究对象总体中所占的比重，是从研究对象的数量方面考虑的。这些单位可能数目不多，但具有代表性，因而能够较客观地反映统计调查对象总体的基本情况。

重点单位的选取一般考虑两个方面：一是要根据调查任务的要求和调查对象的基本情况确定选取的重点单位及数量。一般来讲，要求选取的重点单位应尽可能少，但其标志值在所研究现象的总体标志总量中所占比重却应尽可能大，在总体中具有举足轻重的作用，以保证足够的代表性。二是要注意选取那些管理制度比较健全、统计力量比较充分、统计工作比较扎实、具有良好统计工作基础条件的单位作为重点单位，这样才能够准确及时地提供统计资料，最终保证统计调查数据的质量。

（三）重点调查的特点

和其他调查方法相比，重点调查只须调查较少的单位数，投入的人力、物力、财力相对少，调查速度快，因而比较省时省力，对了解被研究现象总体的基本情况具有比较明显的优势。由于重点调查范围小，调查项目可以相对多一些，所了解的情况也可以详细一些，再加上这些调查单位在所研究现象的总量中占有较大比重，因而对这部分重点单位进行调查所取得的统计数据，完全能够反映社会经济现象发展变化的主要情况或基本趋势。需要注意的是，重点调查取得的数据只能反映总体的基本发展趋势，不能用于推断总体，这一点与抽样调查不同，因而它只是一种补充性的调查方式。一般来讲，在调查任务只要求掌握基本情况，而部分单位又能比较集中地反映研究项目和指标时，可以采用此调查方式。

（四）重点调查的作用

重点调查的主要作用在于反映调查总体的主要情况或基本趋势，因此，重点调查通常用于不定期的一次性调查，但有时也用于经常性的连续调查。

四、典型调查

（一）典型调查的概念

典型调查是根据统计调查的目的和要求，在对研究对象进行全面分析的基础上，有意识地选择少数具有代表性的单位进行深入调查研究的一种统计调查方式。进行典型调查的主要目的不是获得社会经济现象的汇总数值，而在于了解与所调查数据相关的生动细节。典型调查的关键是选取典型单位。所谓典型单位，是指在同一对象中最能充分、突出地体现总体共性的单位。典型调查可以弥补其他调查方法的不足，为数据资料补充丰富的典型情况。

（二）典型调查的特点

（1）典型调查的调查单位都是根据调查目的和要求有意识地选择出来的，具有代表性，而且调查单位少，因此调查方法比较灵活，可以节省人力、物力和财力，提高调查的时效性。只是在实际操作中选择真正具有代表性的典型单位比较困难，而且容易受人为因素的干扰，从而导致调查结论有一定的倾向性。因此调查质量与典型单位的选取有直接的关系，在选择典型单位时，切忌主观片面性和随意性，要求调查者不仅有客观、正确的态度，还要有科学的方法。典型单位选择合适，可以提高典型调查的质量。

（2）典型调查的调查范围小，因此调查项目可以设置更多，调查研究工作也能够更加深入细致，既可以收集数字资料，也可以收集不能用数字反映的实际情况，这样得到的调查资料就更加准确、全面，有助于调查者掌握更具体、生动的有关现象的实际情况，甚至可能发现新情况、新问题。

（三）典型调查的类型

一般来说，典型调查主要有两种类型：

第一种是“解剖麻雀”式的典型调查，即对总体中个别典型单位进行的调查研究。在这种典型调查中，只需要在总体中选出少数几个典型单位，通过对这几个典型单位的调查研究，来说明事物的大致情况或事物发展的一般规律。此种选典方法常用于调查单位之间差异较小的调查。

第二种是“划类选典”式的典型调查，即将调查总体按照与调查目的要求有关的标志划分为若干个类，然后从每类中选择典型单位进行调查。其目的是根据这些单位的调查结果从数量上对总体作出分析和推断。由于这种典型调查方法是先对总体进行分类，再从各类中选出典型单位，无形中减少了类型内各单位的差异，因而提高了典型单位的代表性。此种选典方法常用于调查单位之间差异较大的调查。

另外，还可以从社会经济组织管理和指导工作的实际需要出发，采取“抓两头”的方法，分别从先进单位和落后单位中选取典型，以便总结经验和教训，带动中间状态的单位，推动组织整体发展。例如，调查社会主义新农村建设情况，可以选择建设情况较好和不好的典型村庄进行调查分析；调查城市智能化发展情况，可以分别选择发展较好的城市和发展不好的城市作为典型进行调查分析。

（四）典型调查的作用

典型调查既可以作为非全面调查收集资料的一种方法，也可以作为分析研究问题、提出办法的一种工作方法，其作用主要体现在以下三个方面：

（1）典型调查可以作为全面调查和其他非全面调查的补充，收集到其他方式无法取得的统计资料，弥补其不足。如在特定的条件下用于对数据的质量检查，可以验证全面调查数据的真实性。

（2）在一定条件下，可以利用典型调查获取的资料从数量上推断总体指标数值。

（3）典型调查可以用来研究新生事物或典型事例。新生事物虽然刚刚出现时只是少数，但却具有代表性，用典型调查来了解、研究它们，意义尤为重要。如某企业发现竞争对手刚推出的新产品受到了消费者的青睐，应马上着手做有针对性的市场调研，这时可以考虑典型调查。

重点调查、抽样调查和典型调查都是专门组织的非全面调查，都具有调查单位少、省时省力的特点，但三者之间还是有明显的区别：

第一是调查单位的取得方式不同。重点调查中重点单位的选取是根据重点单位的标志值是否占全部总体单位标志总量的绝大比重这一标准来确定的，这一标准是客观存在的，所以易于确定；抽样调查中的调查单位是按照随机原则从所研究现象总体中抽取的，不受人的主观因素的影响；典型调查中的典型单位是在对总体情况分析的基础上有意识地抽选出来的。重点调查、抽样调查和典型调查的根本区别就在于选取调查单位的方法不同。

第二是三者的调查目的不同。重点调查的目的是了解研究现象总体的一般情况，但不能完整反映现象总体，更不能以此进行估计或推断；抽样调查的目的是通过对样本总体进行调查得到相应数据进而推断总体，最终是为了研究总体的数量特征；典型调查是通过对典型单位的调查说明总体的发展变化规律。

第三是适用场合不同。重点调查多用于调查总体的基本情况，适用于部分单位能比较集中地反映所研究现象涉及的项目或指标的场合；抽样调查主要适用于不能、不必要或很难进行全面调查，又需要得到反映现象总体数量特征的场合；典型调查适用于对总体现象进行分析，通过典型来反映规律。

第四是推断总体的可靠程度不同。抽样调查的结果最具科学性；而重点调查和典型调查则有一定的代表性。典型调查在一定条件下可以用典型单位的数据资料推断总体总量，重点调查不具备用重点单位的数据资料推断总体总量的条件。典型调查在进行总体数量推断时无法估计误差，这一点与抽样调查有明显区别。

小贴士 2-6　　中国统计史上第一次农民家计调查

战国时期，魏国名将李悝（前455—前395年）进行了一个五口之家的农民家计调查，开典型调查之先河。他采用实物与货币两种计量单位，创造性地应用了平衡法，进行了农民家庭的收支分析。他的卓越贡献，在世界统计史上占有一定地位。

资料来源 国家统计局. 中国统计史上第一次农民家计调查［EB/OL］.（2023-01-01）. https://www.stats.gov.cn/zs/tjlshi/gd/202301/t20230101_1903717.html.

五、统计报表

（一）统计报表的概念

统计报表是依照国家有关法律、法规，以一定的原始记录为依据，按照统一的表式、指标项目，统一的报送时间和报送程序，自上而下地统一布置，自下而上地逐级提供统计资料的一种调查方法。这是一种独具中国特色的调查方式。统计报表的实施范围，是已确定的统计总体内的全部单位。

微课 2-5

抽样调查与统计报表

统计报表的内容一般包括以下方面：

（1）表式。它是由国家统计部门根据研究的任务与目的而专门设计制定的统计报表表格，用于收集统计资料。它是统计报表制度的主体。

（2）填表说明。它是对统计报表的统计范围、指标等作出的规定，具体有：

填报范围：即统计报表的范围，规定每种统计报表的报告单位和填报单位、各级统计部门与主管部门的范围等。

指标解释：对列入表的统计指标的口径、计算方法以及其他有关问题的具体说明。

分类目标：有关统计报表主栏中应进行填报的有关项目的分类。

（3）其他有关事项的规定。除了以上各项规定以外，还有一些注意事项，如报送日期、报送方式、报送份数等。

小贴士 2-7 明代统计报告制度

明代定期编制的统计报告较为完备，重点在钱粮度支部门，计有月报、二月报、季报、半年报、年报、三年报等。填报的详略随报告时间而异，见表 2-3。

表 2-3 明代统计报表格式

月报和二月报		季报和半年报	
填报内容	上报要求	填报内容	上报要求
开除	仓场每二月具出纳之数进呈	旧管 新收 实在	将各项钱数造册，差人具奏放支钱粮，每三个月一次开数具奏
年报		三年报	
填报内容	上报要求	填报内容	上报要求
旧管 新收 开除 实在 （岁征、岁收、岁支、岁储）	磨算无差，造册奏缴	旧管 新收 开除 实在	造黄册一本进缴，各收清册一本备照

资料来源 国家统计局. 明代统计报告制度［EB/OL］.（2023-01-01）. https://www.stats.gov.cn/zs/tjlshi/gd/202301/t20230101_1903717.html.

（二）统计报表的特点

实际工作中，统计报表事先布置到基层单位，基层单位在建立健全各种原始记录的基础上，根据统计报表的填报要求，自下而上地逐级上报统计资料。与其他统计调查方式相比，统计报表有其显著的特点：

（1）统一性和时效性。为了保证统计资料的及时和完整，统计报表的指标内容、口径范围、计算方法和表格形式以及报送程序和报送时间都是由国家统一规定的。《统计法》第二章第二十一条规定：县级以上人民政府统计机构根据统计任务的需要，可以在统计调查对象中推广使用计算机网络报送统计资料。

（2）全面性。在统计报表的实施范围内，各单位都必须全面地贯彻执行。这样，通过从基层单位到部门、地方直至中央的填报和逐级汇总综合，可以得到国民经济全面的基本的统计资料。

（3）准确性和可靠性。统计报表定期报送，内容基本稳定，便于完整地积累资料和进行历史对比，有利于系统地分析研究现象发展变化的规律。统计报表的数据资料来源于基层单位的原始记录，只要建立健全基层单位的原始记录制度，就可以保证统计报表的可靠性，做到准确和完整。

普查与统计报表二者均是全面调查，都能提供较为全面的材料。二者的区别如下：

（1）连续性。普查不属于连续性调查，而统计报表则是。

（2）调查内容。普查主要反映国情国力方面的基本统计资料，而统计报表的主要内容是需要经常掌握的各种统计资料。

（3）编制报表。统计报表内容固定，经常填写，调查项目较少；而普查则是专门组织的一次性调查，在调查时可以包括更多的单位，分组更细，调查项目更多。

（4）具体应用。普查适用于需要掌握比较全面、详细的资料时，而要取得经常性的统计资料还是应采用统计报表。

（三）统计报表的种类

1.按统计报表的实施范围不同分为国家统计报表、部门统计报表和地方统计报表

国家统计报表是国家统计部门统一制发，根据有关国家统计调查项目和统计调查计划制作的统计报表。这种统计报表主要用来收集整个国民经济和社会发展情况的基本统计资料，在全国范围内的各行各业实施，是统计报表的主体。部门统计报表又称专业统计报表，是各有关部门根据本部门管理的需要制作的统计报表，一般是为了满足本部门业务需要而专门制定统计调查项目和统计调查计划，在本部门、本系统内实施的。地方统计报表是根据地区特点和管理需要而制作的有关地方统计调查项目和统计调查计划的统计报表，用来满足地方的专门需要，实施范围是各省、自治区、直辖市。部门和地方统计报表都是国家统计报表的补充。

2.按统计报表的调查对象范围不同分为全面统计报表和非全面统计报表

全面统计报表要求调查对象的全部单位都填报资料；而非全面统计报表只要求调查对象中的一部分单位填报资料。在我国，大多数的统计报表都是全面统计报表。

3.按统计报表的报送周期长短不同分为日报、旬报、月报、季报、半年报、年报

各种统计报表报送周期的长短和指标项目的详简程度具有密切联系。通常是统计报表报送的周期越短，报表的指标项目就应该越少、越简洁；反之，指标项目就可以多些、细些。统计报表报送的原则是：凡是年报、半年报一次能满足需要的，就不用季报、月报；月报能满足要求的，就不用旬报、日报。除年报外，其余统称为定期报表。

4.按统计报表的填报单位不同分为基层统计报表和综合统计报表

基层统计报表是由基层企事业单位填报的报表，它所提供的原始资料是统计报表的基础资料。综合统计报表是由主管部门或统计部门根据基层统计报表逐级汇总填报的报表，汇总后得到的是各级基本统计指标。

（四）统计报表的资料来源

（1）原始记录。它是基层单位通过一定的表格形式对生产经营状况所做的最初记录，是第一手记载，未经过任何加工和整理，如各种存款单，材料出库、进库单等。它是统计报表的基础资料，原始记录工作的质量直接影响统计报表的质量。

（2）统计台账和企业内部报表。从原始记录到统计报表，中间还要经过统计台账和企业内部报表。统计台账是基层单位根据统计报表和统计核算工作的填报要求，用一定的表格形式将分散的原始资料按时间先后顺序集中登记而设置的一种系统积累统计资料的账册。在企业中一般设班组台账、车间台账和全厂台账。企业内部报表是企业根据原始记录和统计台账，经过汇总计算后编制的，用来反映企业内部车间工段在一定时间内的生产、劳动、设备、原材料和财务等情况的报表。

拓展阅读2-8

如前所述，任何一种统计调查方式都有各自的优缺点和不同的实施条件，不同的统计调查方式发挥不同的作用。在实际工作中，社会经济发展情况复杂多变，国民经济门类众多，各调查单位的性质、经济类型、规模和管理水平等千差万别，各地区、各部门、各单位进行统计调查的目的和要求也各不相同，使用单一的统计调查方式显然不能满足多方面需要。那么究竟应采用哪一种统计调查方式呢？这就要求我们具体问题具体分析，按照调查对象的特点和不同的调查目的，因时制宜、因地制宜，灵活运用多种统计调查方式，甚至在同一调查活动中，还可以将多种调查方式结合运用，使收集到的统计资料尽可能准确、翔实，能够满足多层次的需要。

本章总结

综合训练

随堂测2

一、单项选择题

1.统计调查是统计工作的一项（　　）。

A.基础活动　　B.最初活动

C.最末活动　　D.最先活动

2.统计调查按调查单位在时间上进行登记的连续性不同，可分为（　　）。

A.全面调查和非全面调查　　B.经常性调查和一次性调查

C.统计报表和专门调查　　D.定期调查和不定期调查

3.确定统计调查方案的首要问题是（　　）。

A.确定调查对象　　B.确定调查目的

C.确定调查项目　　D.确定调查时间

4.确定调查时间是（　　）。

A.确定调查资料所属时间　　B.确定调查登记的时间

C.确定调查期限　　D.确定进行调查的时间

5.对某地工业企业职工进行调查，调查对象是（　　）。

A.各工业企业　　B.每一个工业企业

C.各工业企业全体职工　　D.每位工业企业职工

6.根据调查目的和要求，在对调查总体进行全面分析的基础上，有意识地选择少数具有代表性的单位进行深入调查研究的一种非全面调查是（　　）。

A.普查　　B.抽样调查　　C.重点调查　　D.典型调查

7.抽样调查所抽出的调查单位是（　　）。

A.按随机原则抽选的　　B.按随意原则抽选的

C.有意识抽选的　　D.典型单位

8.属于全面调查的是（　　）。

A.抽样调查　　B.普查　　C.重点调查　　D.典型调查

9.某市为了解某种商品销售的基本情况，有意识地选取了几个规模较大的销售这种商品的商店（场）进行调查，这种调查属于（　　）。

A.抽样调查　　B.典型调查　　C.重点调查　　D.普查

10.若对我国居民家庭收支情况进行调查，合适的调查方式为（　　）。

A.普查　　B.重点调查　　C.典型调查　　D.抽样调查

二、多项选择题

1.专门调查包括（　　）。

A.抽样调查　　B.典型调查　　C.重点调查　　D.统计报表

2.常用的收集统计数据资料的方法有（　　）。

A.访问法　　B.直接观察法　　C.报告法　　D.网上调查法

3.我国人口普查属于（　　）。

A.全面调查　　B.一次性调查　　C.专门调查　　D.经常性调查

4.下列统计调查中，调查单位与报告单位一致的有（　　）。

A.工业企业设备调查　　B.人口普查

C.高校学生消费状况调查　　D.商品价格水平调查

5.要调查一个城市的高校构成情况，每一所高校是（　　）。

A.调查单位　　B.调查对象　　C.总体单位　　D.填报单位

三、判断题

1.统计报表一般属于经常性的全面调查。（　　）

2.在非全面调查中，最完善、最有科学依据的是抽样调查。（　　）

3.单一表能容纳较多的标志，因而能把许多单位的资料填列于一张表中，这有利于比较和分析。 (　　)

4.一位老师要调查班里学生的学习情况，调查单位是班里所有的学生，填报单位是这位老师。 (　　)

5.当调查对象分布区域较广时宜采用邮寄调查。 (　　)

四、简答题

1.简述统计调查的含义和基本要求。

2.简述统计调查的种类。

3.一个完整的统计调查方案应该包括哪些内容？

4.简述抽样调查、重点调查与典型调查的区别与联系。

5.简述普查与统计报表的区别。

五、技能训练

训练1

[背景资料]

结合本章所学内容，对学校或社区某超市的日常消费品销售状况进行一次小型的统计调查，以反映校内学生或社区居民的消费结构和购买能力。

[能力要求]

根据要求设计一份结构完整的统计调查方案。

[温馨提示]

(1) 本训练旨在使学生掌握统计调查方案的内容。

(2) 准确掌握统计调查方案的内容后回答。目的是让学生认识到统计就在我们的日常生活中，从而激发学生学习统计的积极性。

[实施步骤]

1.学生分组进行。

2.调查方案包括调查项目（消费品名称、消费品价格、消费群体、购买数量等）和调查表。

3.调查方案设计完成后以小组为单位上交电子版。

训练2

[背景资料]

结合本章所学，为广泛宣传低碳消费理念，对学校学生或社区居民进行一次对低碳经济尤其是低碳消费的认知和理解状况的调查。

[能力要求]

根据要求设计一份简单规范的统计调查问卷，让学生认识到问卷设计的重要性，从而激发学生学习统计的积极性。

[温馨提示]

(1) 本训练旨在使学生掌握统计调查问卷的结构和技巧。

(2) 准确掌握统计调查问卷的内容和结构后回答。

［实施步骤］

（1）问卷设计要符合基本要求，调查对象的选取要采用随机原则。

（2）调查问卷不得少于50份，有效问卷不得低于45份。

（3）调查问卷问题不少于10个，问题要跟调查项目紧密相关。

（4）问卷设计完成后以小组为单位上交电子版。具体调查实施时间和地点由小组成员商议决定。建议学生的调查在校园内进行，可以选择餐厅、宿舍、自习室、图书馆等。

训练3

［背景资料］

（1）某企业2024年4月份的主要产量、产值按统计制度的要求上报。

（2）某企业扭亏的工作成效，以便于推广其成功的经验。

（3）对我国几个大型电商平台进行调查就可以基本了解我国电商销售的情况。

（4）每月月初对某省高速公路某路段的交通流量进行调查，研究该路段交通流量的变化规律。

（5）某手机企业为了检查产品的质量，抽取一部分产品进行检验就可以判断该企业手机质量状况。

（6）对我国居民消费品价格进行调查，掌握消费品价格的变动情况，从而反映我国居民生活质量的变化。

［能力要求］

根据上述资料，请说明调查的方式、种类、调查的方法以及调查的时间和期限。

［温馨提示］

（1）本训练旨在使学生熟练掌握各种统计调查方法的含义和特点。

（2）准确掌握各种统计调查方法的含义和特点后回答，能够根据统计调查的目的、任务选择适当的统计调查方法。

第三章

统计整理

知识目标

1. 了解统计整理的意义及其步骤；
2. 理解统计分组的概念和作用；
3. 了解分配数列的概念、种类；
4. 掌握统计分组的方法和变量数列的编制；
5. 了解统计表和统计图的绘制原则。

能力目标

1. 能够对数据进行分组整理；
2. 能够根据数据进行分配数列的编制；
3. 能够学会根据实际资料编制统计表、绘制统计图。

素养目标

1. 具备科学严谨的统计态度；
2. 树立主动解决问题的意识；
3. 培养精益求精的工匠精神。

案例 3-1

同学们，现在你们接到了一个任务，对自己所在学校的大学生的月消费额进行调查，经过对143名同学的调研，得到了以下数据：

1 000　2 000　700　800　500　650　460　900　1 000　1 000　1 500　1 200
1 300　1 500　1 600　1 500　1 500　700　900　750　850　950　800　1 200　1 100
1 200　1 200　1 100　1 000　1 000　900　1 200　2 300　2 000　1 500　2 500　3 500
1 200　1 000　1 000　1 000　900　1 200　1 200　750　1 850　900　1 800　1 200
1 100　1 200　1 200　1 000　1 500　1 200　1 300　1 500　1 600　1 100　2 500

2 200	1 300	1 100	600	2 100	2 000	1 600	2 500	3 800	1 000	700	800
1 500	1 500	1 300	1 200	1 000	900	1 500	800	1 400	1 700	2 600	1 300
1 500	1 600	1 750	800	1 900	2 500	1 500	1 200	2 200	1 000	1 100	
1 600	1 300	1 500	900	1 000	1 200	1 400	900	1 000	700	900	950	800
1 100	1 100	1 300	1 500	1 000	1 000	1 000	2 000	1 800	2 100	2 200	
3 500	2 200	1 200	800	1 100	1 500	1 200	1 200	1 000	1 200	1 000	2 200
2 700	1 600	1 300	800	1 100	2 300	3 600	2 000	2 800	1 400	700	800

在众多的数据中，你们能否快速得到想要的答案呢？那如果变成表3-1这样呢？

表3-1　　在校大学生月消费情况表

月消费额（元）	人数（人）	比重（%）
1 000以下	32	22.38
1 000~1 499	59	41.26
1 500~1 999	27	18.88
2 000~2 499	14	9.80
2 500及以上	11	7.68
合计	143	100.00

可以看到，一堆零散的数据摆在面前，无法让我们清晰得知消费额的相关情况，但通过一张简洁的统计表，可以让我们很直观地看出，月消费额在1 000~1 499元区间的人数最多，2 500元及以上的人数最少，基本能够掌握大学生月消费额的规律。将零散的数据整理成统计表的工作过程，就是本章要学习的内容——统计整理。

第一节　统计整理概述

一、统计整理的定义

通过统计调查取得的原始资料是分散的、零碎的、杂乱的、不系统的，只能表明各个调查单位的具体情况，反映事物的表面现象或某个侧面，不能说明事物的本质和总体情况。因此，必须对这些资料进行加工整理，才能认识事物总体的本质及其内部联系。

统计整理是根据统计研究的目的和任务，对统计调查所得的大量资料进行科学的分类、汇总，或对已初步加工的资料进行再加工，使之成为系统化、条理化的综合资料的工作过程。

例如，我国进行人口普查，能够取得每个公民的年龄、性别、民族、文化程度、职业等基本信息。但是分散杂乱的海量原始资料并不能体现我国人口特点，为了能清晰地说明我国人口特点，就需要对这些原始数据进行分类、汇总、计算，形成系统化的资料，进而通过分析、研究、预测，来确定我国人口工作中的重点问题。

二、统计整理的意义

统计整理是整个统计研究过程的中间环节，其既是统计调查的继续，又是统计分析的基础，在统计工作中具有承上启下的重要作用。

另外，统计整理还是积累历史资料的必要手段。统计研究中经常要进行动态分析，这就需要长期积累的历史资料。积累资料要对已有的统计资料进行甄选，按可比口径进行调整、分类和汇总，这些都必须由统计整理工作来完成。

延伸学习 3-1

社会现象和规律的发现离不开统计整理工作。表 3-2 和表 3-3 是根据相关资料整理得到的统计表，清晰地反映出 2022 年山东省居民生活水平稳步提高。

表 3-2　2022年山东省居民人均收入、消费支出情况

指标	绝对量（元）	比上年增长（%）
可支配收入	37 560	5.2
工资性收入	21 422	4.9
经营净收入	7 985	5.2
财产净收入	2 561	4.9
转移净收入	5 591	6.3
消费支出	22 640	−0.8
食品烟酒	6 267	1.2
衣着	1 486	−2.9
居住	4 812	2.8
生活用品及服务	1 668	−2.8
交通通信	3 356	−4.0
教育文化娱乐	2 566	−6.0
医疗保健	2 015	0.0
其他用品和服务	470	3.2

表 3-3　2022年年末每百户居民家庭主要耐用消费品拥有量

指标	单位	数量
家用汽车	辆	54.2
摩托车	辆	20.8
洗衣机	台	100.2
电冰箱	台	104.1
彩色电视机	台	105.0
空调	台	140.1
热水器	台	92.6
洗碗机	台	2.2
固定电话	部	5.1
移动电话	部	240.7
计算机	台	50.8
照相机	台	9.1
健身器材	台	4.5
空气净化器	台	6.4

资料来源　山东省统计局. 2022年山东省国民经济和社会发展统计公报［EB/OL］.（2023-03-02）. http：//tjj.shandong.gov.cn/art/2023/3/2/art_6196_10303466.html？eqid=efd60a2e00036a7700000002645e4339.

三、统计整理的步骤

微课 3-1

统计整理的步骤

统计整理是一项细致而周密的工作，内容很丰富，因此需要有组织、有计划地进行。统计整理必须严格按统计整理方案的要求进行。一般来讲，统计整理工作主要分以下五个步骤：

（一）制订统计整理方案

“凡事预则立，不预则废。”制订完善的统计整理方案是做好统计整理工作的前提。一份完整的统计整理方案，要确定并详细阐述对调查资料的哪些内容进行加工整理，怎样加工整理；同时，要确定各种统计分组和汇总指标等。

（二）对调查资料进行审核和订正

为了保证统计工作质量，在统计整理前，首先要做好调查资料的审核和检查工作。统计资料的审核主要从完整性、准确性和及时性三个方面进行。

1. 完整性

审核资料的完整性，一是检查调查表是否完全收齐，即调查单位是否齐全；二是检查调查表中要求填写的项目有无遗漏和是否完整。对于不完整的资料，应采取适当的补救措施，避免出现较大的数据偏差。一般情况下，会在调查中留下被调查者的联系方式，在数据审核中发现有问题时，可进行核实和订正。

2. 准确性

审核资料是否准确是审核资料的重点，主要检查数据资料是否真实地反映实际情况。准确性审核的方法主要有逻辑检查和计算检查两种。逻辑检查主要是从定性角度审核数据是否符合逻辑，各项目或数字之间有无相互矛盾的现象。比如，对某公司已婚女职工进行生育意向调查，所填的婚姻状态是未婚的数据材料就应予以纠正。计算检查是审核各项数据在计算结果和计算方法上有无错误。如各行数值是否按照规定的计量单位填写，各分项数字之和是否等于合计数，同一指标在不同表格上的数值是否相同，各行比重之和是否为100%等。

对审核过程中发现的错误应予以纠正，对严重违反规定，篡改、伪造、隐瞒数据的行为要严格按照《统计法》的规定严肃处理。统计资料的审核是一项严肃细致的工作，一定要认真对待，不可草率从事。

3. 及时性

审核资料的及时性，主要是检查资料是否按规定的时间报送。对于某些时效性较强的资料，如果调查结果上报过于滞后，就失去了分析研究的意义。例如，统计资料要求在4月1日前上报，超过了这个时限上报的统计资料就失去了意义。

（三）对调查资料进行统计分组

对审核好的资料进行统计分组是统计整理的核心工作。统计分组是根据研究目的和统计分析的需要，对原始资料进行划类分组。统计分组工作的技术性强，能够实现由杂乱无章的调查资料向系统、有条理的统计资料的过渡。

（四）对分组资料进行统计汇总

统计汇总就是将统计调查的资料经过检查审核和科学分组后进行的归类、汇总，并计算各组单位数和各组标志值、总体单位总数和总体标志总量等。由于需要汇总的资料繁多，范围广泛，而且对汇总资料也有不同的要求，因此需要采取合理的组织形式和方法，保证统计汇总工作的顺利进行。统计汇总也是统计整理的核心工作，要求精度高、速度快，完成统计资料由个体到总体的过渡。

（五）编制统计表、绘制统计图

统计表和统计图是将汇总好的数据显示出来的常见方式，是统计资料整理的最终结果，根据研究的目的可以编制各种统计表和绘制统计图。

1. 编制统计表

编制统计表是根据现象之间的内在联系和统计分析的要求，将汇总好的数据合理地编制在一份表格上的过程。统计表具有表现统计资料清晰、明了的特点。

2. 绘制统计图

绘制统计图是以点、线条、面积等图形来描述和显示统计数据的过程。统计图具有表现统计资料直观、形象的特点。

3. 统计表和统计图的区别

统计表是在统计中用于收集和登记原始统计数据的表格，是在统计整理过程中使用的汇总表或整理表，是在统计分析过程中对统计数据进行定量分析使用的分析表。按统计表所显示的数列性质，它可分为三类：时间数列表、空间数列表、时空数列结合表。

统计图是利用点、线、面等绘制成几何图形，以表示各种数量间的关系及其变动情况的工具，包括条形图、直方图、折线图、饼图等。在统计学中把利用统计图形表现统计的方法叫作统计图示法。其特点是：形象具体、简明生动、通俗易懂、一目了然。其主要用途有：表示现象间的对比关系，揭示总体结构，检查计划的执行情况。

素养提升 3-1

党的十八大以来，新兴动能亮点纷呈，幸福产业普惠民生，在产业结构、产业升级、城乡发展、区域协调等方面从高速度发展向高质量发展稳步迈进（见表3-4）。

表3-4　党的十八大以来中国社会经济发展情况表

指标	单位	2012年		2021年		2012—2021年平均速度（%）［累计］
		绝对量	占比（%）	绝对量	占比（%）	
三次产业①						
第一产业增加值	亿元	49 085	9.1	83 086	7.3	4.0
第二产业增加值	亿元	244 639	45.4	450 904	39.4	6.0

续表

指标	单位	2012年		2021年		2012—2021年平均速度（%）［累计］
		绝对量	占比（%）	绝对量	占比（%）	
第三产业增加值	亿元	244 856	45.5	609 680	53.3	7.4
产业升级						
规模以上高技术制造业增加值②	亿元	—	9.4	—	15.1	11.6
规模以上装备制造业增加值②	亿元	—	28.2	—	32.4	9.2
信息传输、软件和信息技术服务业增加值①	亿元	11 929	2.2	43 956	3.8	17.7
租赁和商务服务业增加值①	亿元	10 887	2.0	35 350	3.1	9.0
三大需求①						
最终消费支出	亿元	275 444	51.1	620 921	54.5	—
居民消费支出	亿元	190 585	35.4	438 849	38.5	—
资本形成总额	亿元	248 960	46.2	489 897	43.0	—
货物和服务净出口	亿元	14 636	2.7	29 522	2.6	—
需求优化						
全国居民恩格尔系数	%	33.0	—	29.8	—	[-3.2]（百分点）
第三产业投资③	亿元	167 781	61.7	362 877	66.6	8.9
一般贸易进出口额④	亿美元	20 103	52.0	37 268	61.6	7.1
机电产品出口额⑤	亿美元	11 793	57.6	19 857	59.0	6.0
城乡发展						
常住人口城镇化率（年末）	%	53.10	—	64.72	—	1.29（百分点）
城乡居民人均可支配收入比	农村居民收入=1	2.88	—	2.50	—	-0.38
城乡居民人均消费支出比	农村居民支出=1	2.57	—	1.90	—	-0.67
区域协调⑥						
东部地区生产总值	亿元	283 480	52.2	592 202	52.1	7.0
中部地区生产总值	亿元	115 593	21.3	250 132	22.0	7.5

续表

指标	单位	2012 年		2021 年		2012—2021 年平均速度（%）［累计］
		绝对量	占比（%）	绝对量	占比（%）	
西部地区生产总值	亿元	106 448	19.6	239 710	21.1	7.7
东北地区生产总值	亿元	37 542	6.9	55 699	4.9	4.7
京津冀地区生产总值	亿元	51 145	9.4	96 356	8.5	6.3
长江经济带地区生产总值	亿元	237 695	43.8	530 228	46.6	7.6
长三角地区生产总值	亿元	127 732	23.5	276 054	24.3	7.3

注：本表部分指标占比之和不等于100%，是由于数值修约误差所致，未作机械调整。①2021年数据为初步核算数，各指标占比指占国内生产总值比重。②规模以上高技术制造业增加值占比、规模以上装备制造业增加值占比指占全部规模以上工业增加值比重。③第三产业投资占比指占固定资产投资（不含农户）比重。④一般贸易进出口额占比指占货物进出口总额比重。⑤机电产品出口额占比指占货物出口总额比重。⑥2021年数据为初步核算数，各指标占比指占各地区生产总值汇总数比重。

资料来源　国家统计局. 经济社会发展统计图表——党的十八大以来经济社会发展成就（协调发展篇）[EB/OL].（2022-09-19）. https://m.thepaper.cn/baijiahao_19963999.

第二节　统计分组

一、统计分组的概念和作用

（一）统计分组的概念

微课 3-2

统计分组

统计分组就是根据被研究现象的特征和统计研究的目的，选择一定标志将总体划分为若干不同类型或不同性质的组的统计方法。总体中的每一个组成部分称为“组”，即大总体中的小总体。统计分组使同一组内的各单位在分组标志上的性质相同，而不同组之间的性质相异。对总体进行的分组是总体单位所具有的“差异性”特征所决定的，统计分组就是“分”与“合”的过程，总体中的各个单位，在分组标志的表现上具有彼此相异性质的，被区分为性质不同的若干个组成部分，就是“分”的过程；在分组标志的表现上具有相同性质的，被组合在同一性质的组中，即为“合”的过程。

做中学 3-1

根据《统计上大中小微型企业划分办法（2017）》，通常所说的大中小微型企业主要是指在中华人民共和国境内依法设立的各种组织形式的法人企业或单位。按照企业的规模来划分，企业一般分为大型、中型、小型、微型四种类型。如建筑业中型企业，营业收入要不低于6 000万元且不高于80 000万元，资产总额要不低于5 000万元且不高于80 000万元。这就是统计分组的一种实际应用。

由此可见，统计分组实质上是在统计总体内部进行的定性分类，对总体而言是“分”，即将一个“大总体”划分成若干个“小总体”；对总体单位而言则是“合”，即将性质相同的总体单位合并到一个组中。因此，统计分组要满足如下要求：第一，总体内部必须体现“组内的同质性和组间的差异性”，也就是说，就某一分组标志而言，同一组内总体单位的标志表现要相同或相近，不同组总体单位的标志表现则应存在明显差异；第二，总体内所有单位只能分别归到自己所属的组，而不能同时归属于两个或两个以上的组，即归属的唯一性；第三，总体的每一个单位都被归属到某一组内，所有组能容纳总体的全部单位，即分组的完整性。统计分组是统计特有的方法，在统计工作中发挥着重要作用。只有对总体进行科学分组，通过对现象各个局部的发掘，才能更加深刻地认识事物的本质。

（二）统计分组的作用

1.划分社会经济现象的类型

运用统计分组可以将复杂的社会经济现象划分成若干性质不同的类型，利用这些不同类型的社会经济现象，可以反映出不同的特征，以揭示其本质和规律性。如要研究某省的地区生产总值情况，可按产业分组，分成第一产业、第二产业和第三产业；按产品在社会再生产过程中的用途不同划分为生产资料生产部门和消费资料生产部门；按产品形态划分为物质资料生产部门和非物质资料生产部门；按所有制形式分为国有经济、集体经济、私营经济和其他经济等。

2.反映社会经济现象总体的内部结构

从数量上反映总体内部的结构是统计研究的重要任务。在分组的基础上计算各部分占总体的比重来表达总体内部结构，可以体现部分与总体的关系以及各部分之间存在的差别和相互联系，反映事物从量变到质变的过程，帮助人们掌握事物的特征，认识事物的性质。而且，通过比较总体内部结构的动态变化还可以分析现象发展变化的过程、趋势和规律。

做中学3-2

中国共产党第二十次全国代表大会代表年龄构成资料见表3-5。其反映了我国党代表的年龄特点。

表3-5 党的二十大当选党代表年龄分布情况

序号	党代表年龄（岁）	人数（人）	比重（%）
1	45以下	434	18.9
2	45~55	1 371	59.7
3	55以上	491	21.4
合计		2 296	100.0

3.分析社会经济现象之间的依存关系

社会经济现象不是孤立存在的，它们总是相互联系、相互制约、相互影响的。利用统计分组可以揭示这些现象在数量上的联系和依存关系。如农作物的施肥量与亩产量之间、合理种植密度与农产品产量之间、家庭收入与生活费用支出之间、工人技术等级与产品质量之间、市场商品价格与其需求量之间、劳动生产率与产品成本之间的关系等，都在一定程度上存在相互依存的关系。所有这些依存关系都可以通过统计分组来研究。

做中学 3-3

表 3-6 中的资料反映了 2024 年某地区商店按商品流转额分组的流转费率水平情况。

表 3-6　2024年某地区商店按商品流转额分组的流转费率水平

商店按商品流转额分组（万元）	商店数（个）	各组商品流转费率（%）
50 以下	25	11.2
50~200	70	10.4
201~400	130	9.9
401~600	75	6.7
601~800	40	5.8
801~1 000	21	5.3
1 000 以上	8	5.1

从表 3-6 中的资料可以看出，商品流转规模越大，则商品的流转费率越低，这表明商品流转费率与商品流转额之间存在依存关系。

上述三个方面的作用是分别从类型分组、结构分组和分析分组角度来说明的，它们不是彼此孤立的，而是相互补充、结合运用的。

二、统计分组的种类

统计分组的种类是按照分组时所采用的分组标志的性质和数量来划分的。分组标志就是分组时作为划分各组界限的标准或依据。由于总体单位的标志有品质标志和数量标志两种，因此分组标志也有品质标志和数量标志两种。例如，职工的性别、文化程度、民族等是品质标志，而职工的年龄、工龄、工资水平等是数量标志。

（一）品质标志分组和数量标志分组

根据分组标志的不同特征，统计分组分为品质标志分组和数量标志分组。

品质标志分组就是选择反映事物属性差异的品质标志作为分组标志，并在该品质标志的变异范围内划定各组的界限，将总体划分为若干个性质不同的组成部分。如人口按性别、民族、文化程度、职业等标志的分组就是品质标志分组。

做中学 3-4

表3-7是2023年某高校本科新生部分特殊招生情况。这里是按照特殊招生的类型进行的分组，属于品质标志分组。

表 3-7　2023年某高校本科新生部分特殊招生数据统计

按特殊招生的类型	人数（人）	在内地普通招生占比（%）
强基计划	922	27.12
高校专项及国家专项计划	440	12.94
保送生	171	5.03
高水平艺术团	40	1.18
高水平运动队	52	1.53
合计	1 625	—

数量标志分组就是选择反映事物数量差异的数量标志作为分组标志，并在该数量标志的差异范围内划定各组界限，从而将总体划分为性质不同的若干个组成部分。如家庭按照月平均收入分组、学生按身高或学习成绩分组等。

做中学 3-5

表3-8为某市某年职工家庭户平均收入分组情况。

表 3-8　某市某年职工家庭户平均收入分组情况

按每户年平均收入分组（元）	户数（户）	比重（%）
3 000以下	900	6.7
3 000~4 000	2 510	18.8
4 001~5 000	4 360	32.6
5 001~6 000	2 890	21.6
6 001~7 000	1 440	10.8
7 001~8 000	650	4.9
8 000以上	630	4.7
合计	13 380	100.0

注：由于计算过程中有四舍五入，存在精度（比重）上总数不等于百分之百的少数情况，本书中此种情况都标注为100%，特此说明。

（二）简单分组和复合分组

根据分组标志的多少，统计分组有简单分组和复合分组两种。为了全面了解研究对象的数量特征，常常需要运用多个分组标志对总体进行分组，形成由一系列相互联系、相互补充的统计分组所组成的分组体系。统计分组体系有平行分组体系和复合分组体系两种形式。

1.简单分组和平行分组体系

对总体只按一个分组标志进行分组称为简单分组。简单分组只反映现象在某一标志特征方面的差异情况。

做中学 3-6

某班级英语四级考试情况（见表 3-9）就是简单分组。

表 3-9 某班级英语四级考试情况

按四级考试成绩分组（分）	人数（人）	比重（%）
300 以下	8	15.38
300~400	12	23.08
401~500	25	48.08
501~600	5	9.62
600 以上	2	3.84
合计	52	100.0

对同一总体选择两个或两个以上标志分别进行简单分组，平行排列起来，就成为平行分组体系。

做中学 3-7

表 3-10 的分组就属于平行分组体系。在平行分组体系中，各个分组都是彼此独立的，没有相互包含关系。它们各有侧重、相互补充，形成对总体全貌的完整认识。

表 3-10 2023年某市分年龄、性别的人口资料（平行分组）

人口按年龄（岁）和性别分组	人数（人）	比重（%）
一、按年龄（岁）分组		
0~4	242 449	5.55
5~9	317 150	7.26
10~14	440 777	10.09
15~19	362 145	8.29
⋮	⋮	⋮
二、按性别分组		
男性	2 251 065	51.53
女性	2 117 391	48.47
总计	4 368 456	100.00

2. 复合分组和复合分组体系

对总体按两个或两个以上的标志重叠或交叉起来进行分组称为复合分组。具体地说，复合分组就是先按某一主要标志将总体分为若干组，再按其他有关辅助标志对各组进行更细的分组，从而形成多个层次的分组组合。

复合分组本身形成复合分组体系。复合分组的排列形式有层叠式（见表3-11）和交叉式（见表3-12）两种。

表3-11　党的十九大和党的二十大党代表学历结构表（层叠式）

按代表大会届数和党代表学历结构分组	人数（人）	比重（%）
党的十九大	2 287	—
研究生学历	1 227	53.7
大学学历	727	31.8
大专学历	200	8.7
其他	133	5.8
党的二十大	2 296	—
研究生学历	1 210	52.7
大学学历	826	35.9
大专学历	155	6.8
其他	105	4.6
合计	4 583	100.0

表3-12　党的十九大和党的二十大党代表学历结构表（交叉式）

	总计	研究生学历	大学学历	大专学历	其他
党的十九大	2 287	1 227	727	200	133
党的二十大	2 296	1 210	826	155	105
合计	4 583	2 437	1 553	355	238

通过复合分组，可以从多个角度同时对现象总体的内部进行描述分析，反映问题更全面深入。进行复合分组时，首先要合理安排各个分组标志的主次关系，以及由此决定的分组层次，做到主次分明、层次清楚。另外，分组标志不宜太多，每增加一个分组标志，就会增加一个分组层次，组数也会成倍增加，从而使资料显得冗长、烦琐；一般以两个分组标志为宜，最多不要超过3个。

三、分组标志的选择

（一）分组标志及其选择

分组标志就是作为分组依据的标志。统计分组的关键问题是正确选择分组标志和划分各组界限，这将直接影响统计分组的科学性和分组结果的真实性，以及统计资料整理的准确性。

分组标志一经选定，就要突出总体单位在这一标志下的性质差异，而掩盖在其他标志下的性质差异。如果分组标志选择不恰当，不但不能显示总体的基本特征，还可能歪曲事物的本来面目，得出错误的结论。分组标志选择正确，是统计分组能充分发挥其作用的前提。

在分组标志的选择上，应根据统计研究的目的和任务，结合现象所处的具体历史条件和经济条件，选择能够反映事物本质特征或主要特征的标志作为分组标志。

（二）分组界限的划分

分组标志确定以后，区分各组性质的差别是十分重要的。各组之间界限的划分正确与否，直接影响统计分析结果的科学性。

对于数值型分组，分组的关键是掌握决定事物性质差异的数量界限。划分数量界限时，通常要考虑到每组的数量界限与事物本质特征的联系，以及进一步计算分析的需要。

对于品质型分组，简单的很容易划分各组的界限，复杂的不容易划分各组的界限。比如，在国民经济的行业分类中，由于各部门是在社会分工发展过程中逐渐形成的，工业首先从农业中分离出来，随后又从工业中分离出了其他物质生产部门和非物质生产部门，这是一个由量变到质变的渐进过程，因此，工业与农业及其他物质生产部门之间必然存在着一些过渡形态，其归属是一个很复杂的分类问题。对于复杂的品质型分组，需要国家统计局会同有关部门统一制定各种分类目录与规定标准，供全国统一使用。

四、统计分组的方法

（一）按品质标志分组

按品质标志分组就是选择反映事物属性差异的品质标志作为分组标志，并在该品质标志的变异范围内划定各组的界限，将总体划分为若干个性质不同的组成部分。它可分为简单的品质标志分组和复杂的品质标志分组。

有些品质标志分组比较简单，往往分组标志一经确定，组名称和组数也就确定了，而且各单位应分在哪一组也比较明确，不存在组与组之间界限模糊、难以区分的现象。如人口按性别、民族、文化程度、职业等标志的分组就是简单品质分组。

有些品质标志分组比较复杂，主要表现为不易划分各组的界限和不易确定总体单位的归属。其不仅涉及复杂的分组技术，而且涉及国家的政策和科学理论。为保证各种分类的科学性、统一性和完整性，利于各个部门掌握和使用，国家统计局会同有关部门制定了统一的分类目录，在全国实行。如专业分类目录、商品分类目录、工业产品分类目录、工业部门分类目录、人口职业分类目录、三次产业分类目录等。

小贴士 3-1

在2022年教育部公布的高职（专科）专业目录中，包含农林牧渔、资源环境、能源材料、土木建筑、水利水电、机械制造、生物化工、轻工纺织、食品药品、交通运输、电子信息、医药卫生、财经商贸、旅游餐饮、文化艺术、新闻传播、教育体育、公安司法、公共管理共19大类700多个专业，这就属于复杂的品质分组。

（二）按数量标志分组

按数量标志分组就是选择反映事物数量差异的数量标志作为分组标志，并在该数量标志的差异范围内划定各组界限，从而将总体划分为性质不同的若干个组成部分。如企业按职工人数或资金利税率分组、学生按身高或学习成绩分组等。按数量标志分组的目的并不是单纯区分各组的数量差别，而是通过数量差别来明确各组的不同类型和性质，即按数量标志分组的重点是确定事物质变的数量界限。用于分组的数量标志都是可变的，所以按数量标志分组又称变量分组。

变量分组有单项式变量分组和组距式变量分组两种，简称单项式分组和组距式分组。

1.单项式分组

单项式分组是指所划分的每个组都只有一个变量值的分组方式。单项式分组一般适用于离散型变量，且变量值不多、变动范围有限的条件。

做中学 3-8

某企业工人日产量完成情况见表3-13。该表中工人日计件数分组资料就是单项式分组。

表3-13　某企业工人日产量完成情况表

计件数（件）	工人数（人）	比重（%）
20	12	6.0
21	20	10.0
22	37	18.5
23	58	29.0
24	43	21.5
25	30	15.0
合计	200	100.0

2.组距式分组

组距式分组是所划分的每个组都表现为变量值的一定变动区间的分组方式，即将现象总体的变动范围划分为若干个区间，各区间内的所有变量值作为一组，其性质相同，组与组之间的性质相异。组距式分组一般适用于连续变量及变量值变动幅度较大的离散变量的条件。如可将表3-13改成组距式分组，见表3-14。

表3-14　某企业工人日产量完成情况表

计件数（件）	工人数（人）	比重（%）
20~21	32	16.0
22~23	95	47.5
24~25	73	36.5
合计	200	100.0

在组距式分组中，涉及组限、组距、组数、组中值、全距等分组要素：

（1）组限。它是表示各组之间界限的变量值，是决定事物质变的数量界限。组内最小值称为下限，组内最大值称为上限。上限、下限都有的组称为闭口组，只有上限或只有下限的组称为开口组，开口组常用“××以上”或“××以下”表示。

组限的表示方式有重叠式和衔接式两种。

①重叠式组限：在相邻两组中，小组的上限与大组的下限是同一个数值。重叠式组限常用于连续变量的分组。如表3-15中的分组就是重叠式的。在重叠式组限的分组方式中，统计学上一般按“上限不在内”原则处理组限的归属问题，即每组变量值包含下限而不包含上限。

做中学3-9

某大型零售集团2023年40家连锁店营业额分析见表3-15。

表3-15　某大型零售集团2023年40家连锁店营业额分析

按营业额分组（百万元）	个数（个）	比重（%）
80以下	3	7.5
80~90	4	10.0
90~100	7	17.5
100~110	10	25.0
110~120	9	22.5
120以上	7	17.5
合计	40	100.0

如表3-16所示，该表为重叠式组限分组，将40家连锁店按营业额（百万元）分成了80以下、80~90、90~120、120以上4个组，因此组数为4。同时，根据公式，各组组中值计算过程如下：

第一组组中值：80-（90-80）/2=75；

第二组组中值：（80+90）/2=85；

第三组组中值：（90+120）/2=105；

第四组组中值：120+（120-90）/2=135

表 3-16 某大型零售集团2023年40家连锁店营业额分析

按营业额分组（百万元）	个数（个）	比重（%）
80以下	3	7.5
80~90	4	10.0
90~120	26	65.0
120以上	7	17.5
合计	40	100.0

②衔接式组限：又称不重叠式组限，在相邻两组中，小组的上限与大组的下限是两个紧密相连的整数。衔接式组限常用于离散变量的分组。

（2）组距。组距是一组变量值的区间长度。

重叠式组限分组：组距=上限-下限

衔接式组限分组：组距=大邻组的下限-本组下限

开口组的组距借用相邻组的组距。

如在表3-15中第二组的组距=90-80=10（百万元），第一组就借用这10（百万元）做组距，从而推算出第一组的虚拟下限为70（百万元）。

如在表3-17中第二组的组距是21-11=10（件），第三组组距为41-21=20（件）。

表 3-17 某器件厂工人制作器件分组

按器件制作计件数（个）	人数（个）
10以下	7
11~20	20
21~40	11
41~60	6
61~80	3
合计	47

等距分组和异距分组：在组距式分组中，根据各组的组距是否相等可以分为等距分组和异距分组。各组组距都相等的分组称为等距分组，见表3-15。等距分组的次数分布不受组距大小的影响，便于直接比较。各组组距不完全相等的分组称为异距分组，异距分组中各组次数的多少受组距大小的影响，要直接比较次数分布需要使用频数密度指标。如表3-16、表3-17均属于异距分组，其中表3-16虽然表述的和表3-15是同一件事，但因组距不同，反映出的规律不同。

延伸学习 3-2

继秦代产生异距分组、西晋出现年龄异距分组及两端开口组之后，五代时期对异距分组又有广泛应用，并有所创新。如后周的异距分组虽沿袭前代，采用叙述式写法，两端两组分别用开口组。但分组方法不用“下限以上至上限”，而改用“上限以下至下限”，在中外统计史上都较为罕见（见表3-18）。

表 3-18 后周异距分组的创新

后周对私贩盐曲的处罚规定		后周对举报私贩盐曲的奖励规定	
私贩盐曲数量	处罚	举报私贩盐曲数量	奖励
一斤以下~一两	杖八十，配役	一两以上~一斤	赏钱二十千
五斤以下~一斤以上	徒三年，配役	一斤以上~十斤	赏钱三十千
五斤以上	并决重杖一顿，处死	十斤以上	赏钱五十千

资料来源 佚名．后周异距分组的创新［EB/OL］．（2023-01-01）．https：//www.stats.gov.cn/zs/tjlshi/gd/202301/t20230101_1903431.html.

（3）组数。它是指将总体分成多少个组。在全距一定的情况下，组数的多少和组距的大小成反比关系，即组数少，则组距大；组数多，则组距小。如果组数太多，组距过小，会使分组资料烦琐、庞杂，难以显现总体现象的特征和分布规律；如果组数太少，组距过大，可能会使不同质的单位分到同一组中，失去分组的意义，达不到正确反映客观事实的目的。在确定组距和组数时，应注意保证各组都能有足够的单位数，组数既不能太多，也不宜太少，应以能充分体现现象的分布特征为宜。

美国学者斯特吉斯于1926年提出了一个计算组数的公式，可供参考使用。设总体单位数为N，组数为m，则有：

$$m = 1 + 3.322\lg N$$

（4）组中值。它是组内所有变量值的代表水平或平均水平。常用的计算公式有以下几种：

重叠式组限分组：

$$组中值 = \frac{上限 + 下限}{2}$$

衔接式组限分组：

$$组中值 = \frac{本组下限 + 邻组下限}{2}$$

缺下限开口组：

$$组中值 = 上限 - \frac{相邻组组距}{2}$$

缺上限开口组：

$$组中值 = 下限 + \frac{相邻组组距}{2}$$

应当指出，在组距式分组中，组距掩盖了组内各单位的实际变量值，因此需要用组中值来代表该组的一般水平，这就是组中值在统计分析中被广泛采用的原因。但组中值的计算是以假设组内变量值分布均匀为条件的，因此，使用组中值计算的统计指标都是近似值而不是准确数值。

拓展阅读3-1

（5）全距。它是最大变量值与最小变量值之差，又称极差，用“R”

表示。

R=最大变量值-最小变量值

确定全距，主要是确定数列中变量值的变动范围和变动幅度。存在开口组的数列不能计算准确的全距。

第三节　分配数列

分配数列是统计整理的重要内容，也是统计描述和统计分析的重要工具。它可以表现总体的分布特征和内部结构，为研究总体一般水平和变动规律提供依据。

一、分配数列及其构成

在统计分组的基础上，把总体的所有单位按组归并排列，形成总体中各个单位在各组间的分布，称为分配数列，也叫次数分布数列。

完整的分配数列有三个组成要素：组、频数和频率。统计分组将总体中的所有单位按组归类，各组分配的总体单位数叫作次数，又称频数；各组次数占总体单位总数的比重称为频率。频数和频率从不同角度反映了各组标志值出现的频繁程度，说明总体各单位在各组间的分布，是分配数列的两个构成要素。完整的分配数列能清晰地反映社会经济现象，第七次全国人口普查按年龄分组资料（见表3-19）就是个完整的分配数列。

表3-19　　第七次全国人口普查按年龄分组资料

年龄（岁）	人数（万人）	比重（%）
0~14	25 338	17.95
15~59	89 438	63.35
60~65	7 338	5.20
65以上	19 064	13.50
合计	141 178	100.00

做中学3-10

我国总人口10年来继续保持低速增长态势，且我国人口的性别构成在持续改善。此外，我国人口的年龄构成也在发生改变（见表3-19）：0~14岁的人口有25 338万人，占17.95%；15~59岁的人口有89 438万人，占63.35%；60岁及以上人口有26 402万人，占18.70%（其中65岁以上人口为19 064万人，占13.50%）。数据表明，我国少儿人口比重回升，生育政策调整取得了积极成效，但是人口老龄化程度进一步加深，未来一段时期将持续面临人口长期均衡发展的压力。

资料来源 佚名. 第七次全国人口普查公报（第五号）[EB/OL].（2021-05-11）. https://www.gov.cn/xinwen/2021-05/11/content_5605787.htm.

在变量数列中，频率越大，说明该组变量值对总体的影响也越大；反之，频率越小，说明该组变量值对总体的影响越小。因此，频率代表了各组变量值的作用强度，也表明了各组变量值出现的频率大小。按顺序列出各组变量值和相应的频率，称为变量分布，也叫统计分布。

分配数列中的次数和频率还有另外两种表达形式，即累计次数（累计频数）和累计频率，它们是在计算出次数和频率的基础上再进行累计计算的。累计次数和累计频率各有以下两种累计方法：

一种是由小到大累计，简称向上累计，又称顺累计，即按变量值由小到大的方向逐组累计各组次数（频率），每组的累计次数（频率）表明小于该组上限的总次数（频率）。

另一种是由大到小累计，简称向下累计，又称逆累计，即按变量值由大到小的方向逐组累计各组次数（频率），每组的累计次数（频率）表明大于或等于该组下限的总次数（频率）。

做中学 3-11

根据表 3-20 中的资料计算某校教师按年龄分组的累计次数和累计频率，从中我们可以清楚地看出累计次数、累计频率与次数、频率的关系。

表 3-20 某校教师按年龄分布情况

年龄（岁）	人数（人）	比重（%）	累计次数（人）		累计频率（%）	
			向上累计（顺累计）	向下累计（逆累计）	向上累计（顺累计）	向下累计（逆累计）
25 以下	55	11.11	55	495	11.11	100.00
25~35	175	35.35	230	440	46.46	88.89
36~45	90	18.18	320	265	64.64	53.54
46~55	150	30.30	470	175	94.94	35.36
55 以上	25	5.06	495	25	100.00	5.06
合计	495	100	—	—	—	—

注：由于计算结果四舍五入存在精度问题，为保证最后合计为 100%，故本书在最后一个数计算时会有调整，特此说明。

从表 3-20 中可以看出：在第三组 36~45 岁中，顺累计次数是 320 人，说明该校 45 岁及以下教师的人数占该校教师总人数的 64.64%；逆累计次数是 265 人，说明该校 36 岁及以上教师的人数占该校教师总人数的 53.54%。

二、分配数列的种类

根据分组标志性质的不同，分配数列有品质分配数列和变量分配数列两种。

（一）品质分配数列

按品质标志分组形成的分配数列称为品质分配数列，简称品质数列。如某高校财经学院2024级专业招生人数分配表按照“专业”进行分配数列编制，则属于品质数列。

学中做3-12

你能根据你所在二级学院2024级专业招生人数，制作一个品质分配数列吗？

（二）变量分配数列

按数量标志分组形成的分配数列称为变量分配数列，简称变量数列。根据各组变量值是否存在变动范围，变量数列分为单项数列和组距数列两种。

1.单项数列

单项数列是指以一个变量值为一组，按顺序排列而形成的分配数列（见表3-13）。一般对离散型变量在取值不多且变量值变动范围不大时，适合编制单项数列。

2.组距数列

组距数列是以一定范围的变量值为一组按顺序排列而形成的数列（见表3-16、表3-17）。一般对于连续型变量或取值较多的离散型变量，适合编制组距数列。

三、变量数列的编制

（一）单项数列的编制

微课3-3

分配数列编制

单项数列的编制比较简单。它是把所有变量值按大小顺序排列，再汇总各组单位数，即编制成单项数列。

（二）组距数列的编制

组距数列的编制一般按下列步骤进行：

（1）将原始资料按其数值大小排列，以便于看出变量分布的集中趋势和特点，为确定全距、组距和组数做好准备工作。

（2）确定全距，以确定变量值的变动范围和变动幅度。

（3）确定组距和组数。

若总体单位数为N，则可以公式$m=1+3.322\lg N$大体上确定组数m。

实际工作中，一般是先确定采用等距分组还是异距分组。如果采用等距分组，根据全距和组距确定组数。在确定组距时，要根据原始资料的分布状况和集中程度，按照统计分组的原则，将分布集中且差异较小的单位归在一组内。在等距分组条件下：

组数 = 全距 ÷ 组距

（4）确定组限。确定组限时要坚持统计分组的原则，并做到最小组的下限等于或略小于最小变量值，最大组的上限略高于最大变量值，如果存在极端数值，最好采用开口组。要注意根据事物的特点来确定是采用重叠式组限还是衔接式组限。实际应用中，组限最好是5或10的整数倍。

（5）编制变量数列。将确定好的各组按顺序排列，并汇总各组单位数，与所属组对应排列成表，有时还应根据需要计算各组的频率，也列入表中。这样组距数列的编制就完成了。

做中学3-13

对某高校学生英语四级成绩进行抽样调查，得到54个学生的成绩（单位：分）资料如下：

348	408	474	531	614	321	462	516	591	330	405	438	582
276	690	372	466	513	426	315	390	501	624	420	384	417
465	252	336	462	495	450	336	399	519	561	324	243	618
405	477	564	438	360	447	489	488	558	471	636	393	525
261	552											

根据上述资料编制该校抽查的成绩组距数列：

（1）对原始数据排序：

243	252	261	276	288	315	321	324	330	336	336	348	360
372	384	390	393	399	405	405	408	417	420	426	438	438
447	450	462	462	465	466	471	474	477	489	495	501	513
516	519	525	531	552	558	561	564	582	591	614	618	624
636	690											

（2）确定全距：

$R = 690 - 243 = 447$(分)

（3）确定组距和组数：

采用等距分组，组数 $m = 1 + 3.322\lg N = 1 + 3.322 \times \lg 54 = 6.8$，取整数7，则组距 = 全距 ÷ 组数 = 447 ÷ 7 = 63.9(分)。一般组距取10的倍数，调整组距为70分，则组数 = 全距 ÷ 组距 = 447 ÷ 70 = 6.39，调整组数为7组。

（4）确定组限：

第一组下限取240，上限为310；第二组下限310，上限380；依此类推，第七组下限660，上限730。

（5）编制组距数列：

根据确定好的组限汇总各组单位数，并排列成变量数列（见表3-21）。表中数据反映了某高校英语四级成绩的分布特征。

表 3-21　　某高校英语四级成绩分布表

英语四级成绩（分）	人数（人）	比重（%）
240~310	5	9.26
310~380	9	16.67
380~450	13	24.07
450~520	14	25.93
520~590	7	12.96
590~660	5	9.26
660~730	1	1.85
合计	54	100.00

组距式变量数列编制的灵活性较大，即使基于同一研究目的和同一原始资料，由于不同工作者的认识水平和工作习惯不同，也会得出不同的结果。但必须强调，编制组距式变量数列时，一定要客观反映现象总体的分布特征。

第四节　统计表和统计图

统计整理的结果是条理化、科学化的数据资料，统计表和统计图是显示这些统计数据的重要工具。

一、统计表

微课 3-4

统计表

将统计整理的结果科学合理地排列在表格上就形成了统计表。广义的统计表包括统计工作各个阶段使用的一切表格，包括统计调查表、统计整理表、统计分析计算表等。一般说的统计表是指狭义上的统计表，即统计整理和统计分析阶段使用的统计表。

统计表以表格、数字为语言，清楚地说明了社会经济现象，既科学，又实用；既简练，又美观。它能使大量的统计数字系统化、条理化，便于从各个角度对客观现象进行对照比较，分析现象或过程的内在联系。统计表还易于检查和改正统计数字的错误，便于统计资料的积累与保管，因而在实际工作中被广泛采用。

小贴士 3-2

司马迁在《史记》中创制了10张统计表，依次是：三代世表、十二诸侯年表、六国年表、秦楚之际月表、汉兴以来诸侯王年表、高祖功臣侯者年表、惠景间侯者年表、建元以来侯者年表、建元以来王子侯者年表、汉兴以来将相名臣年表。这些表基本具备了构成近现代统计表的各项要素：总标题、纵栏标题、横栏标题、指标名称、计算单位、指标数值等。这10张表是中国现存的第一批统计表，如图 3-1 所示。

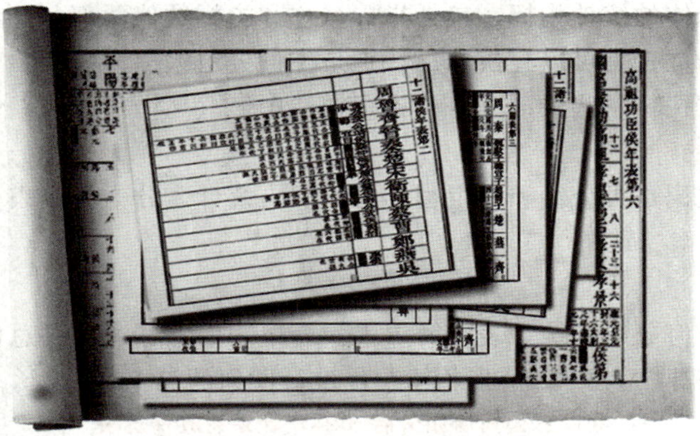

图3-1 中国现存的第一批统计表

资料来源 佚名.《史记》十表——中国统计表的滥觞［EB/OL］.（2023-01-01）. https: //www. stats. gov. cn/zsk/snapshoot? reference=60a0ef1a-ff4a-4b4f-80cc-5784f32e5144&index=resource_data&siteCode=tjzsk.

（一）统计表的构成

（1）从格式上看，统计表主要由总标题、横行标题、纵栏标题和指标数值四部分组成（见表3-22）。

表3-22 2020年国民经济各行业国内生产总值资料 ——→ 总标题

	按国民经济产业分组	国内生产总值		
		绝对数（亿元）	比重（%）	纵栏标题
横行标题	国内生产总值	246 637	100.0	指标数值
	第一产业增加值	28 910	15.2	
	第二产业增加值	121 531	51.1	
	第三产业增加值	96 196	33.7	
	主词	宾词		

总标题是统计表的名称，用以概括说明表的内容，一般位于表的上方居中。

横行标题（也称横标目）是横行内容的名称，代表统计表所要说明的对象（总体及其分组），一般列在表的左边。纵栏标题（也称纵标目）是纵栏内容的名称，用来说明总体及各组数量特征的统计指标名称，通常列在表内的上方。

指标数值是各项指标的具体数值，内容由横标目和纵标目所限定，是用来说明总体及其组成部分各种数量特征的统计数字。

另外，为了补充说明统计表中未说明的问题，有些统计表的下端还列有补充资料、注解、附记、资料来源、某些指标的计算方法、填表说明、填表单位、填表人和填表日期等。

（2）从内容上看，统计表由主词和宾词两部分组成。主词是统计表所要说明的对象，它可以是各个总体单位的名称、总体的各个组或者是总体单位的全部。主词一般列在横行标题的位置。

宾词是说明总体的统计指标，包括指标名称和指标数值两部分。

主词和宾词的位置是可以互换的，特别是主词分组太多而宾词项目太少时，为了使统计表更美观，往往将一些主词分组移到宾词栏中。

（二）统计表的种类

根据统计表主词是否分组和分组程度的不同，统计表分为简单表、简单分组表和复合分组表三种。

1.简单表

对总体不做任何分组的统计表叫简单表。简单表的主词一般是总体单位的罗列、时间顺序或其他顺序等。表3–23是将总体单位进行罗列的简单表。

表3–23　某商业公司所属分店2024年计划完成情况表

所属分店	计划销售额（万元）	实际销售额（万元）	实际完成（%）
一分店	400	400	100.0
二分店	360	350	97.2
三分店	500	510	102.0
…	…	…	…
合计	2 000	2 100	105.0

2.简单分组表

对总体按一个分组标志进行分组的统计表叫简单分组表。简单分组表可以反映事物的类型，分析现象内部结构和现象之间的依存关系等。

3.复合分组表

对总体按两个或两个以上的标志进行复合分组的统计表叫复合分组表。复合分组表可以更深入、更全面地从不同角度反映总体的特征。

学中做3-1

你能利用所学，在学校内统计一下在校大学生课余兼职的情况，并绘制出一个简单分组统计表和一个复合分组统计表吗？

（三）编制统计表的原则

为了使统计表准确、清晰地反映研究现象的数量特征，便于人们阅读和分析比较，设计统计表时应遵循科学、简明、实用、美观的原则。设计统计表时应注意以下几方面：

（1）要根据研究目的和内容通盘考虑统计表的布局，合理安排主词和宾词，注意表述资料的逻辑系统，反映现象的内在联系。

（2）统计表的总标题要能准确概括表的内容及资料所属的时间和空间。总标题的文字应概括、简练，横行和纵列的标题也应简明扼要，准确反映内容。

（3）统计表纵栏较多时，为便于阅读，可对各纵栏加以编号。表的主词和计量单位栏一般用甲、乙等文字编号，各指标名称栏则按1、2、3等数字编号，指标之间有数学关系的，应列出计算公式，以表明各指标之间的计算关系。

（4）表中数值要有计量单位。如果表中数值的计量单位不同，应分别写在各纵栏标题的下方，或在横行标题的右侧增加计量单位栏。如果表中数值的计量单位都相同，则应将计量单位名称写在统计表的右上角。

（5）统计表中的数字应书写工整，数位要对准。表内遇有相同的数字时，要照写，不能用“同上”一类的字样代替。没有数字的空格用短线“—”表示。资料未取得，数字暂缺的用“…”表示。免于填报的数字用“×”表示。总之，表中不能留空格，以免使人误以为漏项。

（6）统计表习惯上为开口式，即左右两边不封口，上下两端用粗线封口。

（7）统计表的横标目和纵标目应按一定的逻辑关系排列，合计可以在前，也可以在后。但所列项目不全时，合计必须放在前面。

（8）统计表的注解、数字的资料来源或其他附注，一般都写在表的下方。必要时还可附以简单扼要的文字说明，以明确统计表所反映的主要情况和内容。

（9）制表完毕经审核后，应加盖公章，填表人签名，主管负责人亦应签字。若有数据必须修改，修改处应加盖修改人员印章，以示负责。

二、统计图

统计图是借助几何图形或具体形象来显示统计数据的一种形式。利用统计图显示统计资料，形象具体、简明生动、通俗易懂、一目了然，可以给人留下深刻的印象。它可以表示现象之间的对比关系、总体结构及其变化、现象发展变化的趋势、现象之间的依存关系、现象在地域上的分布状况等。统计图形式多样，这里主要介绍条形图、直方图、折线图、曲线图和圆形图。

（一）条形图

条形图是以宽度相等的条形长短或高低来比较数字资料的一种图形。具体的形状可以是条、圆柱、方柱或锥体。条形图可以横放，也可以竖放。对于品质分配数列或单项变量数列，可用条形图来显示数列分布状况，如图3-2和图3-3所示。

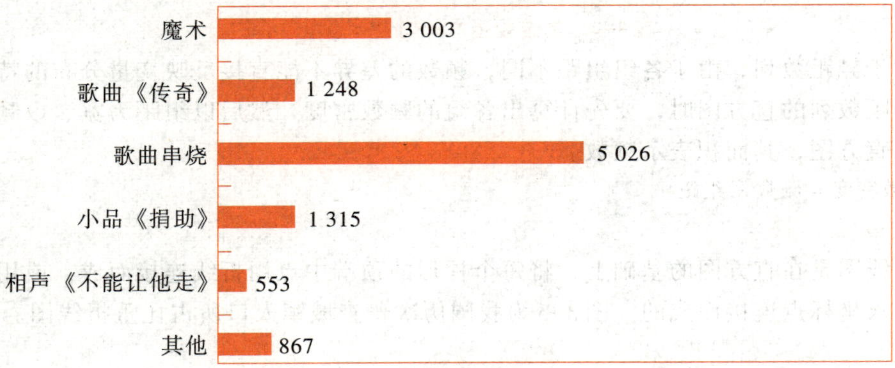

图3-2 某年央视春晚节目受喜爱程度条形图

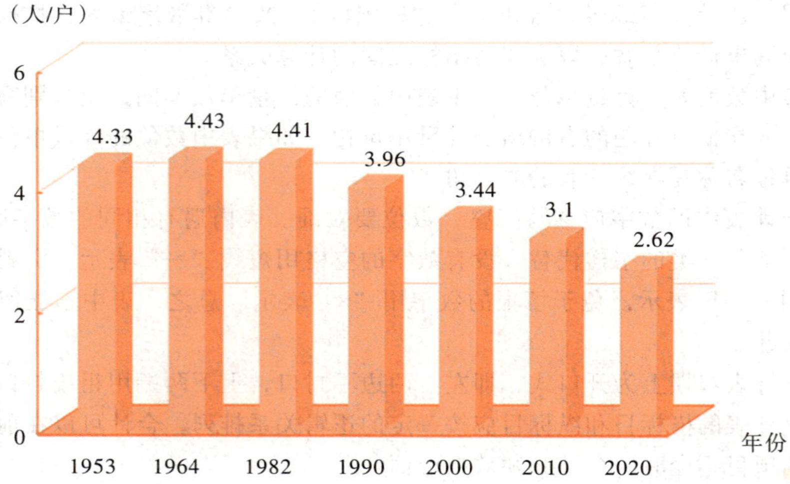

图3-3　历次人口普查家庭户规模条形图

在条形图中，指标数值大小依条形长度而区别，与其宽度无关。为了使条形清晰、便于比较，各长条间应留空隙。如遇条形过多，也可予以省略。

（二）直方图

直方图是用若干个并列的柱形表现分布数列的一种图形，主要用来表现组距变量数列的分布特征。一般以横轴标示各组变量值，纵轴标示各组频数，频数的差异能反映出数列分布特征。图3-4是等距数列的直方图。

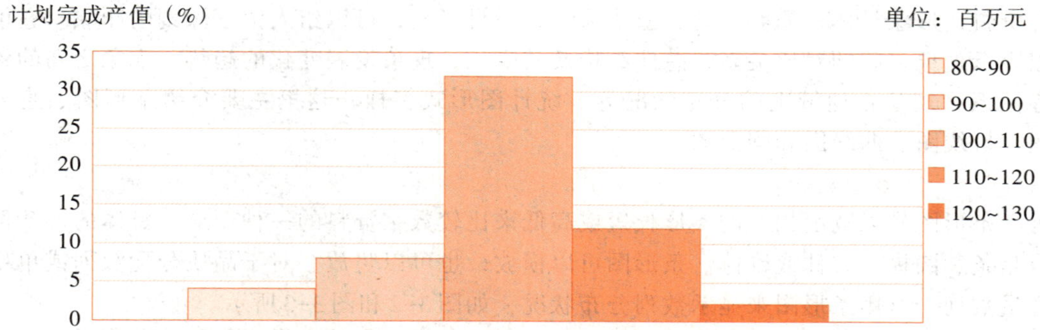

图3-4　某企业生产计划完成情况直方图

对于异距数列，由于各组组距不同，频数的差异不能直接反映变量分布的特征。在绘制异距数列的直方图时，要先计算出各组的频数密度，然后以组距为宽、以频数密度为高画直方图，其面积表示频数。

频数密度 = 频数 ÷ 组距

（三）折线图

折线图是在直方图的基础上，将每个柱形的顶端中点用折线连接而成，或用组中值和频数求坐标点连接而成的。图3-5为我国历次普查城镇人口所占比重折线图。

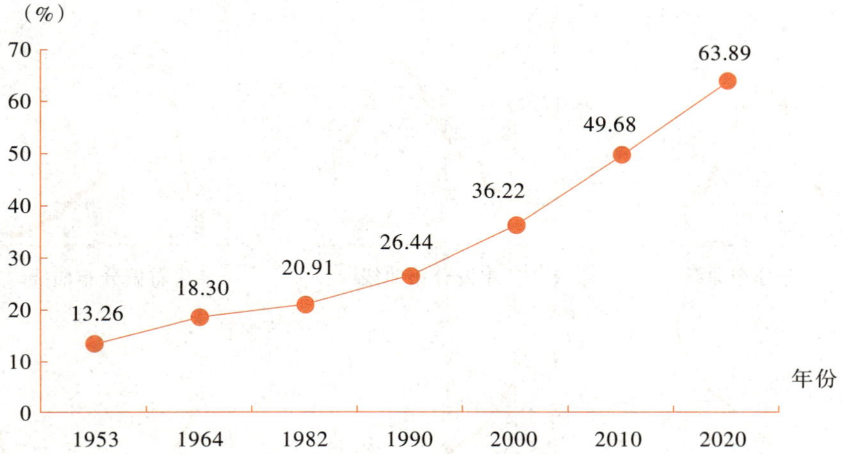

图3-5　我国历次普查城镇人口所占比重折线图

（四）曲线图

当变量值非常多、变量数列的组数无限增多时，折线便趋向于一条平滑的曲线。曲线图是连续型变量数列频数分布的常用形式。变量数列的分布曲线有对称的，也有非对称的。在实际应用中，有四种较常见的频数分布曲线，即正态分布曲线、偏态分布曲线、J形分布曲线和U形分布曲线。

1. 正态分布曲线

正态分布曲线（简称正态曲线）也称钟形分布曲线，其形状如左右对称的古钟，这是应用最多的一种次数分布曲线，如人的身高、农作物产量、市场价格、零件测量误差的分布等常用正态分布曲线来描述。

2. 偏态分布曲线

偏态分布曲线（简称偏态曲线）根据长尾的拖向，可分为右偏（或正偏）分布曲线和左偏（或负偏）分布曲线。如人均收入分配的曲线就是左偏分布曲线，即低收入的人数较多，而高收入的人数较少，二者的收入水平差距较大。

3.J形分布曲线

J形分布曲线（简称J形曲线）有正J形分布曲线和倒J形分布曲线两种。西方经济学中供给曲线就是正J形分布曲线，它表示对于一般商品，供给量随价格的增长而快速增加；而需求曲线就是倒J形分布曲线，它表示对于一般商品，需求量随价格的增长而快速减少。

4.U形分布曲线

U形分布曲线（简称U形曲线）又称生命曲线。人和动物的死亡率就近似服从U形分布。婴儿和动物的幼仔由于抵抗能力弱，死亡率很高；青年、中年由于身体强壮，死亡率低；而到了老年，人和动物的抵抗能力又开始下降，死亡率重新开始上升。

四种分布曲线的形式如图3-6所示。

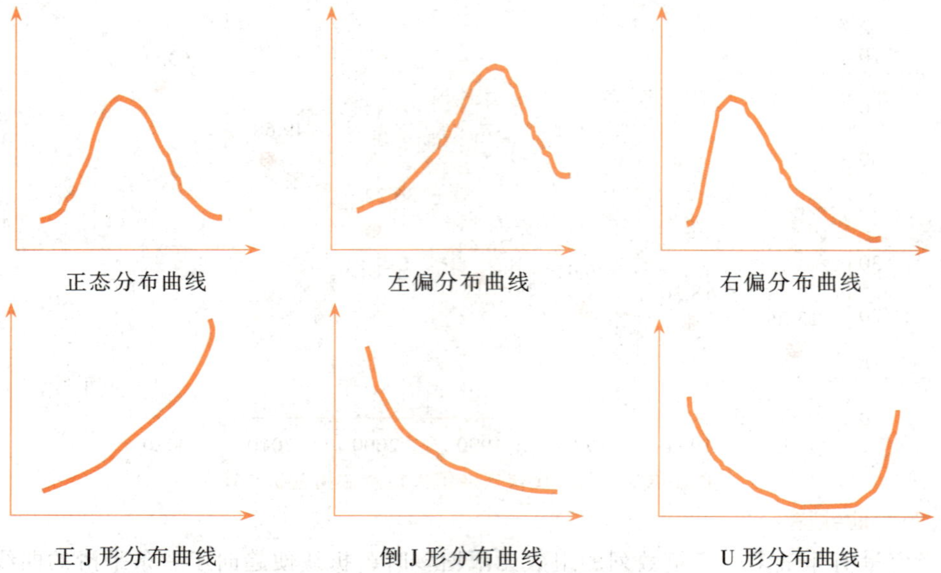

图3-6　曲线图的类型

（五）圆形图

圆形图也称饼图，以圆形的分割来表示总体的分组及结构情况。圆形图最适宜用来表示品质分配数列的次数分布情况，因为它没有起点与终点，图中的各部分看不出顺序，这与品质分配数列中各组的平等关系特征是一致的。圆形图可以是平面的，也可以绘制成立体或组合的形式。图3-7和图3-8为圆形图的不同呈现形式。

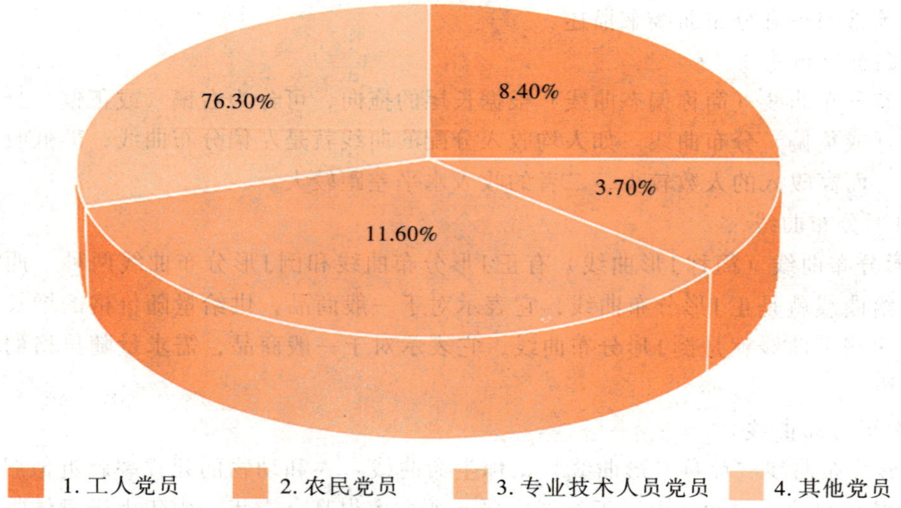

图3-7　党的二十大中生产和工作第一线党员代表占比情况

资料来源　佚名. 中央组织部负责人就党的二十大代表选举工作情况答记者问（二）[EB/OL]. (2022-09-30). https://www.ndrc.gov.cn/fggz/gbzj/xxyd/202209/t20220930_1338323_ext.html.

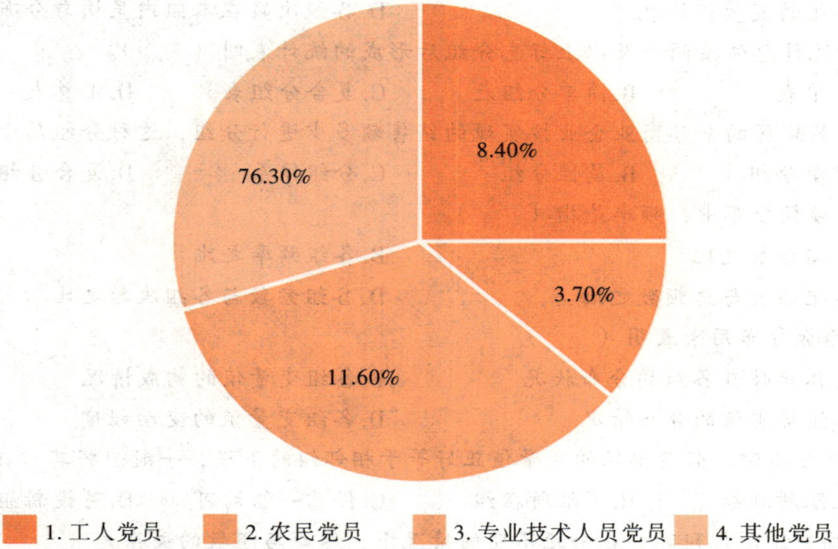

图3-8 党的二十大中生产和工作第一线党员代表占比情况

资料来源 佚名. 中央组织部负责人就党的二十大代表选举工作情况答记者问（二）[EB/OL].（2022-09-30）. https://www.ndrc.gov.cn/fggz/gbzj/xxyd/202209/t20220930_1338323_ext.html.

综合训练

本章总结

随堂测3

一、单项选择题

1.累计次数或累计频率中的“向上累计”是指（　　）。

A.将各组变量值由小到大依次相加

B.将各组次数或频率由小到大依次相加

C.将各组次数或频率从变量值最低的一组向最高的一组依次相加

D.将各组次数或频率从变量值最高的一组向最低的一组依次相加

2.统计表的主词是统计表所要说明的对象，一般排在统计表的（　　）。

A.左方　　B.上端中部　　C.右方　　D.下方

3.某连续变量数列的末组为开口组，下限为200，又知其邻组的组中值为170，则末组组中值为（　　）。

A.260　　B.215　　C.230　　D.185

4.下列分组中按品质标志分组的是（　　）。

A.人口按年龄分组　　B.产品按质量优劣分组

C.企业按固定资产原值分组　　D.乡镇按工业产值分组

5.对企业先按经济类型分组，再按规模分组，这样的分组属于（　　）。

A.简单分组　　B.平行分组　　C.复合分组　　D.再分组

6.用组中值代表各组内的一般水平的假定条件是（　　）。

A.各组的次数均相等　　B.各组的组距均相等

C.各组的变量值均相等　　D.各组次数在本组内呈均匀分布

7.对统计总体按两个及以上标志分组后形成的统计表叫（　　）。

A.简单表　　B.简单分组表　　C.复合分组表　　D.汇总表

8.对某地区的全部商业企业按实现的销售额多少进行分组，这种分组属于（　　）。

A.变量分组　　B.属性分组　　C.分组体系　　D.复合分组

9.在频数分布中，频率是指（　　）。

A.各组频数之比　　B.各组频率之比

C.各组频数与总频数之比　　D.各组频数与各组次数之比

10.频数分布用来表明（　　）。

A.总体单位在各组的分布状况　　B.各组变量值的构成情况

C.各组标志值的分布情况　　D.各组变量值的变动程度

11.在分组时，若某单位的变量值正好等于相邻组的下限，一般应将其归在（　　）。

A.上限所在组　　B.下限所在组　　C.任意一组均可　　D.另设新组

12.编制组距数列时，在全距不变的情况下，组距与组数的关系是（　　）。

A.正比例关系　　B.反比例关系　　C.乘积关系　　D.毫无关系

13.用组中值与次数求坐标点连接而成的统计图是（　　）。

A.直方图　　B.条形图　　C.曲线图　　D.折线图

二、多项选择题

1.统计数据整理的步骤一般包括（　　）。

A.对原始数据进行预处理　　B.对统计数据进行分组

C.对统计数据进行汇总　　D.对统计数据进行分析

E.编制统计表、绘制统计图

2.国民经济中常用的统计分组有（　　）。

A.经济成分分组　　B.登记注册类型分组

C.国民经济行业分类　　D.三次产业分类

E.机构部门分类

3.某单位100名职工按工资额分为3 000元以下、3 000~4 000元、4 000~6 000元、6 000~8 000元、8 000元以上五个组。这一分组（　　）。

A.是等距分组　　B.分组标志是连续型变量

C.末组组中值为8 000元　　D.相邻的组限是重叠的

E.某职工工资6 000元，应计在“6 000~8 000元”组内

4.变量数列中频率应满足的条件有（　　）。

A.各组频率大于1　　B.各组频率之和等于1

C.各组频率大于0　　D.各组频率之和小于1

三、判断题

1.统计数据整理就是对原始资料的整理。（　　）

2.能够对统计总体进行分组，是由总体单位所具有的差异性特点决定的。（　　）

3.统计分组的关键是正确选择分组标志和划分各组的界限。 ( )

4.简单分组涉及总体的某一个标志，复合分组则涉及总体的两个以上标志，将两个简单分组排列起来，就是复合分组。 ( )

5.单项式频数分布的组数等于变量所包含的变量值的种数。 ( )

6.年代都是以数字表示的，所以按年代排列各种指标属于按数量标志分组。 ( )

7.异距数列是各组组距不都相等的组距数列。 ( )

8.统计表的主词是说明总体的各种指标。 ( )

9.统计分组的关键是确定组距和组数。 ( )

10.离散型变量只适合于单项式分组。 ( )

11.凡是将总体按某个标志值分组所形成的数列，都叫变量数列。 ( )

12.按数量标志分组的目的，就是要区分各组在数量上的差别。 ( )

13.连续型变量只能编制组距式变量数列；离散型变量既可以编制单项式变量数列，也可以编制组距式变量数列。 ( )

14.U形分布的特征是“两头大，中间小”。 ( )

15.变量数列中的开口组不能确定组中值。 ( )

16.累计次数的特点是同一数值的向上累计和向下累计次数之和等于1。 ( )

17.统计分组后，掩盖了各组内部各单位的差异，而突出了各组之间单位的差异。 ( )

18.连续型变量和离散型变量在进行组距式分组时，均可采用相邻组组距重叠的方法确定组限。 ( )

19.在统计表中，符号“…”代表数字暂缺，“×”代表免填。 ( )

四、简答题

1.什么是统计整理？统计整理的意义有哪些？

2.什么是统计分组？统计分组的作用体现在哪些方面？其种类是怎样划分的？如何选择分组标志？

3.如何编制组距数列？怎样合理地确定组数、组距和组限？

4.分配数列是由哪些要素组成的？其基本类别又有哪些？

5.统计汇总通常采用哪些组织形式和方法？

6.统计表的结构、种类包括哪些？

7.统计表的编制原则有哪些？

8.常用的统计图有哪几种？

五、【技能训练】

训练1

[背景资料]

某企业工人日产量统计资料见表3-24。

表 3-24 工人日产量分组资料

日产量（件）	50~60	60~70	70~80	80~90	90~100	100~110	110~120	120~130	合计
人数（人）	6	12	12	14	15	18	22	8	107

[能力要求]

（1）指出上述变量数列属于哪一种变量数列。

（2）指出表中的变量、变量值、上限、下限、次数、总体单位总数。

（3）计算各组的组距、组中值和频率。

[温馨提示]

（1）本训练旨在使学生掌握数据整理的基本知识点。

（2）重新绘制表格，在表 3-24 的下方增加上限、下限、组距、组中值、频率 5 行。计算组中值前要判断是重叠式组限还是衔接式组限。

训练 2

[背景资料]

某集团公司所属 30 家企业 2023 年度利润率（%）指标如下：

6.4	16.4	19.4	22.4	21.6	18.2	19.8	24.4	17.8	19.4
11.5	9.7	20.9	26.5	13.6	18.8	18.4	28.4	12.7	17.5
15.2	19.2	21.9	29.3	23.5	20.6	17.3	16.9	14.4	18.5

[能力要求]

（1）将上述资料用两种不同的组距编制成两个等距式组距数列。

（2）根据该集团公司所属企业利润的分布情况，比较哪个组距数列更合理。

[温馨提示]

（1）本训练旨在使学生掌握编制等距数列的操作方法。

（2）组距可分别采用 5% 和 10% 两种，组限采用重叠式，可考虑采用开口组。

训练 3

[背景资料]

在某区抽取 100 户居民调查人均月收入（元）情况，得到如下数据：

190	320	520	280	650	320	460	390	320	460	220	280	390
160	280	650	580	280	460	320	460	520	220	120	390	320
280	460	160	460	320	320	580	390	120	390	390	320	580
320	390	460	580	390	280	390	280	390	460	520	580	280
390	580	280	390	280	460	460	520	650	160	190	280	460
460	320	320	460	460	580	160	460	320	390	390	280	320
320	580	520	120	320	580	220	280	280	460	390	460	460
520	220	460	650	520	390	520	390	280				

[能力要求]

（1）根据上述资料，编制组距数列并详细描述编制组距数列的过程。

（2）计算频率、累计频数及累计频率。

［温馨提示］

（1）本训练旨在使学生掌握组距变量数列的编制方法和累计次数（频率）的计算方法。

（2）采用重叠式组限进行分组。组数的确定参考斯特基斯公式，也可先多分几组编制组距数列，然后根据观察采用合并组数的办法最后确定组距数列。

（3）频数的计算要考虑“上限不在内”原则。累计频数（频率）的计算可训练采用由小到大和由大到小两种累计方法。

训练4

［背景资料］

某地区2023年工业企业实现增加值390亿元，具体情况如下：国有及国有控股企业实现工业增加值159亿元，其中，重工业和轻工业分别为94亿元、65亿元；集体企业实现工业增加值62亿元，其中，重工业和轻工业分别为12亿元、50亿元；股份制企业实现工业增加值87亿元，其中，重工业和轻工业分别为46亿元、41亿元；股份合作制企业实现工业增加值12亿元，其中，重工业和轻工业分别为3亿元、9亿元；外商投资企业实现工业增加值54亿元，其中，重工业和轻工业分别为11亿元、43亿元；其他类型企业实现工业增加值16亿元，其中，重工业和轻工业分别为2亿元、14亿元。

［能力要求］

（1）根据上面的资料分别编制按经济类型、轻重工业分组的简单分组表。

（2）根据上面的资料编制复合分组表。

［温馨提示］

（1）本训练旨在使学生掌握编制简单分组表和复合表的方法。

（2）统计表的编制应严格按照统计表的编制原则进行。复合表可分别采用层叠形式设计和交叉形式设计，并比较哪种更美观。

训练5

［背景资料］

已知2024年上半年某地区45家企业的产值计划完成情况（%）如下：

95　96　97　88　120　102　103　113　99　103　105　107　135
114　116　107　108　115　33　129　100　101　107　131　122　106
111　125　106　103　121　107　97　104　130　122　117　115　118
121　114　108　123　101　108

［能力要求］

（1）根据上面的资料编制分配数列。

（2）根据编制的分配数列绘制柱状图和折线图。

［温馨提示］

（1）本训练旨在增强学生对数列编制和统计图绘制的能力。

（2）统计图的绘制要严格按要求进行。

第四章

综合指标分析

知识目标

1. 了解总量指标的概念、表现形式、作用；
2. 了解相对指标的意义和表现形式；
3. 了解平均指标的概念、作用；
4. 掌握总量指标按内容、时间和计量单位等标准的分类方法；
5. 熟练掌握计划完成相对指标、结构相对指标、比例相对指标、比较相对指标、强度相对指标、动态相对指标六种相对指标及平均指标的计算和运用。

能力目标

1. 能够通过总量指标和相对指标的结合对社会经济现象进行全面分析；
2. 学会利用平均指标、标志变异指标解决实际问题。

素养目标

1. 培养学生的数据思维；
2. 通过数据分析，树立科学严谨的精神。

案例 4-1

据韩国统计厅国家统计门户网站（KOSIS）于2023年3月20日发布的统计数据，在2022年结婚的韩国女性中，40~44岁的人数（1.0949万人）多于20~24岁的人数（1.0113万人）。

据韩联社报道，韩国已经连续两年出现该现象。2021年，40~44岁结婚的女性人数（1.0412万人）首次超过20~24岁结婚的女性人数（9 985人）。与25年前的数据相比，2022年20岁出头结婚的女性数量较1997年的13.6918万人大减93%，40岁出头结婚的女性数量较1997年的7 322人增长50%。值得注意的是，40岁出头的初婚女性从1997年的1 484人增至2022年的5 835人，增幅达到3.9倍。

资料来源　佚名．韩政府统计：晚婚成趋势，韩国40岁出头女性结婚人数连续2年高于20多岁女性［EB/OL］．［2023-03-20］．https：//baijiahao.baidu.com/s？id=1760878019594662424&wfr=spider&for=pc．有删减．

思考：以上指标说明了什么问题？我们如何使用这些指标来分析社会现象？

经过统计调查和资料整理，我们可以得到反映社会经济现象的一系列总量指标。这些总量指标有何意义，能够说明现象总体的什么问题，与其他现象之间有无联系及联系程度如何，都需要进一步分析研究。由于统计的数量性特点，我们在分析、研究某一事物时，需要进一步计算各种分析指标，以揭示事物内在的本质和规律。统计分析是统计资料整理的继续和深化，综合指标分析是统计分析的方法之一。综合指标是指同一时间内对同类现象进行汇总推算及对相关现象之间进行分析对比而形成的一系列指标。

第一节　总量指标

一、总量指标的意义

（一）总量指标的概念

总量指标是反映社会经济现象在一定时间、地点、条件下的总体规模或总水平的综合指标，是最基本的统计指标。由于其表现形式为绝对数、有名数，故又称为统计绝对数。例如，2018—2022年，我国的国内生产总值分别为919 281亿元、986 515亿元、1 013 567亿元、1 149 237亿元、1 210 207亿元。这些数值就是总量指标，反映了我国国内经济的总规模或总水平（如图4-1所示）。再如，某个学校2023年招生人数为15 062人，2024年招生人数为17 023人，这也是总量指标，反映了这个学校的招生规模。

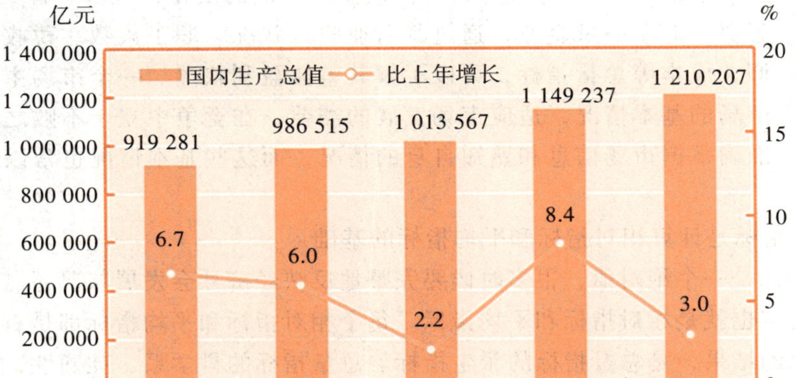

图4-1　2018—2022年国内生产总值及其增长速度

小思考4-1

按经营单位所在地分，我国2023年1—2月城镇消费品零售额66 796亿元，同比增长3.4%；乡村消费品零售额10 271亿元，同比增长4.5%。按消费类型分，1—2月商品零售额68 638亿元，同比增长2.9%；餐饮收入8 429亿元，同比增长9.2%。

请问：这里面哪几个指标是总量指标？

小思考4-2

党的二十大报告指出："全国八百三十二个贫困县全部摘帽，近一亿农村贫困人口实现脱贫，九百六十多万贫困人口实现异地搬迁。""全社会研发经费支出从一万亿元增加到二万八千亿元，居世界第二位，研发人员总量居世界首位。"

小思考：这里面有哪些是总量指标？说明了什么问题？

（二）总量指标的作用

1. 总量指标是认识社会经济现象的起点

总量指标反映了某一事物总体的基本状况和基本实力。人们要想了解一个国家或地区、某个部门、某一单位的经济实力以及人、财、物力等情况，首先必须掌握其在一定时间、地点、条件下的总体规模或总水平，这样才能对其有更清晰的认识。例如，我国国土面积为960万平方千米，人口为14.0967亿人（截至2023年年底），2023年国内生产总值为1 260 582亿元；日本国土面积为37.8万平方千米，人口为1.2339亿人（截至2024年1月），2023年国内生产总值为591.482万亿日元。以上数据反映了我国和日本的基本状况和基本实力。

再如，某一大型商业企业拥有23 560名员工，占地2 000亩，年上交税额14.8亿元等。这些总量指标表明了该企业的基本情况，是我们认识这个企业的起点。

2. 总量指标是进行社会经济管理的依据之一

对一个国家或地区而言，通过分析其国内生产总值的变化，可以了解其经济的发展态势。对于一家企业，通过其营业收入状况、职工人数、税收总额、净利润、成本等总量指标，可以了解其整体盈利状况。一个市场主体要想了解市场的基本情况，适应市场发展的需要，在竞争中立于不败之地，也必须准确掌握市场信息和熟知自身的情况，而这些基本情况也常以总量指标的形式出现。

拓展阅读4-1

3. 总量指标是计算相对指标和平均指标的基础

总量指标是一个绝对值，很多时候要完整地反映经济社会发展状况还需要总量指标之间的对比，也就是相对指标和平均指标。每个相对指标和平均指标都是有关的两个总量指标对比的结果，是总量指标的派生指标。总量指标的科学系、准确性，直接关系到相对指标和平均指标的准确性。

二、总量指标的种类

总量指标按照不同的标准，可以划分为不同的类型。

（一）按总体指标所反映的内容不同，可分为总体单位总量和总体标志总量

微课 4-1

总量指标的分类

总体单位总量是指总体内所有单位数的总和，如某地区的“中小学总数”“高等学校总数”等。总体单位总量说明总体规模的大小。例如，A地区有规模500万元以上的企业1 000家，B地区有规模500万元以上的企业100家。显然A地区大型企业的数量比B地区多。

总体标志总量是指总体中各单位标志值的总和，如某地区的“工业总产值数”、某企业的“利润总额”等。例如，A地区所有企业的总税收额、所有企业的职工总数，就是总体标志总量；A地区的企业数量就是总体单位总量。

二者的联系是：总体单位总量和总体标志总量不是固定不变的，而是随研究目的的不同而变化。例如，若研究对象是某地区工业企业的经营状况，则该地区所有“工业企业的总数”是总体单位总量，各企业“职工人数之和”是总体标志总量；如以该地区所有工业企业的职工为研究总体，来研究职工的收入情况，则“职工人数”是总体单位总量，“工资总额”为总体标志总量。正确区分总体单位总量和总体标志总量对计算平均指标有着重要的意义。

注意：一个总体只能存在一个单位总量，但可以同时存在多个标志总量。

小贴士4-1

国际移民咨询公司Henley & Partners与环球财富情报公司新世界财富（New World Wealth）于2023年4月18日联合发布了《2023年世界最富裕城市报告》。纽约市再次位列全球最富裕城市名单榜首，2022年拥有约34万名财富百万美元以上的富人。在全球50个富人最多的城市中，美国占10个，数量最多。香港、北京、上海、深圳、杭州、广州6个中国城市进入前50名，居于次席。澳大利亚有4个城市入围前50。

榜单第2~10名依次为东京、旧金山湾区、伦敦、新加坡、洛杉矶、香港、北京、上海、悉尼。2012—2022年间，前十名里有7个城市身家百万美元以上的高净值人士数量呈增长态势，其中纽约市激增40%至34万名，北京、上海的高净值人士分别增长70%和72%至12.82万名和12.72万名，而东京（29.03万名）、伦敦（25.8万名）、香港（12.95万名）分别减少5%、15%、27%。此外，排名第24位的深圳高净值人士数量增长98%至4.57万名，排名第35位的杭州高净值人士数量增长105%至3.04万名，排名第42位的广州高净值人士数量增长86%至2.35万名。在这个榜单中，2012—2022年杭州高净值人士增速最快，其次是美国奥斯汀的102%，而位居榜单末位的莫斯科的高净值人士缩水了44%。

（二）按反映的时间状态不同，可分为时期指标和时点指标

时期指标表明社会经济现象总体在某段时间内发展过程的结果。例如，一定时期的

物流总产值、人口死亡数、结婚登记数、企业营业收入。时期指标是一个时间段的数量。时点指标表明社会经济现象在某一时刻（瞬间）的数量状况，如“商品数”“人口数”“库存数”等。时期指标和时点指标的特点如下：

（1）时期指标具有可加性，一定时期某指标的累计数，表明社会经济现象在该时期内发展过程的总量。如一定时期的物流总产值是这段时间物流产值的综合，一定时期的人口死亡数是这段时间死亡人数的累计，一定时期的结婚登记数是这段时间结婚登记人数的总和，等等。时点指标不具有可加性，相加并没有实际意义。如今天的商品数不等于昨天的商品数加前天的商品数，今天的人口数也不等于前几天的人口数相加。

（2）时期指标数值的大小与时期长短成正比关系。一般说来，时期越长，时期指标数值越大。如企业一年的营业收入必定大于该企业某个季度或者某个月的营业收入。时点指标数值的大小一般与时点间隔长短无直接关系。如2023年年末的企业职工人数不一定大于2022年的企业职工人数。

（3）时期指标数值一般是通过连续登记取得的；时点指标数值一般是间断登记取得的，即只在需要时才统计。

小思考 4-3　　**下面的指标是时期指标还是时点指标？**

2023年年底人口数、某企业一年的营业收入、某班级人数、某学校一年的学费总额、某地区的一年工业生产总值。

三、总量指标的计量单位

（1）总量指标必须有计量单位，计量单位准确与否直接影响总量指标对客观现象反映的准确程度。所以，总量指标的计量单位必须统一、准确。

实物单位是根据事物的自然属性和物理属性而采用的自然单位、度量衡单位、标准实物单位、复合单位、双重单位（见表4-1）。

表 4-1　　**实物单位的含义及描述表**

单位属性		含义及内容描述	实例
1	自然单位	以被研究现象的自然状况来度量其数量的计量单位	“人”“头”“马力”
2	度量衡单位	按照统一的度量衡规定来度量客观事物数量的计量单位	“千克”“千米”
3	标准实物单位	按照统一折算的标准来度量研究现象的数量的计量单位	把含氮量不同的化肥都折合成含氮100%的标准化肥；把各种能源都折合成热量值为7 000千卡/千克的标准煤
4	复合单位	把两种计量单位有机地结合在一起表示事物数量的计量单位	“吨公里”“架次”“秒立方米”

续表

单位属性		含义及内容描述	实例
5	双重单位	同时用两个单位分别加以反映时，这种单位叫双重单位	“千瓦/台”
不同类的实物单位不能加总			

（2）价值单位是采用货币作为价值尺度计量社会物质财富或劳动成果的一种计量单位，如“元”“美元”“日元”等。如物流业总产值、工资总额、利润额等可以用人民币“元”来表示。价值单位能够加总不同类的实物指标，使不能直接相加的现象转化为可以相加的现象，具有综合性和概括性。其缺点是脱离了物质内容，更加抽象，不如实物单位具体生动。

（3）劳动量单位是以劳动时间表示的一种计量单位，多用于企业的内部核算。其一般用“工日”或“工时”等为计量单位。劳动量单位是评价劳动时间利用程度和计算劳动生产率的依据，同时也是企业编制和检查生产计划的依据。以劳动时间计量的劳动量可以相加。

小思考4-4　　以下内容包含了哪几种单位？

某物流企业共有员工42人，有运货车辆10辆，分为大型车、中型车和小型车，其中大型车的货运周转量是100吨公里，中型车的货运周转量是40吨公里，小型车的货运周转量是10吨公里。该公司严格执行8小时工作制，职工每周工作6天，休息1天。该企业一年的营业收入为10 000万元，其中发放职工工资200万元。

四、总量指标的计算方法

总量指标不是一个简单的数量总和，而是一定社会经济现象的数量表现，每一个总量指标都有确定的经济内容，都具有一定的质的规定性。

1.直接计算法

直接计算法是对所研究的现象采用直接的计量、点数等方法，登记各单位的具体数值并加以汇总，得到总量指标。如统计报表或普查中的总量指标，基本上都是采用直接计算法计算出来的。

2.间接推算法

间接推算法是利用社会经济现象之间的平衡关系、因果关系、比例关系或利用非全面调查资料对总量指标进行推算的方法。

五、总量指标使用的要求

总量指标的计算不是一个简单的加加减减的技术问题，而是一个具有理论性和现实性的问题。确定和计算总量指标，必须满足以下要求：

1.明确规定每项指标的含义和范围

正确统计总量指标的数值必须以社会经济理论为基础，来确定总量指标的含义、范围。如要统计工农业总产值、利税额、工资总额等，首先要弄清楚这些指标的含义和性质，同时要了解国家的政策和现行统计制度的规定，使统计建立在科学的基础之上，这样才能对总量指标进行正确统计。例如，要统计物流行业的生产总值，首先要搞清楚物流行业的范围，否则可能会出现重复计算或者漏算的情况。

2.注意现象的可比性

推算总量指标必须注意现象的同质性，只有相同性质的事物才能进行总量计算并汇总比较，即具有可比性；同时，要注意历史条件的变化及其影响，不同的历史条件往往影响总量指标的内容和包括的范围。在确定和计算总量指标时，必须注意这一点，在口径、范围一致的情况下，不同时期的总量指标具有可比性，便于利用历史资料研究和分析问题；如果口径、范围发生变动，必须进行调整后才能进行比较。

3.注意现象的统一性

计算总量指标必须保持计算口径、计算方法和计量单位的统一，这样才能进行计算汇总。在实践中，由于各地区、各单位的生产条件和习惯不同，对同一事物常用不同的计量单位进行计量，这就需要在计算时特别注意，防止出现计算上的错误。

第二节　相对指标

相对指标又称统计相对数，是两个有联系的总量指标的比率，用以反映现象之间的数量对比关系。例如，通过人口内部结构的不同对比，可以了解我国的人口分布状况；通过国民经济内部的对比，可以了解我国的经济发展状况。

一、相对指标的定义和作用

社会经济现象是错综复杂、相互依存和相互制约的。总量指标只能表现某一事物总体的特征，要想全面地了解事物的特征，还需要对事物组成部分之间的数量关系进行深入研究，对两个同类的指标进行比较等。对总量指标进行不同方式的对比所产生的指标，就是相对指标。如果说总量指标只能反映事物的一个总体规模状况，那么相对指标就可以从各个方面来了解事物的发展状况、自身结构等。

（一）相对指标的定义

相对指标是社会经济现象中两个相互有联系的指标数值之间的比率或比值，用以反映现象的发展程度、结构、强度或比例关系。相对指标把用来对比的两个具体指标的数值给抽象化了，能比总量指标更深入地阐释现象间的联系，提供现象间共同比较的基础，从而说明问题更深刻、更突出。它在宏观经济（如国际贸易）和微观经济（如企业发展、社群发展）中都具有重要的意义。

（二）相对指标的作用

1.可以综合反映社会经济现象之间的比例关系

利用相对指标，可以了解某一经济现象的任务完成程度，某一事物内部的结构状况、指标之间的比例关系，判断事物之间的差别程度，一事物在另一事物中的普遍程度、强度和密度，从而有利于分析同类现象在不同空间上的联系与区别，为揭示现象的本质和规律提供依据。

拓展阅读 4-2

2.使不能直接对比的事物进行比较

拓展阅读 4-3

相对指标把总量指标之间的具体差异抽象化，从而使不可比的现象转化为可比现象。例如，要比较两家流通企业费用额的节约情况，如果仅按费用额的绝对节约数进行比较，就难以说明问题，因为它们完成的销售额可能是不同的，而费用额的高低直接受商品销售额大小的影响。如果采用流通费用率来分析流通费用的节约情况，则可以作出正确的判断。因为流通费用率表明单位商品销售额所支付的费用额，排除了销售额大小的影响。这样两家企业之间就可以相互对比了。再如，对两家企业的利润额进行比较，无法说明其效益和效率问题，因为它们缺乏对比的基础。如果采用资金利税率、劳动生产率等相对指标来比较，就能够说明两家企业效益的大小和效率的高低。

二、相对指标的表现形式

相对指标一般用无名数和有名数来表示。

1.无名数

无名数是一种抽象化的数值，多用倍数和系数、成数、百分数和千分数、翻番数来表示。

（1）倍数和系数。倍数是将对比基数抽象化为1来计算的相对数，当分子、分母数值相差很大时用倍数表示；当分子、分母数值差别不大时，用系数表示，系数可大于1，也可小于1。例如，中国的国土面积是以色列国土面积的385.4倍，浙江省的面积是山东省的面积的0.7。

（2）成数。它是将对比基数抽象化为10来计算的相对数。如粮食产量增加1成，即增长10%（1成=10%）；牛排要7分熟。

（3）百分数和千分数。百分数是将对比的基数抽象化为100来计算的相对数。它是相对指标中最常用的表现形式。运用百分数时，还要注意有些数最多只能达到100%，如产品合格率、种子发芽率等；有些百分数只能小于100%，如粮食出粉率等；有些百分数却可以超过100%，如产品产量计划完成情况等。

百分点是百分数的另一种表现形式，它以1%为单位，即1个百分点就是1%。它在两个百分数相减的情况下使用。如原来银行的活期储蓄利率为2.5%，现上调1个百分点，说明现在银行的活期储蓄利率为3.5%。

千分数是将对比基数抽象化为1 000来计算的相对数。如果分子比分母的数值小很多，则用千分数表示。如2022年全国人口出生率为6.8‰。

（4）翻番数。一个数是另一个数的“2m”倍，则m是番数。

素养提升4-1

1980年1月16日，在中共中央召集的干部会议上，邓小平说：“前不久一位外宾同我会谈，他问，你们那个四个现代化究竟意味着什么？我跟他讲，到本世纪末，争取国民生产总值每人平均达到一千美元，算个小康水平。”也就是在这次讲话后，邓小平开始筹划两个十年翻两番的战略。1982年9月1日，在党的十二次全国代表大会开幕式上，邓小平提出：“把马克思主义的普遍真理同我国的具体实际结合起来，走自己的道路，建设有中国特色的社会主义，这就是我们总结长期历史经验得出的基本结论。”据此，大会制定了全面开创社会主义现代化建设新局面的纲领和方针政策，确定了从1981年到20世纪末的20年，争取工农业总产值翻两番的战略目标和具体步骤。

1984年3月25日，邓小平会见日本首相中曾根康弘时开始讲“小康社会”。邓小平说：“中国现在的情况总的是好的。这几年一直摆在我们脑子里的问题是，我们提出的到本世纪末翻两番的目标能不能实现，会不会落空？从提出到现在，五年过去了，看起来这个目标不会落空。翻两番，即国民生产总值人均达到八百美元，就是到本世纪末在中国建立一个小康社会。这个小康社会，叫作中国式的现代化。翻两番、小康社会、中国式的现代化，这些都是我们的新概念。”

2.有名数

有名数主要是强度相对指标数值的表现，以分子和分母的双重单位表示，如小时工资（元/小时）等。

三、相对指标的计算

微课4-2

结构相对指标

相对指标按其所起的作用或对比的基础不同，可分为结构相对指标、比例相对指标、比较相对指标、强度相对指标、计划完成相对指标、动态相对指标。

（一）结构相对指标

结构相对指标，也称为结构相对数，是在统计分组的基础上，以总体全部数值为比较的标准，求出各组数值占总体全部数值的比重，来反映总体内部组成情况的综合指标，也称为比重。例如，工业和信息化部公布的数据显示，2022年，我国制造业增加值占全球的比重近30%，制造业规模已经连续13年居世界首位。结构相对指标反映总体内部的构成情况，表明总体中各部分所占比重的大小，一般用百分数表示。其计算公式为：

$$结构相对数 = \frac{总体中某一部分数值}{总体全部数值} \times 100\%$$

上式中，分子与分母可以是各组总体单位数与总体单位总数的对比，也可以是各组标志总量与总体标志总量的对比。各部分所占比重之和必须等于1或100%。结构相对数分子属于分母的一部分，即分子、分母是一种从属关系，所以分子、分母不能互换。

例如：2018年年末，东部地区拥有法人单位1 280.2万个，占比58.8%，比2013年年末下降了0.5个百分点；中部地区492.9万个，占比22.6%，提高了0.1个百分点；西部地区405.8万个，占比18.6%，提高了0.4个百分点。东部地区拥有产业活动单位1 408.3万个，占比57.4%；中部地区568.4万个，占比23.2%；西部地区478.3万个，占比19.5%。

在第二产业和第三产业法人单位中，位居前三位的地区是：广东省312.7万个，占比14.3%；江苏省205.4万个，占比9.4%；山东省180.1万个，占比8.3%。

通过结构相对指标，我们可以了解各个地区的法人注册情况。

做中学4-1

某高等学校按学历分组的人员分布及其结构相对数见表4-2。

表4-2　某高等学校人员按学历分组情况表

人员分布	人数（人）	比重（%）
（甲）	（1）	$(2)=(1)/\sum(1)$
博士研究生	50	3.2
硕士研究生	1 000	64.5
本科	333	21.5
专科及以下	167	10.8
合计	1 550	100.0

由表4-2可知，在该高校员工总数中，博士占总人数的3.2%，硕士占总人数的64.5%，本科生占总人数的21.5%，专科生及以下占总人数的10.8%。这说明该校博士人数相对较少，研究生数量较多，学历层次相对比较高。

结构相对数是在分组的基础上计算出来的，因此，科学的统计分组是正确计算结构相对数的前提。结构相对指标在统计中应用广泛，其主要作用体现在以下三个方面：

（1）反映总体内部结构的性质和特征。例如，某个班级有男生10人、女生30人，男生占到总人数的25%，女生占到总人数的75%。这反映了班级的男女生比例。

（2）通过分析不同的结构相对指标的变动情况，可以反映事物的发展变化趋势（见表4-3）。

表4-3　我国城镇人口变化情况

		1980年		2000年		2020年	
		人数（万人）	比重（%）	人数（万人）	比重（%）	人数（万人）	比重（%）
人口分布比重	城镇人口	19 140	19.40	45 906	36.22	90 199	63.89
	农村人口	79 565	80.60	80 837	63.78	50 979	36.11
	合计	98 705	100	126 743	100%	141 178	100

由表4-3可知，随着我国经济的发展，40多年来，中国城镇化进程取得了巨大成就。1980年中国的城镇化率是19.40%，2000年达到36.22%，2020年达到了63.89%。这意味着，在过去40多年中，中国的城镇化率提高了44.49个百分点，平均每年都要达到1个百分点以上；我国的农村人口大量减少，城镇人口大量增加，反映了我国城镇化的发展趋势。

（3）利用结构相对指标，可以说明事物性质的变化，如由量变到质变的过程（见表4-4）。

表4-4　　我国文盲人口占总人口比重

	全国人口（万人）	文盲人口（万人）	文盲率（%）
1964	69 458	23 327	33.58
1982	100 818	22 996	22.81
1990	113 368	18 003	15.88
2000	126 853	8 507	6.72
2010	133 972	5 466	4.08
2020	141 178	3 775	2.67

注：1964年文盲人口为13岁及其以上不识字人口，1982年、1990年、2000年、2010年、2020年均为15岁及其以上不识字人口。

随着我国义务教育的普及，我国的文盲率大大降低，已经从1964年的33.58%下降到了2020年的2.67%，说明我国在普及基础教育方面发生了翻天覆地的变化。

小贴士4-2

表4-5是2007—2018年我国男女结构比例的变化情况，从该表可以看出，我国男女结构比例一直处于下降趋势，但未发生根本性变化。

表4-5　　2007—2018年我国男女结构比例

2018年	2017年	2016年	2015年
51.13%	51.17%	51.21%	51.22%
2014年	2013年	2012年	2011年
51.23%	51.24%	51.25%	51.26%
2010年	2009年	2008年	2007年
51.27%	51.44%	51.47%	51.50%

（二）比例相对指标

比例相对指标也称比例相对数，是由总体内部不同部分数值之间对比求得的比率。它反映了总体各组成部分之间数量联系程度和比例关系。其计算公式为：

比例相对数 = 总体中某一部分数值 ÷ 总体中另一部分数值

比例相对数可以用百分数或1∶m∶n的连比形式表示，如基本建设投资额中工业、农业、教育投资的比例，但用来连比的组数不宜过多。

微课4-3

比例相对指标和比较相对指标

做中学4-2

2020年，我国货物贸易进出口总额达到32.2万亿元人民币，其中出口额为17.9万亿元人民币，进口额为14.2万亿元人民币，进出口额的比重为14.2∶17.9。

比例相对数与结构相对数有着密切的联系。比例相对数实际上也是一种结构性比例，但二者对比的方法不同。结构相对数表现为一种包含关系，分子是分母的一部分；比例相对数的分子、分母是一种并列的关系，因而分子、分母可以互换。在实际工作中，往往把结构相对数和比例相对数结合起来运用，既可以分析总体各部分构成比例的协调程度，也可以研究总体的结构是否合理。例如，某企业生产的三种产品的成本收入情况见表4-6。

表4-6　三种产品的成本收入情况

产品名称	3月生产量（件）	4月生产量（件）	5月生产量（件）
A产品	2 000	2 500	2 600
B产品	1 000	1 200	1 100
C产品	3 500	3 300	3 200
三种产品的比重	20∶10∶35	25∶12∶33	26∶11∶32

（三）比较相对指标

比较相对指标又称比较相对数，是同一时间同类指标在不同空间条件下的对比所得的相对指标。它可以反映同一时间同类事物在不同空间条件下的差异程度。不同空间可以是不同国家、不同地区、不同部门、不同单位。比较相对指标可以用于国家标准、同行业的先进水平和平均水平相比较。如把本企业的各项经济技术指标与同类企业的先进技术水平对比，或与国家规定的标准条件对比，从中找出差距，为提高本企业的生产技术水平和管理水平提供重要依据。比较相对数的计算公式为：

$$比较相对数=\frac{某总体某类指标数值}{另一总体同类指标数值}$$

做中学4-3

7月份甲商业企业的劳动效率是1 500元，乙商业企业为1 700元，则甲企业劳动效率是乙企业劳动效率的88.24%，乙企业劳动效率为甲企业劳动效率的1.13倍，说明乙企业的劳动效率高于甲企业。

比较相对指标既可以用百分数表示，也可以用倍数表示，用以比较的指标可以是总量指标，也可以是相对指标或平均指标。无论采用哪种指标对比，都必须注意分子、分母的可比性，即指标含义、计算方法、计算口径、计量单位、所属时间必须一致。

比较相对指标中的两个指标哪个作为对比的基数，可以视研究目的而定。分子、分母可以互换，以便从不同角度说明同一问题。

拓展阅读4-4

比较相对指标和比例相对指标之间存在着一定的区别。比例相对指标反映的比例关系，有时是有客观标准的，违背这一客观标准，就会造成比例关系失调；而比较相对指标反映的是事物之间的对比关系，一般不存在失常或失调的问题。

（四）强度相对指标

拓展阅读4-5

强度相对指标也称强度相对数，是指同一时期内两个性质不同但又有一定联系的总量指标之比。其用来表明现象的强度、密度和普遍程度。其计算公式为：

$$\text{强度相对数}=\frac{\text{某一总量指标数值}}{\text{另一有联系且不同类的总量指标数值}}$$

做中学4-4

2020年我国开展了第七次人口普查，全国人口数（大陆）为1 443 497 378人，国土面积为960万平方公里，则：我国人口密度=1 443 497 378/9 600 000=150（人/平方公里）。

强度相对数与其他相对数相比，是一种特殊的相对数。前三种相对数均是同类现象的对比，强度相对数则是两个有联系而性质不同的总体的对比。强度相对指标一般用有名数表示，如人均粮食产量、人均棉花产量、人均国民收入、人均国内生产总值都是强度相对指标。

强度相对数与其他相对数相比，在社会经济统计中还有特殊的作用，主要包括：

第一，反映一个国家或地区的经济实力。一个国家或地区的经济实力受该国或该地区人口多少的影响非常大，所以仅用总量指标来对比是片面的，还要采用强度相对指标。如我国地大物博，资源丰富，资源储备总量也比较丰富，排在世界前列，但我国是世界上人口第二多的国家，按人口平均数就不在前列了。由此可以看出，强度相对指标可以反映一个国家和地区实际的资源分布水平。

第二，反映事物的密度和普遍程度。人民生活是否便利、舒适，生活水平是否有较大程度的提高，与有些事物的密度和普遍程度密切相关。如商业网点密度说明商业网点发展的普及程度，医疗网点密度说明医院的服务范围和服务能力，手机普及率说明手机的普及程度，人口密度说明某一国家或地区人口分布的稠密状况等。

第三，反映企业经济效益的好坏。考核企业的经济效益情况，不能只看利润总额多少、上交多少税金，而要把企业利润和上交税金联系起来进行研究。如采用资金利税率这一指标来分析，这一指标值越高，说明企业固定资产和流动资产使用的效益越好；同时，还可以用流通费用率、流动资金周转速度、商品适销率、成本利润率等强度相对指标反映企业经济效益的高低。

强度相对指标在计算和运用过程中，分子、分母可以互换，从而产生了正指标和逆指标两种计算形式。如小学密度指标：

$$每千人拥有小学数(正指标)=\frac{某地小学数量(个)}{某地人口数(千人)}$$

$$每个小学覆盖人口数(逆指标)=\frac{某地人口数(千人)}{某地小学数量(个)}$$

强度相对指标数值越大越好的是正指标，反之是逆指标。但要注意，并不是所有的强度相对指标分子、分母都能够互换。如“人口出生率”“人口死亡率”等指标的分子、分母是不能互换的。

此外，计算强度相对指标还必须从社会经济现象的本质方面去寻找它们之间的内在联系，这样两个指标对比才有意义。如国内生产总值可以与人口对比，但却不能与土地面积对比。因为国内生产总值是与人相关的，直接与人的物质生活有关联，而与土地面积则无这种内在的关联。

小贴士4-3　某市疫情期间的养老床位状况

某市常住人口数546万人，60岁以上老年人口数达92万人，约占全市总人口数的17%。

该市有养老服务机构65家，共设置养老床位22 904张。其中，特困人员供养服务机构28家，床位数3 714张；民办养老机构37家，床位数19 190张；社区日间照料服务站325个。

该市65家养老机构在院老人7 774人、工作人员3 526人，共设置养老床位22 904张，则该市65家养老机构的床位使用率为34%（7 774/22 904）。相应的，现有养老床位的空置率为66%。也就是说，有近2/3的床位是空的。

该市65家养老机构养老床位数22 904张，老年人口数92万，每千人床位数为25张，已经不足30张。据了解，此前该市养老床位数超过了千人30张，说明近些年优化养老机构床位质量，减少了一些低质的养老床位，但养老床位的使用率仍然创新低，这或许说明，疫情对养老机构入住率的影响非常大。

做中学4-5

2020年年末我国人口数为141 178万人，共有卫生机构数103.1万个，床位910.1万张，卫生技术人员1 155万人。则：

$$卫生机构密度=\frac{卫生机构个数}{人口数}=\frac{103.1}{141\ 178}=0.73(个/千人)$$

计算结果表明，每千人有0.73个卫生机构为其服务，同理可以计算出每千人有6.4张床位和8.18个卫生技术人员为其提供服务。该类指标值越大，说明服务环境越好，服务能力越强，是正指标。

$$卫生机构密度 = \frac{人口数}{卫生机构个数} = \frac{141\ 178}{103.1} = 1.36(千人/个)$$

计算结果说明，每个卫生机构能为1.36千人服务，同理可以计算出每张床位能为155人服务，每个卫生技术人员能为122人服务。该指标数值越大，说明服务环境越差，服务能力越弱，是逆指标。

（五）计划完成相对指标

计划完成相对指标也叫计划完成相对数或计划完成程度指标，是一定时期社会经济现象的实际完成数与计划完成数对比而得到的相对数，用以表明计划完成的程度。其一般用百分数表示。

延伸学习 4-1

2010年以来，我国制造业增加值连续11年位居世界第一。2012—2020年，我国工业增加值由20.9万亿元增至31.3万亿元，其中制造业增加值由16.98万亿元增长到26.6万亿元。

2012—2020年，高技术制造业占规模以上工业增加值的比重从9.4%提高到15.1%；装备制造业占规模以上工业增加值的比重从28%提高到33.7%，2020年对规模以上工业增长的贡献率超过70%。新技术、新材料、新装备、新工艺广泛应用，规模以上工业企业新产品销售收入占主营业务收入的比重提高到20%左右。

与此同时，制造业数字化转型全面提速，重点领域关键工序数控化率由2012年的24.6%提高到2020年的52.1%，数字化研发设计工具普及率由48.8%提高到73%。产业区域布局不断优化，京津冀、长三角、粤港澳大湾区等重点区域的带动作用进一步提升，在电子信息、轨道交通、工程机械、汽车等领域形成一大批先进制造业集群。

我国制造业快速发展得益于骨干龙头企业不断壮大。据介绍，中国制造业企业500强的资产总额、营业收入分别从2012年的19.7万亿元、21.7万亿元，增至2020年的39.19万亿元和37.4万亿元。在发布的世界500强企业榜单中，我国工业领域企业有73家入围，比2012年多28家。此外，中小企业创新能力与专业化水平持续提升也为制造业繁荣增添了动力。目前，我国已培育出4万多家“专精特新”企业、4 700多家“小巨人”企业、近600家制造业单项冠军企业。

资料来源　李芃达．我国制造业增加值连续11年世界第一［EB/OL］．［2021-09-16］．http：//home.china.com.cn/txt/2021-09/16/content_41675890.htm？f=pad&a=true．有删减．

计划完成相对数的计算公式为：

$$计划完成相对数 = \frac{实际完成数}{计划任务数} \times 100\%$$

公式中的分子、分母要求在指标含义、计算口径、计算方法、计量单位、时间长度、空间范围等方面一致。计划完成相对数将计划任务数作为对比的基数，所以在计算时分子、分母不能互换。计划完成程度指标的分母项是计划指标数值，分子项是计划执行结果的实际完成数。

做中学4-6

某年某物流企业物流运输量计划完成500万吨，到年底该企业实际完成运输量720万吨，则：

计划完成程度 = 720 ÷ 500 × 100% = 144%

计算结果表明，该物流企业本年度物流运输量超额44%完成计划任务。

对计划完成指标的评价，要以计划指标的性质和要求为标准：第一，有的计划指标是按最低限额提出的任务，如产量、社会培训金额、利税额等成果性指标，计划完成程度以等于或大于100%为好，大于100%为超额完成计划，小于100%表示未完成计划。第二，有的计划指标按最高限额规定，如产品成本、单位产品原材料消耗量、商品流通费用率等消耗性指标，计划完成程度以小于或等于100%为好，小于100%为超额完成计划，大于100%表明未完成计划。

1.计划完成程度的计算

在制订计划时，由于具体情况与计算要求不同，计划任务数的规定有绝对数、相对数、平均数三种，所以计划完成程度在计算形式上有所不同，但计算公式本质上不变，仍是实际数比计划数。上例计划任务数是绝对数，以相对数形式规定的计划任务指标，其计划完成程度的计算方法有两种：

（1）以提高率规定计划任务数的计算

$$计划完成程度 = \frac{1 + 实际提高率}{1 + 计划提高率} \times 100\%$$

做中学4-7

某企业某年计划利润额要求比上年提高8%，实际执行情况是比上年提高了12%，则该企业利润计划完成情况为：

计划完成程度 = (1 + 12%) ÷ (1 + 8%) × 100% = 103.7%

计算结果表明，该企业计划利润额完成了103.7%，超过计划任务数3.7%。

（2）以降低率规定计划任务数的计算

$$计划完成程度 = \frac{1 - 实际降低率}{1 - 计划降低率} \times 100\%$$

做中学4-8

某物流企业某年计划某产品的单位成本要比上年降低5%，而实际降低4%，则该企业该产品单位成本计划完成情况为：

$$计划完成程度 = \frac{1 - 4\%}{1 - 5\%} \times 100\% = 101.1\%$$

计算结果表明，该企业该产品的实际单位成本是计划单位成本的101.1%，实际比计划提高了1.1%（1-101.1%），没有完成计划任务。

2.计划执行进度的检查

在实际工作中，有时实际完成数所含的时期只是计划时期的一部分，这种实际数与计划数的对比，称为计划执行进度。它使用计划期中某一段时期的实际累计完成数与整个计划数对比进行检查。其计算公式为：

$$\text{计划执行进度} = \frac{\text{执行期内完成数}}{\text{全期计划数}} \times 100\%$$

做中学4-9

某物流企业某年1月份完成的销售额为30万元，2月份为50万元，3月份为60万元，全年计划数为400万元，则：

$$\text{截至一季度末的计划执行进度} = \frac{30 + 50 + 60}{400} \times 100\% = 35\%$$

如果按照生产均衡性的观点看，该企业计划执行进度走在了时间的前头，即在全年1/4的时间里完成了全年计划的35%，超过全年计划的1/4。

3.长期计划执行情况的检查

长期计划一般是指五年计划，由于长期计划规定的计划指标有两种不同要求，即规定计划期末应达到的水平和整个计划期内应达到的总量，所以长期计划执行情况的检查也相应地分为水平法和累计法两种。

（1）水平法长期计划执行情况的检查。水平法适用于为检查计划期内最后一年应达到的水平而制订的计划指标。如产品的产量、工业总产值、农业总产值、社会商品零售额等计划执行情况的检查均应使用水平法。其计算公式为：

$$\text{计划完成程度} = \frac{\text{计划期末年实际达到的水平}}{\text{计划期末年计划达到的水平}} \times 100\%$$

做中学4-10

某煤矿五年计划规定，最后一年产量达到300万吨，实际完成情况见表4-7。

表4-7 某煤矿产量完成情况表 单位：万吨

时间	第一年	第二年	第三年	第四年				第五年			
				一季度	二季度	三季度	四季度	一季度	二季度	三季度	四季度
产量	200	230	260	65	65	70	75	75	80	80	85

$$\text{计划完成程度} = \frac{75 + 80 + 80 + 85}{300} \times 100\% = 106.67\%$$

计算结果表明，该煤矿超额6.67%完成五年计划。

采用水平法检查计划执行情况，只要连续一年的时间实际完成的水平达到了计划末年水平，就算完成了五年计划，剩下的时间则为提前完成计划的时间。

在该例中，从实际执行时间来看，从第四年的第三季度开始到第五年的第二季度连续一年中，实际完成数（70+75+75+80）刚好完成计划规定的最后一年数，因此，还剩下两个季度，即6个月，所以提前完成计划时间为两个季度或6个月。

（2）累计法长期计划执行情况的检查。累计法适用于检查计划期内各年应达到的累计数而制定的计划指标。如针对造林面积、基本建设投资额、新增生产能力等指标的计划执行情况的检查，应使用累计法。其计算公式为：

$$计划完成程度 = \frac{计划期内累计实际完成数}{计划期内规定的累计计划数} \times 100\%$$

做中学4-11

某纺织企业规定五年累计完成销售额80亿元，实际执行情况见表4-8。

表4-8　某纺织企业销售额完成情况表　单位：亿元

时间	第一年	第二年	第三年	第四年	第五年			
					一季度	二季度	三季度	四季度
实际完成销售额（亿元）	15	17	18	19	5	6	8	7

$$计划完成情况(\%) = \frac{15 + 17 + 18 + 19 + 5 + 6 + 8 + 7}{80} \times 100\% = 118.75\%$$

计算结果表明：该企业超18.75%完成五年销售计划。

采用累计法检查计划执行情况时，只要从五年计划开始至某一时期止累计完成的实际数达到了计划规定的累计数，就算完成了计划，剩下的时间则为提前完成计划的时间。

在该例中，从执行计划的第一年开始累计至第五年第二季度为止，实际完成销售额80亿元（15+17+18+19+5+6=80），则提前完成计划时间为两个季度或6个月。

当计划任务数以平均数形式规定时，可根据以下公式计算：

$$计划完成相对数 = \frac{实际平均数}{计划平均数} \times 100\%$$

它用于考核以平均数表示的经济技术指标的计划完成情况，如平均收入、平均身高等；知道了分子、分母的数值，直接带入公式计算即可。

（六）动态相对指标

动态相对指标又称动态相对数，用以表明同类事物在不同时间状态下的对比关系，说明社会经济现象在不同时间上的运动、发展和变化。在统计学上，通常把用来作为对比标准的时期称为“基期”，而把与基期对比的时期称为“报告期”。其计算公式为：

$$动态相对数 = \frac{报告期水平}{基期水平}$$

有关动态相对指标的详细内容将在本书第七章中详细介绍。

四、相对指标使用的要求

（一）相对指标的可比性原则

相对指标是对相互联系的事物进行比较，以反映事物之间数量对比关系的一种综合指标。因此，在计算相对指标时，对比的事物是否具有可比性成为一个实质性问题。如果将不可比的事物加以比较，不仅达不到正确反映事物之间的联系的目的，而且会歪曲事实真相，甚至会导致不好的结果。因此，可比性是计算和运用相对指标必须遵循的原则。

相对指标的可比性主要是要求对比的两个指标在内容、范围、计算方法、时间长短及有关规定的口径上保持一致，相互适应。若其中发生了行政区划、组织机构、隶属关系及统计方法等方面的变动，就不能直接对比，需要做统一调整后才能进行对比。如将我国的统计指标与其他国家的统计指标进行对比，必须注意指标的内容、范围、计算方法等是否一致，不一致不能直接对比。

（二）相对指标和总量指标结合运用

总量指标是反映社会经济现象的规模和水平的重要指标，是相对指标所不能替代的；相对指标使用一个抽象化的比值来表明现象之间的对比关系，说明现象的发展程度、内部结构、发展速度以及比例关系等，这也是总量指标所不具备的。因此，要从不同方面、不同角度全面而正确地分析社会经济现象的数量特征，就必须将总量指标和相对指标结合起来运用，以达到深入分析、研究问题的目的。如实际工作中常会遇到总量指标值较大、相对指标值较小，或相对指标值较大而总量指标值较小的现象，这样的情况下就需要将两种指标结合起来应用，否则不能反映事物的本质特征。

（三）多种相对指标综合运用

一种相对指标只能从一个侧面或某一方面反映事物之间的联系，要想全面地观察和分析事物，还需要把多种相对指标结合起来运用，构建一个指标体系。如要了解某一工业企业的经营管理情况，可以把劳动生产率、成本利润率、资金利税率、流通费用率、资金周转速度、计划完成程度等指标结合起来运用，形成一个反映企业经营管理水平的指标体系，就可以对企业的经营管理情况作出全面、科学的评价。

小思考 4-5　　该商场的满减到底是打几折？

某商场搞活动，淘宝满减档位：每满200元减30元，淘宝“双11”跨店满减计算逻辑举例如下：

（1）多个店铺同一满减档位。A店铺、B店铺、C店铺满减档位均为满200元减20元。若A店铺订单金额为300元，B店铺订单金额为200元，C店铺订单金额为100元，则订单总金额为600元，跨店满减可叠加，上不封顶，故该笔订单达到满600元减60元，可抵金额为60元。

（2）多个店铺不同档位。A店铺和B店铺满减档位为满200元减20元，C店铺满减档位为满1 000元减50元。若A店铺、B店铺、C店铺的订单金额均为100元，因A店铺和B店铺为同个满减档位，A店铺和B店铺订单合计金额为200元，达到满200元减20元的满减标准，可抵扣金额为20元，C店铺未达满减档位；若A店铺、B店铺、C店铺的订单金额均为1 000元，A店铺和B店铺订单合计金额为2 000元，达到满200员减20元的满减标准，可抵扣金额为200元，C店铺订单金额为1 000元，达到满1 000元减50元的满减标准，可抵扣金额为50元，总共可抵扣金额为250元。

亲爱的同学们，你看懂了么？到底是打几折？

第三节　平均指标

微课4-4

平均指标

早在3 000多年前，我国已产生平均数的思想。《易传・象传上・谦》中说："谦；君子以裒多益寡，称物平施。"三国时期曹魏经学家王弼的注说："多者用谦以为裒，少者用谦以为益；随物而与，施不失平也。"唐代易学家孔颖达的注说："称此物之多少，均平而施。物之先多者，而得其施；物之先寡者，而亦得其施也。"宋代朱熹的注说："裒多益寡，所以称物之宜而平其施，损高增卑，以趣于平，亦谦之意也。"

概括《周易》谦卦以及王弼、孔颖达与朱熹等人的注解，可见"裒"指减少，"益"指增益。"裒多益寡"就是指对研究对象各个单位的数量减有余而补不足；"称物平施"就是指衡量事物要均等。

上述思想，为统计平均数的概念与作用奠定了基础：

第一，统计平均数就是对研究对象的某数量标志的变量减有余而补不足所求得的一般水平。

第二，计算统计平均数的作用，在于衡量事物要均等。

一、平均指标的意义

（一）平均指标的概念

平均指标是表明同类现象总体各单位某一数量标志在一定时间、地点、条件下所达到的一般水平的综合指标，又叫平均数（一般水平），如平均工资、平均价格、各种大赛参赛者的平均得分等。总体各单位的标志值往往参差不齐，有高有低，如某班5位同学的身高分别为175 cm、180 cm、165 cm、172 cm和176 cm，由于身高有高有低，不能随便用180 cm或165 cm来代替本班5位同学身高的一般水平，而只能将这5位同学的身高进行平均，以平均身高来表示该班5位同学身高的一般水平。

小贴士4-4

全运会青年组决赛结束，广东男篮在前两节落后的情况下完成反超，以69∶67险胜山东，他们拿到了这一次全运会的冠军。

现代篮球在不断发展，篮球不再是大个子的运动。这一次广东青年队平均身高只有193 cm，部分主力的身高更是低于这个平均值，徐杰只有177 cm，胡荣浩181 cm，李柏润183 cm，白昊天也只有190 cm而已，最高的沈梓捷207 cm，与以往动不动210 cm高个子球员完全不同。

可见广东队在选材方面首先作出了改变，不再像传统选拔篮球运动员那样，身高不再是必要条件。事实证明这种方式确实有效，比如这一场比赛190 cm的白昊天拿到16分3个篮板，177 cm的徐杰拿到11分9个篮板3次助攻，整场比赛广东队虽然三分只有16投5中，命中率仅仅31.25%，但是山东队更差，三分只有21投1中，命中率4.76%。广东队就如同勇士队那样，三分和速度是他们的重要武器。

从广东队这次夺冠可以看出，我们的篮球人才选拔不再着重强调身高，而是真正的篮球人才。

比如在NBA，以赛亚·托马斯只有175 cm，但他是全明星球员，比大部分中国球员都要出色，网友戏称他在中国连省队都进不了，因为身高就不及格，这样的情况自然要杜绝。

在本届亚洲杯的参赛各队中，中国队平均身高1.98米，平均年龄26岁，这两个数据略优于约旦、黎巴嫩、韩国、伊朗、日本。

资料来源　体育谈资．广东叒夺冠！这平均身高没谁了，再次打脸男篮选材，中国勇士队？［EB/OL］．［2017-08-30］．https：//baijiahao.baidu.com/s？ id=1577166250133823461&wfr=spider&for=pc.

同类现象总体各单位数量标志值参差不齐，源于诸多因素。其中有些因素是起决定性作用的基本因素，有些是起辅助作用的偶然因素。在统计中，为了排除偶然因素的影响，反映起决定性作用的基本因素的作用，就需要计算平均指标，以反映同质总体各单位数量标志值的一般水平。

在实际工作中，常用的平均指标有算术平均数、调和平均数、几何平均数、中位数、众数等。前三种是根据所有单位的标志值计算的，称为数值平均数；后两种是根据某些单位的标志值所处的位置来确定的，称为位置平均数。这五种平均数都是最常用的，但应用场合及性质有所不同，在计算和应用这些平均数时要理解和掌握其特点和计算方法。

（二）平均指标的特点

（1）平均指标是一个抽象化的数值。平均指标作为同类现象在一定时间、地点和条件下所达到的一般水平，是以同质总体各单位的数量标志值为依据，并对它们进行科学的抽象而得出的。它概括性地反映现象的一般水平。

（2）平均指标是一个代表性数值。平均指标是根据同质总体各单位某一数量标志的标志值计算出来的，代表总体各单位该数量标志表现的一般水平。其代表性的强弱取决于被平均的标志值的差异程度的大小。

（3）平均指标反映各单位分布的集中趋势。从绝大多数现象的分布来看，总体各单位是以平均数为中心向两边渐近均匀分布的，因而其标志值也以平均数为中心左右波动。

（三）平均指标的作用

（1）平均指标可以对比同类现象在不同地区、不同单位的一般水平，从而表明现象水平的高低和效益的大小。平均指标反映的是总体各单位某一数量标志值的一般水平，它不受总体各单位多少的影响，适用于同类现象在不同总体之间的对比。如在研究甲、乙两个城市职工的收入水平和生活水平时，因两城市的职工人数不同，若比较职工工资总额，则无意义；如果对两城市的职工的平均工资进行比较，则可以反映两城市职工的工资水平和生活差异，因为平均工资消除了职工人数多少的影响。

（2）平均指标可以反映同一总体在不同时间上发展变化的趋势和规律性。例如，我国人民生活水平不断提高的趋势，可以通过劳动者的平均收入反映出来（见表4-9）。

表 4-9　　全国居民按东、中、西部及东北地区分组的人均可支配收入　　单位：元

年份	2015	2016	2017	2018	2019	2020	2021
东部地区	28 223.3	30 654.7	33 414.0	36 298.2	39 438.9	41 239.7	44 980.3
中部地区	18 442.1	20 006.2	21 833.6	23 798.3	26 025.3	27 152.4	29 650.0
西部地区	16 868.1	18 406.8	20 130.3	21 935.8	23 986.1	25 416.0	27 798.4
东北地区	21 008.4	22 351.5	23 900.5	25 543.2	27 370.6	28 266.2	30 517.7
合计	84 541.9	91 419.2	99 278.4	107 575.5	116 820.9	122 074.3	132 946.4

资料来源　《中国统计年鉴2022》。

（3）平均指标可以分析现象之间的依存关系。例如，由于我国职工的收入和支出存在着相关关系，收入提高之后，支出也相对提高。表4-10是职工平均工资与城镇居民家庭人均年主要商品购买量对照表。

表 4-10　　职工平均工资与城镇居民家庭人均年主要商品购买量

年份	2015	2016	2017	2018	2019	2020	2021
居民可支配收入（元）	21 966.2	23 821.0	25 973.8	28 228.0	30 732.8	32 188.8	35 128.1
全国居民人均支出（元）	15 172.4	17 110.7	18 322.1	19 853.1	21 558.9	21 209.9	24 100.1

资料来源　《中国统计年鉴2022》。

（4）根据平均指标可以推断其他相关的统计指标。例如，利用某市职工的样本平均工资，可以推断出该市职工总体的平均工资和工资总额等。

二、算术平均指标

微课 4-5

算术平均数

算术平均指标是统计中最常用的一种平均指标。凡是总体各单位的标志值之和等于总体的标志总量的，均可用算术平均数来反映总体的一般水平。算术平均数通常用“$\bar{x}$”表示，其基本形式是：同一总体的某标志总量除以相应的单位总量。用公式表示为：

$$算术平均数 = \frac{总体标志总量}{总体单位总量}$$

上式中的分子、分母必须是同一总体中的两个指标，而且总体单位总量是计算总体标志总量的标志值的个数，两者之间存在严格的一一对应的数量依存关系，且分子、分母位置不能互换。这也正是平均指标和相对指标（特别是强度相对指标）的区别所在。

在具备同一总体（或各组）的标志总量和单位总量的情况下，可以直接利用上述基本公式计算平均数。如已知某单位一周的学习强国总分数和该单位的职工人数，用学习强国总分数除单位的职工人数，就可以得到该单位本周的学习强国平均分数。

但在实际工作中，由于掌握的资料不同，一般并不按算术平均数的基本公式直接计算，而是采用简单算术平均数和加权算术平均数两种形式分别计算。但无论采用哪种形式，均离不开算术平均数的基本公式。

（一）简单算术平均数

如果不能直接获得算术平均数公式中的分子、分母的资料，只有总体各单位的标志值，则可以用简单算术平均法计算平均指标。其计算公式为：

$$\bar{x} = \frac{x_1 + x_2 + x_3 + \cdots + x_n}{n} = \frac{\sum x}{n}$$

式中：x为变量值，即各单位的标志值；n为总体各单位的个数，即总体单位总量。

做中学4-12

某外卖企业某派送小组有6名工作人员，他们的日配送单数分别是42单、38单、62单、12单、65单、40单，则平均每人的配送单数为：

$$\bar{x} = \frac{x_1 + x_2 + x_3 + \cdots + x_n}{n} = \frac{\sum x}{n} = \frac{42 + 38 + 62 + 12 + 65 + 40}{6} = 43.17(单)$$

不难看出，简单算术平均数受变量值x（尤其是极端数值）的影响。例如，本例中最低单数是12单，最高单数是65单，两个都不代表平均水平。因此，在统计分析中，为了正确地反映现象总体的一般水平，当现象水平出现极端数值时，有时需要剔除该极端数值。如体育比赛、歌咏比赛等为了避免个别评委由于种种原因故意压低或抬高某参赛人员的得分，通常采用去掉一个最高分和一个最低分再来求平均值的办法，以便正确反映参赛人员的成绩。

（二）加权算术平均数

某个班级20名同学的平均身高是170 cm，该班级来了一个新同学，身高是226 cm，那么这个班级学生的平均身高是不是应该这样求呢？

$$\bar{x} = \frac{x_1 + x_2 + x_3 + \cdots + x_n}{n} = \frac{\sum x}{n} = \frac{170 + 226}{2} = 198 \text{ cm}$$

显然，这个平均数的算法是不对的，正确的算法应该是：

$$\bar{x} = \frac{x_1 + x_2 + x_3 + \cdots + x_n}{n} = \frac{\sum x}{n} = \frac{170 \times 20 + 226}{21} = 172 \text{ cm}$$

在实际工作中，情况比较复杂，有时总体单位数比较多，变量值的变动范围较大，其中某些单位变量值又有重复出现的现象，而掌握的资料往往是已经分组整理好的变量数列，不适合使用简单算术平均法来进行计算。这时可以采用加权算术平均法。它是将各组的标志值乘以其相应的单位数，求出各组标志总量，并加总得到总体标志总量，然后除以各组单位数之和的结果。其计算公式为：

$$\bar{x} = \frac{x_1f_1 + x_2f_2 + x_3f_3 + \cdots + x_{n-1}f_{n-1} + x_nf_n}{\sum f} = \frac{\sum xf}{\sum f}$$

式中：x为各组的变量值；f为各组的单位数（次数、频数）。

计算加权算术平均数时有两种情况：

1. 依据单项式变量数列计算算术平均数

依据单项式变量数列计算，可以采用上述加权平均法的基本公式。

做中学4-13

某物流企业100名打包工人日打包快件的分配数列资料见表4-11。

表4-11　100名打包工人日打包快件的分配数列表

日打包量（件）x	工人数（人）f	日总打包量（件）xf
30	10	300
31	15	465
32	25	800
33	30	990
34	20	680
合计	100	3 235

根据表4-11的资料计算该物流企业打包快件的平均数。应先将各组的日打包量乘以其相应的工人数，得出各组的日总打包量，再将各组的日总打包量相加求和，得到该企业工人打包快件的总数量，然后除以该厂打包工人总数。具体计算过程如下：

$$平均日打包量：\bar{x} = \frac{x_1f_1 + x_2f_2 + x_3f_3 + \cdots + x_{n-1}f_{n-1} + x_nf_n}{\sum f} = \frac{\sum xf}{\sum f}$$

$$= \frac{30 \times 10 + 31 \times 15 + 32 \times 25 + 33 \times 30 + 34 \times 20}{10 + 15 + 25 + 30 + 20} = \frac{3\,235}{100} = 32.35(件)$$

从上述计算过程可以看出，加权算术平均数公式中的f就是数列中变量值（标志值）重复出现的个数，我们把它叫权数。之所以称为权数，是因为在变量值的变化范围和总次数一定的情况下，分布在变量值大的组的次数多，平均数的数值就偏大，即平均数越接近该变量值；分布在变量值小的组的次数多，平均数的数值就偏小。可见，次数的多少及其在总体中的分布，对平均数的大小起着权衡轻重的作用（后面的比重权数更清楚地说明了这一点）。

需要注意的是：权数与各组标志值有着内在的联系，即标志值与其存在一一对应的依存关系。如果各组次数（权数）全部相同，即：$f_1 = f_2 = f_3 = \cdots = f_n$，则各组次数也就失去了权衡轻重的作用，加权算术平均数也就转化为简单算术平均数了，即：

$$\bar{x}=\frac{\sum xf}{\sum f}=\frac{f\sum x}{\sum f}=\frac{f\sum x}{nf}=\frac{\sum x}{n}$$

可见，简单算术平均数就是权数相等时的加权算术平均数。当变量数列中各组次数相同时，可直接用简单算术平均数的形式计算平均数，即用各组标志值之和除以组数。

加权算术平均数的表现形式有两种：一种是绝对数，另一种是相对数。但两种权数的性质相同。相对数权数是根据绝对数计算出来的，反映权数在各个变量值之间的分配比例，能更好地体现权数的实质。以相对数权数计算平均数的公式为：

$$\bar{x}=\sum(x\cdot\frac{f}{\sum f})$$

做中学 4-14

某物流企业100名打包工人日打包快件的分配数列资料见表4-12。

表4-12　100名打包工人日打包快件的分配数列表

日打包量（件）	工人数（人）	各组工人数所占比重（%）	每组工人打包数（件）
x	f	$\frac{f}{\sum f}$	$x\cdot\frac{f}{\sum f}$
30	10	10	3
31	15	15	4.65
32	25	25	8
33	30	30	9.9
34	20	20	6.8
合计	100	100	32.35

该例中，每组工人的打包数是未知的，但可以根据已知条件求出，则该生产小组工人日平均打包快件件数为：

$$\bar{x}=\sum(x\cdot\frac{f}{\sum f})=32.35(\text{件})$$

其计算结果与上面完全相同，说明各组权数形式发生了变化，但最终的算术平均数没变。至于什么情况下使用绝对数，什么情况下使用相对数，要视所掌握的具体资料而定。

2. 根据组距式变量数列计算算术平均数

依据组距式变量数列计算算术平均数的时候，应先求出各组变量值的组中值，然后再按单项式变量数列求算术平均数的方法计算算术平均数。其假定任意一组的所有数值在该组内是均匀分布的，但这种假设是不可能的，肯定会存在一定的误差，因此用组中值计算出来的平均数只是一个近似值。

做中学 4-15

某物流企业工人平均工资情况见表4-13。

表 4-13 某物流企业工人平均工资计算表

按职工月收入水平分组（元）	各组人数（人）	组中值	各组工资额（元）
	f	x	xf
2 000~3 000	10	2 500	25 000
3 000~4 000	20	3 500	70 000
4 000~5 000	50	4 500	225 000
5 000~6 000	40	5 500	220 000
6 000 以上	10	6 500	65 000
合计	130	—	605 000

则该企业职工的平均工资为：

$$\bar{x}=\frac{\sum xf}{\sum f}=\frac{605\ 000}{130}=4\ 653.85\text{（元）}$$

做中学 4-16

某地区所属25个乡镇的小麦平均亩产量分组资料和计算分别见表4-14和表4-15，根据表中所提供的数据，计算该地区所属25个乡镇的小麦总体平均亩产量。

表 4-14 某地区所属25个乡镇小麦平均亩产量分组资料

平均亩产量/kg	乡镇数/个	种植面积/亩
400 以下	2	2 500
400~450	6	3 500
450~500	12	4 500
500~550	4	5 500
550 以上	1	6 500
合计	25	22 500

表 4-15 某地区所属25个乡镇小麦平均亩产量计算表

平均亩产量/kg	组中值/kg	乡镇数	面积/亩	各组总的亩产量/kg
	x		f	xf
400 以下	375	2	2 500	937 500
400~450	425	6	3 500	1 487 500
450~500	475	12	4 500	2 137 500
500~550	525	4	5 500	2 887 500
550 以上	575	1	6 500	3 737 500
合计		25	22 500	11 187 500

解：要计算25个乡镇的小麦总体平均亩产量，应该用25个乡镇的小麦总产量除以25个乡镇的总种植面积，因此，权数应该是种植面积，而不是乡镇数。

所以，25个乡镇小麦的总体平均亩产量是：$\bar{x}=\frac{\sum xf}{\sum f}=\frac{11\ 187\ 500}{22\ 500}=497.22$(千克)

（三）算术平均数的数学性质

1.各标志值与其算术平均数的离差之和等于零

简单算术平均数：$\sum(x-\bar{x})=0$

加权算术平均数：$\sum(x-\bar{x})f=0$

在这里，算术平均数用来代表个别单位的标志值固然存在误差，但用来代表整个总体或分布数列的一般水平，却是没有误差的，因为它与个别单位标志值的正负离差恰好相互抵消，从而使得离差总和等于零。也就是说，所有单位的标志值都用算术平均数代替之后再加总起来，仍然等于原来的总体标志总量。

2.各标志值与算术平均数的离差平方和最小

简单算术平均数：$\sum(x-\bar{x})^2=$ 最小值

加权算术平均数：$\sum(x-\bar{x})^2\cdot f=$ 最小值

亦即各标志值与以任意不为平均数的数值为中心计算的离差平方和都大于与以平均数为中心计算的离差平方和。从这一角度看，它是总体最好的代表值（其证明过程从略）。

以上两个基本数学性质是进行趋势预测、回归预测时建立数学模型的重要理论依据。

3.算术平均数的简捷计算方法

在计算算术平均数时，如遇被平均的标志值和权数较大或有小数时，计算起来比较繁杂。为简化计算过程，可采用简捷法来计算。以下是两种常用的简捷计算方法：

（1）总体中每一个被平均的标志值都加上或减去一个任意常数c，那么其平均数也将加上或减去该常数c，即：

简单算术平均数：$\frac{\sum(x\pm c)}{n}=\bar{x}\pm c$　　　$\bar{x}=\frac{\sum(x\pm c)}{n}\mp c$

加权算术平均数：$\frac{\sum(x\pm c)f}{\sum f}=\bar{x}\pm c$　　　$\bar{x}=\frac{\sum(x\pm c)f}{n}\mp c$

上式中：c一般为接近算术平均数的任意常数，在组距数列中通常为中间组的组中值。

做中学4-17

承【做中学4-15】某物流企业的工人平均工资情况见表4-16（c=1 050），则该企业工人的平均工资为：

表4-16　　　　某物流企业工人平均工资计算表

按职工月收入水平分组（元）	各组人数（人）f	计算栏		
		组中值x	x－c	(x－c)f
800~900	10	850	-200	-2 000
900~1 000	20	950	-100	-2 000
1 000~1 100	50	1 050	0	0
1 100~1 200	40	1 150	100	4 000
1 200以上	10	1 250	200	2 000
合计	130	—	—	2 000

$$\bar{x}=\frac{\sum(x\pm c)f}{n}\mp c=\frac{2\,000}{130}+1\,050=1\,065.38\text{（元）}$$

可见，采用上述简捷方法计算出来的平均数，与采用其他方法计算出来的结果是一样的。但此法并非最简单。在实际应用时，还需将计算过程进一步简化。

（2）总体中每一个被平均的标志值都乘以或除以某一个任意常数d，则其平均数也要乘以或除以该常数d，即：

简单算术平均数：

$$\frac{\sum x\cdot d}{n}=\bar{x}\cdot d \qquad \bar{x}=\frac{\sum x\cdot d}{n}\div d$$

$$\frac{\sum\frac{x}{d}}{n}=\frac{\bar{x}}{d} \qquad \bar{x}=\frac{\sum\frac{x}{d}}{n}\times d$$

加权算术平均数：

$$\frac{\sum x\cdot d\cdot f}{\sum f}=\bar{x}\cdot d \qquad \bar{x}=\frac{\sum x\cdot d\cdot f}{\sum f}\div d$$

$$\frac{\sum\frac{x}{d}\cdot f}{\sum f}=\frac{\bar{x}}{d} \qquad \bar{x}=\frac{\sum\frac{x}{d}\cdot f}{\sum f}\times d$$

上式中，d一般为标志值x的公倍数或公约数。

现将以上两种计算方法结合起来，可得到以下简捷计算公式：

$$\bar{x}=\frac{\sum\frac{(x-c)}{d}\cdot f}{\sum f}\times d+c$$

该公式看起来复杂，用起来简单，现举例说明：

做中学4-18

某企业工人工资情况见表4-17。

表 4-17　　某企业工人平均工资计算表

按工人月收入水平分组（元）	各组人数（人）f	计算栏			
		组中值 x	x - c	$\frac{x-c}{d}$	$\frac{x-c}{d}\cdot f$
800~900	10	850	-200	-2	-20
900~1 000	20	950	-100	-1	-20
1 000~1 100	50	1 050	0	0	0
1 100~1 200	40	1 150	100	1	40
1 200 以上	10	1 250	200	2	20
合计	130	—	—	—	20

注：c取组中值最中间位置上的数值，d一般为等距数列的组距。

则该企业工人的平均工资为：

$$\bar{x}=\frac{\sum\frac{(x-c)}{d}\cdot f}{\sum f}\times d+c=\frac{20}{130}\times 100+1\,050=1\,065.38(\text{元})$$

由此可见，根据同一资料，采用上述简捷方法计算出的结果是一样的，且采用$\bar{x}=\frac{\sum\frac{(x-c)}{d}\cdot f}{\sum f}\times d+c$这一公式最为简单。不过，该公式要求学生简单了解就可以了。

三、调和平均指标

调和平均指标也称调和平均数，是统计中常用的一种平均指标，是总体中各个标志值倒数的算术平均数的倒数，因此，又叫倒数平均数。同算术平均数一样，由于给定的资料的具体内容不同，调和平均数可以分为简单调和平均数和加权调和平均数。在实际工作中，简单调和平均数的应用很少。

（一）简单调和平均数

如果掌握的资料是未分组的总体各单位的标志值和标志总量，则可以用简单调和平均法来计算平均指标。其计算公式为：

$$\overline{x_H}=\frac{1}{\frac{\frac{1}{x_1}+\frac{1}{x_2}+\dots+\frac{1}{x_n}}{n}}=\frac{n}{\frac{1}{x_1}+\frac{1}{x_2}+\dots\frac{1}{x_n}}=\frac{n}{\sum\frac{1}{x}}$$

式中：$\overline{x_H}$代表调和平均数；x代表各单位标志值；n代表标志值的项数。

做中学 4-19

小张和小明去买菠菜，菠菜的价格是：早上0.89元/斤，中午1.59元/斤，晚上0.69元/斤，小张早、中、晚各买了一斤菠菜，小明早中晚各买了1元菠菜，谁买的更便宜一点？

解：小张一共买了3斤菠菜，平均每斤的价格是：

$$\bar{x}=\frac{\sum x}{n}=\frac{0.89+1.59+0.69}{3}=1.06(\text{元})$$

小明买菠菜平均每斤的价格为：

$$\bar{x}_H=\frac{n}{\sum\frac{1}{x}}=\frac{1+1+1}{\frac{1}{0.89}+\frac{1}{1.59}+\frac{1}{0.69}}=0.93(\text{元})$$

答：小明买的菠菜更便宜一点。

从这个例子可以看出，小张买菠菜用简单算术平均数计算平均值，小明买菠菜则用的是调和平均数。调和平均数和算术平均数并没有本质上的区别，都是通过标志值总量除标志总量得来的。

（二）加权调和平均数

如果掌握的资料是各组的标志值和标志总量，而未掌握各组单位数，则用加权调和平均法计算平均指标。其计算公式为：

$$\bar{x}_H=\frac{m_1+m_2+\cdots+m_n}{\frac{m_1}{x_1}+\frac{m_2}{x_2}+\cdots+\frac{m_n}{x_n}}=\frac{\sum m}{\sum\frac{m}{x}}$$

式中：m代表各组标志总量，其他符号与前相同。

做中学4-20

承上例，如果小明早上买了3元、中午买了5元、晚上买了6元的菠菜，则小明买的菠菜的平均价格是多少？

$$\bar{x}_H=\frac{3+5+6}{\frac{3}{0.89}+\frac{5}{1.59}+\frac{6}{0.69}}=0.92(\text{元})$$

实际上，加权调和平均法与加权算术平均法并无本质区别，只是由于掌握的资料不同，采用了不同的计算形式而已。因为标志总量 $m=xf$，故m被称为权数，加权调和平均数可以看作加权算术平均数的变形。其变换如下：

$$\bar{x}_H=\frac{\sum m}{\sum\frac{m}{x}}=\frac{\sum xf}{\sum\frac{xf}{x}}=\frac{\sum xf}{\sum f}$$

加权调和平均数的平均对象，除了绝对数形式的变量值以外，还有以相对数和平均数表现的变量值。后两者都是由两个指标对比得来的，因此下面以相对数为例介绍其加权调和平均数的计算。

做中学4-21

某集团公司所属4个企业某月生产计划完成情况资料见表4-18。

表 4-18　　某集团公司所属4个企业某月生产计划完成情况统计表

企业	计划完成程度（%）	实际产量（件）	计划产量（件）
	x	m	m/x
甲	90	18	20
乙	100	30	30
丙	110	55	50
丁	120	48	40
	—	151	140

表4-18中的计划产量是通过实际产量除以计划完成程度求出的。这里以实际产量为权数，采用加权调和平均法计算4个企业的平均计划完成情况。其平均计划完成程度为：

$$\bar{x}_H = \frac{\sum m}{\sum \frac{m}{x}} \times 100\% = \frac{151}{140} \times 100\% = 107.9\%$$

从以上计算可以看出，在运用平均法时，如果掌握了各个变量值和各组的次数或比重（已知平均数基本公式中的分子和分母），应采用加权算术平均数公式计算；如果掌握了各个变量值和各组的标志总量（已知平均数基本公式中的分子而缺少分母——总体单位总量），应采用加权调和平均数的公式计算。无论是算术平均数还是调和平均数，都是总体标志总量与总体单位总数之比，二者的经济意义完全相同。

四、众数

微课 4-6

众数和中位数

平均数有很多种，除了算术平均数还有位置平均数，位置平均数包括众数和中位数。

“众”就是多的意思。众数是现象总体中出现次数最多的那个标志值，亦即出现最为普遍、最为常见的数值，用“M_0”表示。它是位置平均数，具有计算快速、方便，且不易受极端数值影响的优势。在实际工作中，如果只要求以一般常见的数据作为研究问题、安排工作或生产的参考，就可以采用众数代替算术平均数来说明现象的一般水平，只是精确度有所区别。例如，某学校1年级今年入学200名小学生，其中6岁的有98人，7岁的有100人，8岁的有2人，所以7岁为该年级学生年龄标志值的众数。它可以代表该年级学生年龄的一般水平。再如，要掌握某校学生体育测验的成绩状况，可以将学生体育测验成绩出现最多的分数代表学生的基本成绩状况，即将众数作为代表值，就可以反映该校学生体育测验的一般水平。众数是根据特殊位置确定的，当数列没有明显的集中趋势而趋于均匀分布时，不存在众数。

众数根据掌握的资料的不同可采用不同的计算方法，一般有两种：

（一）根据未分组资料或单项数列确定众数

在单项数列情况下，确定众数很简单，找出次数最多的那一组的变量值，该变量值就是众数。

做中学4-22

某网络店铺2024年第一季度销售资料见表4-19。

表4-19　某网络店铺2024年第一季度销售资料

产品名称	销售量（件）
A产品	60
B产品	90
C产品	140
D产品	160
E产品	300
合计	750

从表4-19可以直接看出，E产品销售量最大，为300件，因此E产品就是众数。它大致反映了该网络店铺2024年第一季度销售的基本状况。

（二）根据组距数列确定众数

在组距数列情况下，没有办法直接确定众数，应先根据众数的定义来确定众数所在的组，然后再根据下限公式或上限公式进行计算，求得众数的近似值。其计算公式为：

下限公式：$M_0 = L + \frac{\Delta_1}{\Delta_1 + \Delta_2} \times d$

上限公式：$M_0 = U - \frac{\Delta_2}{\Delta_1 + \Delta_2} \times d$

式中：M_0为众数，L为众数组的下限，U为众数组的上限，Δ_1为众数组次数与前一组次数之差，Δ_2为众数组次数与后一组次数之差，d为众数组组距。

众数只有在总体单位数比较多，而且变量值又有明显的集中趋势的情况下，才能应用它来分析说明问题；否则，众数的代表性差，会失去反映现象一般水平的意义。

做中学4-23

某企业工人收入资料见表4-20。

表4-20　某企业工人收入统计表

按工人收入分组（元）	工人数（人）
2 000以下	10
2 000~2 500	80
2 500~3 000	130
3 000~3 500	180
3 500~4 000	50
4 000~4 500	30
4 500以上	20
合计	500

由表4-20可以看出，月收入在3 000~3 500元的工人数量最多，为180人，所以这

一组即众数组。根据公式计算众数如下：

其中：L=3 000　　　　U=3 500　　　　d=3 500-3 000=500

Δ_1=180-130=50　　Δ_2=180-50=130

按下限公式计算：$M_o = L + \frac{\Delta_1}{\Delta_1 + \Delta_2} \times d = 3\,000 + \frac{50}{50 + 130} \times 500 = 3\,138.9$(元)

按上限公式计算：$M_0 = U - \frac{\Delta_2}{\Delta_1 + \Delta_2} \times d = 3\,500 - \frac{130}{50 + 130} \times 500 = 3\,138.9$(元)

可见，根据同一资料按照上限公式和下限公式计算的众数结果是一样的，实际工作中选择一种方法应用即可。

五、中位数

拓展阅读4-6

将总体各单位的标志值按大小顺序排列，处于中间位置的标志值就是中位数，用“M_e”表示。由于其位置居中，不易受极端数值的影响，因而常用它来代表现象的一般水平。在现象明显存在极端数值的情况下，用中位数代表总体的一般水平较平均数更好。

中位数的计算，根据所掌握资料的不同，也有两种不同的方法。

（一）根据未分组资料确定中位数

先将总体各单位的标志值按从小到大的顺序排列，然后确定中位数所处的位置，处于数列中间位置的标志值即中位数。确定中位数位置的方法是：中位数位置=$\frac{n+1}{2}$。

当n为奇数时，处于数列最中间位置的标志值即中位数；当n为偶数时，处于数列中间位置的两个标志值的简单算术平均数即中位数。

做中学4-24

某班级9位同学的身高按由低到高的顺序排列，依次为139 cm、145 cm、146 cm、148 cm、150 cm、150 cm、151 cm、153 cm和155 cm，试求其中位数。

就本例而言，用中位数来代表该班级同学身高的一般水平，比用算术平均数来代表其一般水平要更合适些。因为中位数不受极端数值的影响，数值适中；而算术平均数受极端数值的影响，数值偏低。

中位数的位置=（9+1）/2=5

即第五位同学的身高150 cm为中位数。若该班级有10位同学，第10位同学的身高为154 cm，则

中位数位置=（10+1）/2=5.5

即第五位与第六位同学的身高的算术平均数才是中位数。

$M_e = \frac{150 + 150}{2} = 150$(cm)

（二）根据分组资料确定中位数

根据分组资料确定中位数的方法与前者相同。中位数的位置=$\frac{\sum f}{2}$，$\sum f$相当于n。

因为根据分组资料确定中位数一般要通过累计次数进行计算，而累计次数有向上累计和向下累计两种计算方法。如果按 $\frac{\sum f+1}{2}$ 来确定中位数的位置，在组距数列中，根据两种不同累计次数的方法计算的中位数不一致，而中位数只有一个。因而，确定中位数的位置应采用 $\frac{\sum f}{2}$。

根据组距数列计算中位数的具体步骤是：先计算累计次数，并按上面的公式确定中位数所在组的位置，然后再按比例推算中位数的具体数值。

因为中位数组对应的不是一个单一的数值，而是若干个标志值，因此我们需利用以下公式来计算中位数的近似值：

下限公式：$M_e = L + \frac{\frac{\sum f}{2} - S_{m-1}}{f_m} \times d$

上限公式：$M_e = U - \frac{\frac{\sum f}{2} - S_{m+1}}{f_m} \times d$

式中：M_e 代表中位数；L 代表中位数所在组的下限；U 代表中位数所在组的上限；f_m 代表中位数所在组的次数；S_{m-1} 代表中位数所在组以前的累计次数；S_{m+1} 代表中位数所在组以后的累计次数；d 代表中位数所在组的组距。

做中学 4-25

某单位员工学习强国 2023 年分数见表 4-21，试据此计算中位数。

表 4-21 某单位学习强国2023年分数情况

分数（分）	组中值 x	人数 f	累计员工人数	
			向上累计	向下累计
10 000 以下	9 000	8	8	80
10 000~12 000	11 000	12	20	72
12 000~14 000	13 000	30	50	60
14 000~16 000	15 000	25	75	30
16 000 以上	17 000	5	80	5
合计	—	80	—	—

根据表 4-21 的资料确定中位数的具体过程如下：

第一步：计算累计次数，即累计员工人数（见表 4-21）。

第二步：确定中位数的位置和中位数所在的组。

中位数的位置 $= \frac{\sum f}{2} = \frac{80}{2} = 40$(人)

根据表 4-21 中的向上累计次数，第 40 个员工包含在累计次数 50 人中，说明中位数在累计员工人数50人的这一组中，该组变量值为12 000~14 000分的组；根据向下累计次数，第40个员工包含在累计次数60人中，说明中位数在累计员工人数60人的这一组中，该组对应的变量值亦为12 000~14 000分的组。这充分说明中位数所在组就是12 000~14 000分的组。

第三步：根据公式计算中位数的近似值。

根据表4-21中的数据，L=12 000　U=14 000　f_m=30　S_{m-1}=20　S_{m+1}=30　d=2 000

下限公式：$$M_e = L + \frac{\frac{\sum f}{2} - S_{m-1}}{f_m} \times d = 12\,000 + \frac{\frac{80}{2} - 20}{30} \times 2\,000 = 13\,333.3(\text{分})$$

上限公式：$$M_e = U - \frac{\frac{\sum f}{2} - S_{m+1}}{f_m} \times d = 14\,000 - \frac{\frac{80}{2} - 30}{30} \times 2\,000 = 13\,333.3(\text{分})$$

由此可见，无论是根据上限公式还是下限公式，根据同一资料计算的中位数，其结果都是一样的。

（三）算术平均数与众数、中位数的关系

算术平均数和众数、中位数都是反映社会经济现象一般水平的代表值，三者之间存在一定的数量依存关系。当变量的次数分布完全对称时，即变量的次数分布以平均数为对称轴、两边次数完全相等时，则三者的数值相等，即 $M_e = M_0 = \bar{x}$；如果次数分布不对称，当次数分布出现偏左时，则 $\bar{x} < M_e < M_0$；当次数分布出现偏右时，则 $M_0 < M_e < \bar{x}$（如图4-2所示）。

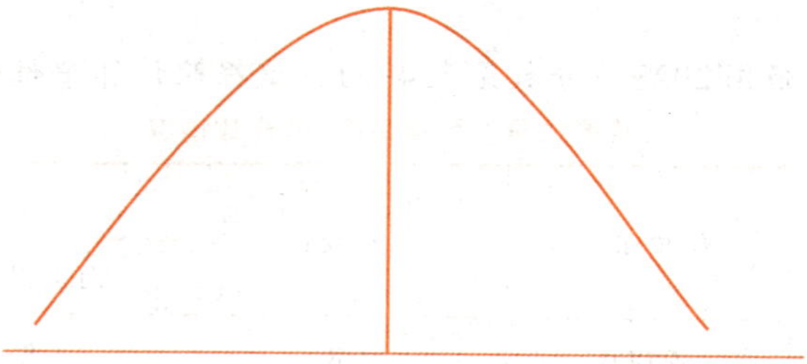

$M_e = M_0 = \bar{x}$

对称的钟形分布

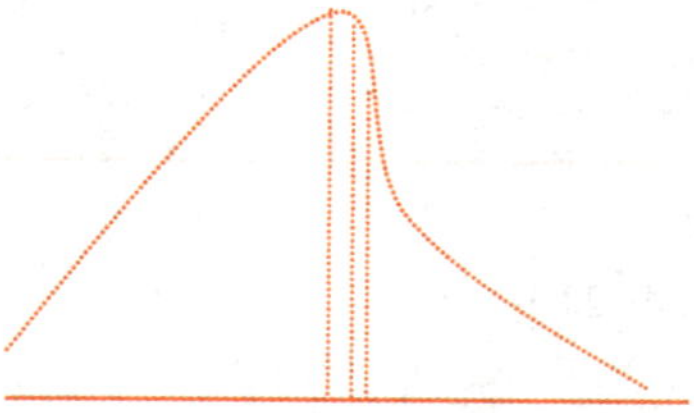

$M_0 < M_e < \bar{x}$

右偏分配

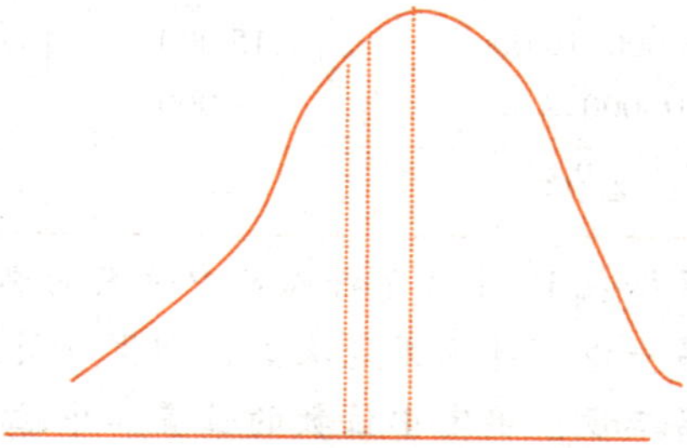

$\bar{x} < M_e < M_0$

左偏分配

图4-2　算术平均数与众数、中位数的关系

（四）强度相对指标与平均指标的区别

（1）指标的含义不同。强度相对指标说明的是某一现象在另一现象中发展的强度、密度或普遍程度；而平均指标说明的是现象发展的一般水平。

（2）计算方法不同。强度相对指标和平均指标虽然都是两个有联系的总量指标之比，但是强度相对指标分子、分母的联系只表现为某种经济联系，不具备一一对应的关系，分子、分母可以互换；而平均指标是在一个同质总体内标志总量和单位总量的对比关系，分子、分母是一种严格的一一对应的关系，且分子、分母不能互换。

六、平均指标使用的要求

（一）平均指标必须在同质总体中计算

社会经济现象是复杂的、多变的，其中包含一些性质不同的单位。在计算和分析现象的平均水平时，要特别注意研究对象的同质性，即统计总体的各单位在被平均标志上的同质性。这是计算和应用平均指标的一项最基本的原则。例如，我们不能把公司投资人的收入与普通工人的收入混合在一起来计算其平均收入。再如，研究平均价格时，应区分产品性质来计算平均价格。因为把性质不同的现象混同在一起计算平均数，会掩盖现象间的本质区别，造成虚构的假象，误导我们的认识，歪曲现象的真实情况，甚至得出错误的结论，给工作带来不必要的损失。

（二）要用组平均数补充说明总平均数

同质总体的各单位虽然在本质上是相同的，但往往存在一些属性上的差异。在统计分组的条件下，根据同质总体计算的总平均数，虽然可以正确地反映现象总体的一般水平，但掩盖了总体内部各单位之间的数量差异，往往不能深入地说明现象总体一般水平变化的内部原因。因此，在对比分析两个总体的平均水平或对比同一总体不同时期的平均水平变动时，不能只观察总平均数的变化，还必须结合组平均数来补充说明总平均数的不足。

做中学 4-26

某物流企业两个打包小组的工人工资情况见表4-22。

表 4-22　某物流企业两个打包小组的工人工资情况统计表

按熟练程度分组	甲组				乙组			
	人数（人）	比重（%）	工资总额（元）	平均工资（元）	人数（人）	比重（%）	工资总额（元）	平均工资（元）
技术工	12	40	10 320	860	28	70	23 520	840
学徒工	18	60	12 960	720	12	30	8 400	700
合计	30	100	23 280	776	40	100	31 920	798

表4-22的资料说明，该企业乙组工人的平均工资比甲组高22元（798－776），但从技术工或学徒工的平均工资来看，甲组均高于乙组。

为什么会出现这种组平均数和总平均数不一致的情况呢？其主要原因就是各组具有不同工资水平的技术工和学徒工的比重不同，工资水平较高的技术工的人数比重甲组比乙组少30个百分点；而工资水平较低的学徒工人数比重甲组比乙组高30个百分点。在这种情况下，只有用技术工和学徒工各自的平均工资补充说明总平均工资，才能得出正确的结论。因此，在分析和对比现象总平均水平时，必须结合组平均数来分析，以避免认识的片面性。

（三）要用分配数列补充说明总平均数

由于平均数是根据总体各单位的标志值计算的抽象化的数值，总体各单位之间的差异给掩盖了，因此看不出总体各单位的具体变化情况，只有将平均数与分配数列结合起来，才能从数列的具体数据中看到取得的成绩、存在的问题，了解先进与后进的转化情况。

做中学4-27

某集团公司下属50个企业的利润计划完成情况见表4-23。

表4-23　某集团公司所属企业利润计划完成情况表

计划完成程度（%）	企业数（个）	实际利润额（万元）	比重（%）	累计频率（%）	
				向上累计	向下累计
90以下	1	340	2	2	100
90~100	4	760	8	10	98
100~110	5	1 050	10	20	90
110~120	20	9 200	40	60	80
120~130	15	3 750	30	90	40
130以上	5	2 700	10	100	10
合计	50	17 800	100	—	—

该公司的计划完成程度=（85×1+95×4+105×5+115×20+125×15+135×5）/50=116.8%

根据表4-23的资料可以计算出该集团公司利润的平均计划完成程度为116.8%。结果表明，该集团公司超额16.8%完成了利润计划。至于各下属企业的完成情况如何，还需结合分配数列来具体分析。从上述分配数列来看，该集团公司还有10%（5个）的企业没有完成利润计划，其中有一个企业完成度最差；有90%的企业完成或超额完成了利润计划，其中有10%的企业超额完成利润计划的30%以上。如果再结合典型调查，了解利润计划完成最好和最差的几个企业，就可以对该集团公司的利润计划完成情况有比较全面的分析和认识。平均数反映现象总体在一定时间、地点、条件下的共性，掩盖了其中的个性。统计研究要注意把共性和个性结合起来，利用个别的先进典型或后进典型来补充说明总平均数。

（四）要以标志变异指标说明平均指标

标志变异指标是从另一侧面反映现象总体数量特征的综合指标，主要用于说明平均指标的代表性大小、生产经营的均衡性、产品质量的稳定性等。离开平均指标，标志变异指标就会失去存在的意义，其具体内容详见第四节。

第四节 变异指标

小贴士 4-5

朱熹在《四书章句集注》中说："寡，谓民少；贫，谓财乏；均，谓各得其分；安，谓上下相安。"意思是说，国家不怕人少，人少也可以很安定；而如果贫富差距太大，群众不能获得其应该分到的，即使国家人多也会危机四伏，容易引发很大的问题。

一、变异指标的意义

假如有两个小区，其中一个小区住的全都是百万富翁，另一个小区有9个贫民，只有一个千万富翁；两个小区的居民平均储蓄额是相同的，但是两个小区的居民生活却存在着较大的差异。

平均指标把总体各单位的差异给抽象化了，其综合反映总体内部的共同倾向或集中趋势，但它不能反映总体各单位之间的数量差异，且无法说明其自身的代表性的大小。要综合反映总体各单位数量标志值的差异，就需要计算标志变异指标。如果用平均指标来说明分配数列中变量值的集中趋势，则标志变异指标可以用来说明变量值的离中趋势。

（一）标志变异指标的概念

标志变异指标也称标志变动度，是反映同质总体各单位标志值差异程度或现象内部的数量变动度的综合指标。一般说来，标志变异指标的数值越大，说明总体各单位标志值之间的差异越大，离中趋势也越大；反之，则说明总体各单位标志值之间的差异小，离中趋势也小。

（二）标志变异指标的作用

（1）标志变异指标是衡量平均指标代表性大小的尺度。平均指标作为总体某一数量标志值的代表性数值，其代表性取决于总体各单位标志值的差异程度，即标志变异指标值的大小。如果总体各单位标志值的差异大，据此所计算的标志变异指标值就大，说明该总体的平均指标的代表性就小；如果总体各单位标志值的差异小，据此所计算的标志变异指标值就小，则说明该总体平均指标的代表性就大；若标志变异指标值为零，即各单位的变量值相等（现实是不可能的），则每个变量值本身就是平均数，即每个变量值都可以作为代表值。

做中学4-28

假设某物流企业有3个车队，每个车队有5名司机，他们的月工资额如下（单位：元）：

一车队：3 600　3 800　4 000　4 200　4 400

二车队：3 800　3 900　4 000　4 100　4 200

三车队：3 900　3 950　4 000　4 050　4 100

从以上数据可以算出，3个车队工人的月平均工资都是4 000元，但各队工人的工资却有一定的差别。相比之下，一车队差别最大，三车队差别最小，二车队差别较大。因此，三车队司机的月平均工资的代表性最高，二车队司机的月平均工资的代表性较高，而一车队司机的月平均工资的代表性相比较而言最低。由此可以看出，标志变异指标与平均指标是一对既相互联系又有区别，更具互补性的统计指标。

（2）标志变异指标可以用来研究现象发展变化的稳定性和均衡性。标志变异指标数值越小，说明现象发展变化的稳定性和均衡性越好；标志变异指标数值越大，说明现象发展变化的稳定性和均衡性越差。如对某种产品（灯泡、汽车轮胎等）的使用寿命进行检测，如果该种产品的使用寿命差异小，说明该种产品的质量稳定；如果该种产品的使用寿命差异大，说明该种产品的质量不稳定，生产管理和技术水平有待提高。又如，对某企业计划完成情况进行检查时，如果各期计划完成程度变动较大，说明该企业执行计划的节奏性较差，生产经营不均衡，有突击现象或其他影响原因；如果各期的计划完成程度变动不大，则说明该企业的生产经营有条不紊、进展均衡。如某物流企业两个仓库某月份商品出入库计划完成情况见表4-24。

表4-24　商品出入库计划完成情况统计表

部门	计划完成百分数（%）			
	全月	上旬	中旬	下旬
A仓库	100.0	34	33	33
B仓库	100.0	12	38	50

从表4-24的资料可以看出：A、B两个仓库虽然都完成了全月出入库计划，但两个仓库在执行计划的均衡性方面却差别很大，A仓库各旬计划执行得比较均衡，而B仓库出现了前松后紧的现象。这为进一步分析提供了依据。

（3）标志变异指标是进行统计分析的一个基本指标。在统计分析过程中，进行相关分析、趋势分析、抽样推断和统计预测等，都需要利用标志变异指标。

（三）标志变异指标的种类

标志变异指标一般有全距、平均差、标准差、离散系数等几种，前三种的计量单位和平均指标相同；后一种是与平均指标对比，从而消除了原有计量单位的一种相对指标。

二、全距

全距是数列中最大标志值与最小标志值之差，也叫极差，用“R”表示。全距能反映标志值变动的最大可能范围。极差小，反映次数分布较集中，标志值差异程度低，平均数的代表性大；反之，说明次数分布较分散，标志值差异程度高，平均数的代表性小。全距是测定标志值变动度的一种粗略方法，其计算简便，结果的含义明了。但它不能反映中间各项标志值的变化情况，且极易受极端数值的影响，往往不能反映现象的实际离散程度。全距的计算公式为：

全距（R）=最大标志值-最小标志值

做中学 4-29

承接【做中学 4-28】，试计算该公司各车队司机月平均工资的全距。

一车队的全距（R）=4 400-3 600=800（元）

二车队的全距（R）=4 200-3 800=400（元）

三车队的全距（R）=4 100-3 900=200（元）

三个车队司机的月平均工资都是4 000元，由于三车队的全距最小，所以三车队司机月平均工资的代表性最大；二车队司机月平均工资的全距较大，则二车队司机月平均工资的代表性就较小；一车队司机月平均工资的全距最大，则一车队司机月平均工资的代表性最差。

小贴士 4-6

2023年“五一”成为疫情结束之后的“史上最火爆五一”，如果用全距来计算的话，2019—2023年全国接待游客人次全距为1.59亿人次（2.74-1.15）。旅游收入全距为1 004.96亿元（1 480.56-475.6），见表4-25。

表4-25　　2019—2023年全国“五一”假期旅游数据对比表（同比口径）

年份	天数	接待游客（亿人次）	同比	旅游收入（亿元）	同比
2023年	5天	2.74	70.83%	1 480.56	128.90%
2022年		1.6	-30.20%	646.8	-42.90%
2021年		2.3	119.70%	1 132.3	138.10%
2020年		1.15	-46.50%	475.6	-63.30%
2019年	4天	1.95	13.70%	1 176.7	16.10%

资料来源　根据文化和旅游部公布的数据汇总。

从表4-25的数据中可以看出，2023年的“五一”与过去4年的“五一”相比，无论是旅游收入还是接待游客人次，都有了显著的提升，全距差异也很惊人。出现这样的差异是有原因的，经历了3年的疫情，2023年的“五一”出现了爆发式的旅游热潮。所以，当全距比较大的时候，要考虑到具体的情况进行分析。

全距的优点是计算方便，意义明确，易于理解。但它只考虑了两个极端数值，未考虑中间数值，且完全与变量数列的次数分布状况无关，因而反映的情况比较粗略，不能全面地反映总体中各单位的实际标志变异程度；统计资料是组距变量数列，尤其是遇到开口组资料时，全距的测定只能是一个近似值。全距对极端数值的反映很灵敏，在实际工作中，可以用于工业产品质量的检查和控制。

三、平均差

平均差是总体各单位标志值与其算术平均数的离差的绝对值的算术平均数。平均差反映各标志值与算术平均数之间的平均差异。和全距相比，它考虑了极端数值的影响。平均差越大，说明各标志值与算术平均数之间的离差越大，则该算术平均数的代表性就越小；平均差越小，说明各标志值与算术平均数的离差越小，该算术平均数的代表性就越大。平均差用“A · D”表示。

根据所掌握的资料的不同，平均差的计算有简单平均法和加权平均法之分。平均差是根据所有标志值来计算的，受极端数值的影响较小，比起极差更能客观、准确地反映标志值的差异程度。

（一）简单平均法

在资料未分组的条件下，可采用简单平均法计算平均差。其计算公式为：

$$A \cdot D = \frac{\sum |x - \bar{x}|}{n}$$

做中学4-30

以【做中学4-28】中的二车队为例说明平均差的计算方法：

月平均工资为：

$$\bar{x} = \frac{x_1 + x_2 + x_3 \dots + x_n}{n} = \frac{\sum x}{n} = \frac{3\,800 + 3\,900 + 4\,000 + 4\,100 + 4\,200}{5} = 4\,000(\text{元})$$

其平均差为：

$$A \cdot D = \frac{\sum |x - \bar{x}|}{n}$$

$$= \frac{|3\,800 - 4\,000| + |3\,900 - 4\,000| + |4\,000 - 4\,000| + |4\,100 - 4\,000| + |4\,200 - 4\,000|}{5}$$

$$= \frac{600}{5} = 120(\text{元})$$

同理，可以计算出一车队、三车队的平均差分别为240元和60元。计算结果说明，3个车队的平均数相等，一车队的平均差最大，其平均数的代表性最小；三车队的平均差最小，其平均数的代表性最大；二车队居于二者之间。如果只有一车队、二车队两个车队相比较，则二车队平均数的代表性好于一车队。

（二）加权平均法

在资料已分组的条件下，可采用加权平均法计算平均差。其计算公式为：

$$A \cdot D = \frac{\sum |x - \bar{x}| \cdot f}{\sum f}$$

做中学 4-31

已知某学校两个班级同学的语文考试平均成绩一样，两个班级都是50名同学，如何判断哪个班级的同学学习状况更均衡呢？

一班同学考试成绩见表4-26，试计算其平均成绩、平均差。

表 4-26　一班同学语文成绩平均差计算表

按成绩分组（分）	组中值	学生人数	成绩总数	离差绝对值	离差绝对值乘次数
	x	f	xf	$\lvert x - \bar{x} \rvert$	$\lvert x - \bar{x} \rvert \cdot f$
60以下	55	3	165	22.4	67.2
60~70	65	7	455	12.4	86.8
70~80	75	20	1 500	2.4	48
80~90	85	15	1 275	7.6	114
90以上	95	5	475	17.6	88
合计	—	50	3 870	—	404

$$\bar{x} = \frac{\sum x \cdot f}{\sum f} = \frac{3\,870}{50} = 77.4(分)$$

根据表4-26的资料，计算一班同学语文成绩的平均差如下：

$$A \cdot D = \frac{\sum |x - \bar{x}| \cdot f}{\sum f} = \frac{404}{50} = 8.08(分)$$

二班同学考试成绩见表4-27，试计算其平均成绩、平均差。

表 4-27　二班同学语文考试成绩平均差计算表

按成绩分组（分）	组中值	学生人数	成绩总数	离差绝对值	离差绝对值乘次数
	x	f	xf	$\lvert x - \bar{x} \rvert$	$\lvert x - \bar{x} \rvert \cdot f$
60以下	55	6	330	22.4	134.4
60~70	65	10	650	12.4	124
70~80	75	9	675	2.4	21.6
80~90	85	16	1 360	7.6	121.6
90以上	95	9	855	17.6	158.4
合计	—	50	3 870	—	560

$$\bar{x}=\frac{\sum x\cdot f}{\sum f}=\frac{3\,870}{50}=77.4\text{（分）}$$

根据表4-27的资料，计算二班同学语文成绩的平均差如下：

$$A\cdot D=\frac{\sum|x-\bar{x}|\cdot f}{\sum f}=\frac{560}{50}=11.2\text{(分)}$$

计算结果表明，两班的平均成绩相同，但二班同学成绩的平均差大于一班同学成绩的平均差，二者相差3.12分（11.2-8.08）。这说明一班同学成绩的差异小，二班同学成绩的差异大，所以一班同学的平均成绩更有代表性，二班同学的成绩两极分化比较大，优秀生比较多，差生也比较多，需要因材施教，关注成绩差的同学的学习状况。

由于平均差采用离差的绝对值，不便于各种代数运算，因此应用较少。在实际工作中，通常以计算标准差来说明标志变异程度的大小。

四、标准差

标准差是测定标志变异程度最常用的综合指标。标准差是总体各单位标志值与其算术平均数的离差平方的算术平均数的平方根，也叫均方差，用“σ”表示。标准差的实质与平均差基本相同，也是各标志值与其算术平均数的平均离差，但在具体应用过程中，对离差的数学处理方法是不相同的。平均差是采用绝对值的方式来消除离差的正负号，而标准差是采用先平方后开方还原的方式来消除离差的正负号。因此，就计算方法而言，标准差比平均差更具科学性。标准差是测定标志值差异程度更标准、更科学的指标。标准差的计算步骤如下：

第一步，求各标志值x与其算术平均数的离差$x-\bar{x}$。

第二步，求离差平方$\left(x-\bar{x}\right)^2$及离差平方的平均数$\frac{\sum(x-\bar{x})^2}{n}$或$\frac{\sum(x-\bar{x})^2\cdot f}{\sum f}$。

第三步，求离差平方的平均数的平方根$\sqrt{\frac{\sum(x-\bar{x})^2}{n}}$或$\sqrt{\frac{\sum(x-\bar{x})^2\cdot f}{\sum f}}$。

根据所掌握资料的不同，标准差也有两种计算方法，即简单标准差法和加权标准差法。

（一）简单标准差法

根据未分组资料计算标准差，即简单标准差法。其计算公式为：

$$\sigma=\sqrt{\frac{\sum(x-\bar{x})^2}{n}}$$

做中学4-32

承接【做中学4-28】，以二车队为例来说明标准差的计算方法。

二车队工人月平均工资的标准差为：

$$\sigma=\sqrt{\frac{\sum\left(x-\bar{x}\right)^{2}}{n}}$$

$$=\sqrt{\frac{(3\,800-4\,000)^{2}+(3\,900-4\,000)^{2}+(4\,000-4\,000)^{2}+(4\,100-4\,000)^{2}+(4\,200-4\,000)^{2}}{5}}$$

$$=\sqrt{\frac{100\,000}{5}}=141.42(元)$$

同理，可以计算出一车队和三车队的标准差分别为282.84元和70.71元。标准差小的，平均数的代表性强。本例计算结果说明：三者的平均数相等，一车队的标准差最大，其平均数的代表性最小；三车队的标准差最小，其平均数的代表性最大；二车队居于二者之间。如果只有一、二两个车队相比较，则二车队平均数的代表性要好于一车队。

（二）加权标准差法

根据以分组资料形成的变量数列计算的标准差叫加权标准差。其计算公式为：

$$\sigma=\sqrt{\frac{\sum\left(x-\bar{x}\right)^{2}\cdot f}{\sum f}}$$

做中学4-33

已知某学校两个班级同学语文考试平均成绩一样，两个班级都是50名同学，如何判断哪个班级的同学学习状况更均衡呢？

一班同学语文考试成绩见表4-28，试计算其平均成绩、标准差。

表4-28　一班同学语文考试成绩标准差计算表

按成绩分组（分）	组中值 x	学生人数 f	成绩总数 xf	离差 $(x-\bar{x})$	离差平方 $(x-\bar{x})^2$	$(x-\bar{x})^2f$
60以下	55	3	165	−22.4	501.76	1 505.28
60~70	65	7	455	−12.4	153.76	1 076.32
70~80	75	20	1 500	−2.4	5.76	115.2
80~90	85	15	1 275	7.6	57.76	866.4
90以上	95	5	475	17.6	309.76	1 548.8
合计	—	50	3 870	—	—	5 112

根据表4-28的资料，计算一班同学语文成绩的标准差如下：

$$\sigma_{一班}=\sqrt{\frac{\sum\left(x-\bar{x}\right)^{2}\cdot f}{\sum f}}=\sqrt{\frac{5\,112}{50}}=10.11(分)$$

二班同学语文考试成绩见表4-29，试计算其平均成绩、标准差。

表 4-29　　二班同学语文考试成绩标准差计算表

按成绩分组（分）	组中值	学生人数	成绩总数	离差	离差绝对值	离差的平方	$(x-\bar{x})^2f$
	x	f	xf	$(x-\bar{x})$	$\lvert x-\bar{x}\rvert$	$(x-\bar{x})^2$	
60以下	55	6	330	−22.4	22.4	501.76	3 010.56
60~70	65	10	650	−12.4	12.4	153.76	1 537.60
70~80	75	9	675	−2.4	2.4	5.76	51.84
80~90	85	16	1 360	7.6	7.6	57.76	924.16
90以上	95	9	855	17.6	17.6	309.76	2 787.84
合计	—	50	3 870				8 312

根据表4-29的资料，计算二班同学语文成绩的的标准差如下：

$$\sigma_{二班}=\sqrt{\frac{\sum\left(x-\bar{x}\right)^2\cdot f}{\sum f}}=\sqrt{\frac{8\ 312}{50}}=12.89(分)$$

计算结果表明，两班的平均成绩相同，但二班同学成绩的标准差大于一班同学成绩的标准差，二者相差2.78分（12.89−10.11）。这说明一班同学成绩的差异小，二班同学成绩的差异大，所以一班同学的平均成绩更有代表性，二班同学的成绩两极分化比较大，优秀生比较多，差生也比较多，需要因材施教，关注成绩差的同学的学习状况。

五、变异系数

以上所阐述的各种标志变异指标，都与平均指标有相同的计量单位，都是反映标志变动度的绝对指标，其数值的大小不仅受标志值之间的差异程度的影响，而且受标志值水平高低的影响，因此，在比较两个数列的标志变动度、衡量其平均指标的代表性大小的时候，如果两个总体或数列的性质不同、计量单位不同或平均水平不同，就不能采用前述的某一标志变异指标直接比较其离差的大小、平均数的代表性高低，而应分析标志变异指标的相对指标，即用变异系数来说明。它是全距、平均差、标准差与其算术平均数的对比值，分别称为全距系数、平均差系数、标准差系数。在实际工作中，标准差系数应用最为普遍。标准差系数一般用“V_σ”表示。其计算公式为：

$$V_\sigma=\frac{\sigma}{\bar{x}}\times100\%$$

做中学4-34

已知甲厂职工的月平均工资为4 100元，其标准差为180元；乙厂职工的有关情况见表4-30。试计算说明哪个厂职工的平均工资的代表性高。

表 4-30　乙厂职工的有关情况

按月工资额分组（元）	组中值	职工人数（人）
3 800 以下	3 750	12
3 800~3 900	3 850	25
3 900~4 000	3 950	33
4 000~4 100	4 050	58
4 100 以上	4 150	48
合计	—	176

根据表 4-30 的资料，先计算出乙厂职工的月平均工资：

$$\overline{x}_{乙} = \frac{\sum x \cdot f}{\sum f} = \frac{\sum(3\,750 \times 12 + 3\,850 \times 25 + 3\,950 \times 33 + 4\,050 \times 58 + 4\,150 \times 48)}{176}$$

$= 4\,009.66$(元)

乙厂职工月平均工资的标准差为：

$$\sigma_{乙} = \sqrt{\frac{\sum(x-\overline{x})^2 \cdot f}{\sum f}}$$

$$= \sqrt{\frac{\sum(3\,750 - 4\,009.66)^2 \times 12 + (3\,850 - 4\,009.66)^2 \times 25 + \cdots + (4\,150 - 4\,009.66)^2 \times 48}{176}}$$

$= 121.63$(元)

甲厂职工月平均工资为 4 100 元，标准差为 180 元；乙厂职工月平均工资为 4 009.66 元，标准差为 121.63 元。二者的平均数不相等，在这种情况下，不能直接用标准差来比较说明谁的平均工资的代表性高，必须计算各自的标准差系数，然后加以比较说明。

乙厂职工月平均工资的标准差系数为：

$$V_\sigma = \frac{\sigma}{\overline{x}} \times 100\% = \frac{121.63}{4\,009.66} \times 100\% = 3.03\%$$

甲厂职工月平均工资的标准差系数为：

$$V_\sigma = \frac{\sigma}{\overline{x}} \times 100\% \frac{180}{4\,100} \times 100\% = 4.39\%$$

通过以上计算可以看出：甲厂职工的月平均工资略高于乙厂，但是其标准差系数却比乙厂的大 1.36%（4.39%-3.03%），说明其职工月平均工资的差异大，从而说明其月平均工资的代表性较小，乙厂职工的月平均工资的代表性大。

本章总结

综合训练

一、单项选择题

随堂测 4

1. 某个班级有 30 名同学，其中男生 10 名、女生 20 名，男生占总人数的33.33%，女生占总人数的66.67%。其中，“男生占总人数的33.33%”属于以下指标中的（　　）。

A.比例相对指标　　B.结构相对指标

C.强度相对指标　　D.以上说法都不对

2.2023年某省地区生产总值的年增长率为9.2%，该指标属于（　　）。

A.绝对指标　　B.动态相对指标

C.比例相对指标　　D.比较相对指标

3.某产品单位成本计划2024年比2023年增加10%，实际增加15%，则计划完成程度为（　　）。

A.150%　　B.94.4%　　C.104.5%　　D.66.7%

4.两个总体的平均数分别为100、150，AD分别为20、10，则（　　）。

A.第一个总体变动度大　　B.第二个总体变动度大

C.平均数不同，不能比较变动度　　D.以上说法都不对

5.1班女生人数与2班女生人数的比重，称为（　　）。

A.结构相对数　　B.比较相对数　　C.比例相对数　　D.强度相对数

6.据调查，某车间4个工人的工资（单位为元）分别为100、200、300和400，则平均差AD是（　　）。

A.100　　B.10　　C.266　　D.$\sqrt{266}$

7.下面属于时点指标的是（　　）。

A.历年旅客周转量　　B.某工厂年设备台数

C.历年商品销售量　　D.某银行储户存款余额

8.某工业企业产品年生产量为10万件，期末库存量为3.8万件，它们（　　）。

A.均为时期指标　　B.均为时点指标

C.前者为时期指标，后者为时点指标　　D.前者为时点指标，后者为时期指标

9.平均差和标准差的主要区别在于（　　）。

A.指标意义不同　　B.计算条件不同

C.计算结果不同　　D.数学处理方法不同

10.将现象总体中的各单位标志值依大小顺序排列，位于中间位置的那个单位的标志值就是（　　）。

A.众数　　B.中位数

C.简单算术平均数　　D.都不对

二、多项选择题

1.下列属于时期指标的有（　　）。

A.工业总产值　　B.商品销售额　　C.职工人数　　D.生猪出栏数

2.对某高校5 000名学生进行调查，其中工商管理学院800人，生物工程学院680人，则下列属于相对指标的有（　　）。

A.1 480　　B.800：680　　C.800：5 000　　D.680：800

3.以下属于总量指标计量单位的有（　　）。

A.实物单位　　B.劳动单位　　C.统计单位　　D.货币单位

4.在相对指标中，分子和分母位置可以互换的有（　　）。

A.结构相对指标　　B.比例相对指标　　C.比较相对指标　　D.强度相对指标

5.在各种反映集中趋势的指标中，不受极端值影响的有（　　）。

A.算术平均数　　B.调和平均数　　C.中位数　　D.几何平均数

三、判断题

1.离开平均指标，变异指标的存在没有意义。（　　）

2.千分数是将对比的基数抽象为1 000计算相对数。（　　）

3.在强度相对指标中，用于比较的两个指标通常是平均指标。（　　）

4.算术平均数和强度平均数都是两个总量指标的对比关系，实质是相同的。（　　）

5.变量值出现次数最多的数值就是中位数。（　　）

四、技能训练

训练1

[背景资料]

某厂2023年计划产值1 080万元，计划完成110%，2023年产值计划比2022年增长8%。

[能力要求]

试计算该厂实际产值2023年比2022年增长百分之几。

训练2

[背景资料]

某公司皮鞋产量见表4-31。

表4-31　某公司皮鞋产量　单位：万双

分组	2023年	2024年		
		计划	实际	重点企业产量
成年的	6.4	8.8	9.4	4.3
儿童的	5.1	5.7	6.1	2.3
合计	11.5	14.5	15.5	6.6

[能力要求]

试计算所有能计算的相对指标，并指出它们属于哪一种相对指标。

训练3

[背景资料]

某企业有关资料见表4-32。

表 4-32　　某企业有关资料　　单位：万吨

时间	第一年	第二年	第三年		第四年				第五年			
			上半年	下半年	第一季	第二季	第三季	第四季	第一季	第二季	第三季	第四季
实际产量	116	120	60	62	30	36	40	44	42	44	46	

[能力要求]

（1）若五年计划规定最末一年产量应达170万吨，求五年计划完成程度和提前完成计划时间。

（2）若五年计划规定五年产量应达640万吨，求五年计划完成程度和提前完成计划时间。

训练4

[背景资料]

某县粮食生产情况见表4-33。

表 4-33　　某县粮食生产情况

按亩产量分组（千克）	播种面积比重（%）
500以下	8
500~550	35
550~750	45
750以上	12
合计	100

[能力要求]

根据以上资料计算该县粮食平均亩产量。

[温馨提示]

注意权数形式。

训练5

[背景资料]

某年某月某企业按工人劳动生产率高低分组的生产班组数和产量资料见表4-34。

表 4-34　　工人劳动生产率分组表

按劳动生产率分组（件/人）	生产班组数（个）	产量（件）
80~90	10	12 750
90~100	7	9 500
100~110	5	7 350
110~120	2	3 450
120以上	1	1 875
合计	25	34 925

[能力要求]

计算该企业工人平均劳动生产率。

训练6

[背景资料]

某公司下属3个企业计划完成情况见表4-35。

表4-35　3个企业计划完成情况表

企业	计划完成程度（%）	实际产量（件）
甲	120	450
乙	105	315
丙	95	361
合计	—	1 126

[能力要求]

计算该公司的平均计划完成程度。

[温馨提示]

已知平均数的分子资料，缺少分母资料。

训练7

[背景资料]

某生产车间工人技术级别分布见表4-36。

表4-36　某生产车间工人技术级别分布表

技术级别	1	2	3	4	5	6	7	8
工人数（人）	20	30	60	100	70	20	10	6

[能力要求]

计算该车间工人技术级别的众数和中位数。

训练8

[背景资料]

某工业企业某车间工人加工零件情况见表4-37。

表4-37　某车间工人加工零件情况分组表

按加工零件数分组（件）	工人数（人）
20以下	2
20~30	8
30~40	20
40~50	50
50~60	10
60~70	5
70以上	5
合计	100

[能力要求]

确定该车间工人加工零件数的众数和中位数。

训练9

[背景资料]

抽样调查某林地100株云杉的胸径，分组整理得到如下分配数列（见表4-38）：

表4-38 某林地100株云杉的胸径资料

胸径（厘米）	株数
10~14	3
14~18	7
18~22	18
22~26	23
26~30	21
30~34	18
34~38	6
38~42	4
合计	100

[能力要求]

试计算胸径全距、平均差、标准差和变异系数。

训练10

[背景资料]

两个生产班组工人按某产品日产量分组资料见表4-39。

表4-39 两个生产班组工人生产情况表

第一班组		第二班组	
日产量（件）	工人数（人）	日产量（件）	工人数（人）
5	6	8	11
7	10	12	4
9	12	14	7
10	8	15	6
13	4	16	2
合计	40	合计	30

[能力要求]

分析两个生产班组日产量的平均水平，并说明其代表性的高低。

[温馨提示]

注意两个总体平均水平和标准差不同的情况下，比较其平均数代表性大小所用的公式。

训练11

[背景资料]

调查某一企业的经营状况。

[能力要求]

运用本章学过的综合指标对该企业的经营状况进行分析，写出一篇简单的描述性调研报告。

[温馨提示]

应用各种综合指标加以分析。

第五章

抽样推断

知识目标

1. 了解抽样推断的概念、特点和作用，掌握抽样推断中常用的几个基本概念；

2. 认识抽样误差产生的原因，掌握抽样平均误差的概念、影响因素和计算方法，重点掌握抽样平均误差的计算方法；

3. 熟练掌握抽样极限误差的概念和计算方法；

4. 重点掌握总体的平均指标和成数指标的区间估计方法；

5. 了解影响样本容量的有关因素，掌握样本容量的确定方法。

能力目标

1. 会计算抽样平均误差；

2. 能根据有关资料进行点估计和区间估计；

3. 能进行必要样本数目的计算。

素养目标

1. 培养良好的思想品德和职业道德；

2. 树立大局意识，能够客观理性地分析问题。

第一节　抽样推断概述

案例 5-1

学期末，教务处、质量管理办公室与教学单位教学管理人员对学院教学组织情况进行了评价，结果见表5-1。本次检查随机抽取了16个教学班的589名学生对13名教师的教学质量进行了即时评价。总体来看，任课教师教学组织规范，授课认真，学生认可度高。检查中，未发现任课教师迟到、早退与中途外出现象。

表 5-1　教学评价表

评价指标	参评人数	评价指标分析							
		优秀等级	所占比例	良好等级	所占比例	一般等级	所占比例	较差等级	所占比例
教学态度	589	544	92.4%	38	6.4%	7	1.2%	0	0
教学基本功	589	496	84.2%	74	12.6%	19	3.2%	0	0
教学内容	589	509	86.4%	65	11.0%	14	2.4%	1	0.2%
教学实施	589	517	87.8%	55	9.3%	16	2.7%	1	0.2%
教学效果	589	509	86.4%	61	10.4%	18	3.0%	1	0.2%

一、抽样推断的概念、特点和作用

（一）抽样推断的概念

抽样推断是按照随机原则从总体中抽取一部分单位进行调查，根据这部分单位的调查结果对总体某一数量特征作出估计和判断的一种统计方法。

所谓随机原则，是指在抽取样本单位时，完全排除人们的主观影响，使被研究总体中的每一个单位都有同等的机会被抽中。这样，就使被抽取的样本单位对于总体具有较大的代表性，可以用这一部分单位的数值去推算总体的指标数值。

比如，对于市场产品需求量、城乡居民家庭收入情况等进行调查时，对每个单位进行观察是很困难的，只能组织抽样调查，取得部分的资料，用来判断总体的数量特征。

（二）抽样推断的特点

（1）抽样推断是一种由样本指标数值推算总体指标数值的研究方法。

（2）抽选样本单位时要遵循随机原则，使每一个样本单位都有均等的机会被抽中。

这样，就有更大的可能性使样本保持和总体类似的分布，使样本对于被估计的总体有更大的代表性，减少抽样估计的误差。

（3）抽样推断运用的是概率估计的方法。

由于样本数据与总体参数之间并不存在严格的自变量和因变量的对应关系，因此我们不能利用函数关系来推算总体参数。

概率估计的基本思路是，抽取样本并根据实际观察值计算一定的抽样指标，接着就要判断该抽样指标代表相应的总体指标的可靠性有多大。

如果估计的准确性和可靠性都达到了允许的要求，我们就可以将这个抽样指标值作为总体指标的估计值，否则就要改善抽样组织，重新进行抽样，直到符合要求为止。

（4）抽样推断的误差可以事先计算并加以控制。

抽样误差范围可以事先通过有关资料加以计算，并通过改善组织措施来控制误差范围。

（三）抽样推断的作用

抽样推断由于具有费用低、时效性强、比较灵活、应用范围广泛等优点，因此被广泛应用于各个领域。

抽样推断的作用包括：

（1）抽样推断可以用于认识那些难以进行全面调查的总体的数量特征。

特别是对于无限总体，不能进行全面调查，只能用抽样推断的方法取得有关数据资料。

（2）抽样推断可以用于那些具有破坏性或消耗性的产品质量检测。

例如，灯泡的使用寿命调查、商品质量的检测等都具有破坏性或消耗性，而有关的数据和结论只能通过抽样推断来取得。

（3）抽样推断可用于工业生产过程的质量控制。

在工业产品成批或大量连续生产过程中，利用抽样调查可以检验生产过程是否正常，及时提供信息，进行质量控制，保证生产质量稳定。

（4）依据抽样推断的结果可以对全面调查资料进行评价与修正。

由于全面调查工作量大、参加人员多，调查结果容易出现差错，因此，在全面调查（如人口普查）之后应进行抽样复查，根据复查结果计算差错率，以此为依据检查和修正全面调查结果，从而提高全面调查的质量。

小思考5-1

抽样推断还在哪些领域经常使用呢？

二、抽样调查的程序

抽样调查的程序大致包括如下几个步骤：

微课5-1

抽样调查方案的设计程序

1.界定总体

这一步骤的任务是界定调查总体及总体基本单位。

就是说，要指出具有何种性质的单位属于本次调查的研究对象。

凡是属于本次调查的研究对象的单位，应该在哪个或哪几个标志上具有相同的表现，以及具有何种相同的表现。

总体基本单位是承担调查标志的单位。正确确认总体基本单位才能确认所用的抽样方式是个体抽样还是整群抽样。

2.确定抽样框

这一步骤的任务是依据已经明确界定的总体范围，收集总体中全部抽样单位的名单，并对名单进行统一编号进而组合成一种可供选择的形式，如名单、代码、符号等。

抽样框的形式受总体类型的影响：简单的总体可直接根据其组成名单形成抽样框；但对构成复杂的总体，常常根据调查研究的需要，制定不同的抽样框，分级选择样本。例如，进行全国人口抽样调查，先以全国的省市为抽样框选部分省、市为调查单位，然后再以这些省、市中的各县、区为抽样框选部分县、区为调查单位，这样依次到村或居委会。

在概率抽样中，抽样框的确定非常重要，它会直接影响到样本的代表性。因此，抽样框要力争全面、准确。

抽样框的主要形式有三种：名单抽样框、区域抽样框和时间抽样框。

3.样本设计

样本设计包括确定样本规模和选择抽样的具体方式。

抽样的目的是用样本来代表总体，自然样本数越多，其代表性越强。但样本数越多，调查研究的成本也越高。因此，确定合适的样本规模和抽样方式是抽样设计中的一项重要内容。

4.评估样本质量

评估样本质量即通过对样本统计值的分析，判断其代表性或误差大小。

对样本代表性进行评估的主要标准是准确性和精确性：前者是指样本的偏差，偏差越小，其准确性越高；后者是指抽样误差，误差越小，其精确性或代表性越高。

三、抽样推断的基本概念

（一）全及总体和抽样总体

全及总体是所研究现象的整体，它是由具有某种共同性质的许多单位组成的整体。一般用大写字母N代表全及总体单位数。

例如，从1 000个灯泡中抽取100个灯泡进行抽样调查，以计算灯泡平均寿命。这1 000个灯泡就是全及总体单位数，即N=1 000。

抽样总体是按照随机原则从全及总体中抽取的一部分单位构成的集合体。如上例中所抽取的100个灯泡，就是抽样总体。

抽样总体也称为样本总体、子样，简称样本。它也是由许多性质相同的单位组成的。组成样本的每一个单位称样本单位。

样本按照样本单位数的多少分为大样本和小样本。一般来说，$n \geq 30$为大样本，$n<30$为小样本。

在对社会经济现象进行抽样调查时，多数采用大样本。从一个全及总体中可以抽取一个样本也可以抽取多个样本。

（二）参数和统计量

1.参数

参数也称全及指标，是根据全及总体各个单位的标志值或标志特征计算的、反映总体数量特征的综合指标。

当总体确定以后，总体参数就是一个唯一确定的常数。不同性质的总体需要计算不同的参数。

对于变量总体，常用的总体参数有总体平均数$\overline{X}$、总体成数P、总体数量标志标准差及方差、总体是非标志标准差及方差。

（1）总体平均数，又称全及平均数。

它是指全及总体各单位标志值的平均数。

设总体变量X为X_1，X_2，…，X_N，

在总体未分组情况下：

$$\overline{X}=\frac{\sum_{i=1}^{N}X_i}{N}=\frac{\sum X}{N}$$

式中，X_i（i = 1，2，…，N）——总体各单位标志值。

在总体分组的情况下：

$$\overline{X}=\frac{\sum_{i=1}^{k}X_iF_i}{\sum_{i=1}^{k}F_i}$$

式中，X_i（i = 1，2，…，k）——总体各组标志值；

F_i（i = 1，2，…，k）——总体各组次数；

k——总体组数。

（2）总体成数，又称全及成数。

它是指全及总体中具有某一相同标志表现的单位数占全及总体单位数的比重。

用P表示全及总体中具有相同标志表现的单位数在总体中所占的比重，用N_1表示全及总体中具有相同标志表现的单位数，则：

$$P=\frac{N_1}{N}$$

用Q表示全及总体中不具有某种性质的单位数在总体中所占的比重，用N_0表示全及总体中不具有某种性质的单位数，则：

$$Q=\frac{N_0}{N}$$

$$N_1+N_0=N$$

（3）总体数量标志标准差。

它是指全及总体中根据各单位标志值计算的标准差，记作σ。

在总体未分组的情况下：

$$\sigma=\sqrt{\frac{\sum_{i=1}^{N}(X_i-\overline{X})^2}{N}}$$

在总体分组的情况下：

$$\sigma=\sqrt{\frac{\sum_{i=1}^{k}(X_i-\overline{X})^2F_i}{\sum_{i=1}^{k}F_i}}$$

总体标准差的平方叫做总体方差，记作σ^2。

（4）总体是非标志标准差。

它是指全及总体中根据是非标志计算的标准差。

如果属性标志表现只有是非两种，则我们可以把“是”的标志表示为1，而“非”的标志表示为0。那么，成数P就可以视为（0，1）分布的平均数，并可以求相应的方差和标准差。

$$\overline{X}_P = \frac{0 \times N_0 + 1 \times N_1}{N} = \frac{N_1}{N} = P$$

$$\sigma_P^2 = \frac{(0 - P)^2 N_0 + (1 - P)^2 N_1}{N} = \frac{P^2 N_0 + Q^2 N_1}{N} = P^2 Q + Q^2 P = PQ(P + Q) = PQ$$

例如，某批零件的合格率为96%，则有：

$$\overline{X}_P = 96\%$$

$$\sigma_P^2 = 96\% \times 4\% = 3.84\%$$

在抽样推断中，总体参数的意义和计算方法是明确的，但参数的具体数值事先是未知的，需要用抽样来估计。

2.统计量

根据样本各单位变量值或品质属性计算的反映样本特征的数据称为统计量。

例如，从期末考试的试卷中随机选取200份进行分析。如果在期末总结会上，顺次通报200份试卷的成绩，会使与会者感到厌烦。如改为报告200份试卷的最高分、最低分、平均分、不及格人数等，则既省时又清楚地显示出样本的概况，从而使与会者对本次期末考试成绩形成较全面的了解。这里的最高分、最低分以及平均数等都是统计量。

与总体参数相对应的统计量主要包括样本平均数、样本成数和样本方差等。它们常以小写字母表示。

设样本变量x为x_1，x_2，…，x_n，则有：

$$\bar{x} = \frac{\sum x}{n} = \frac{\sum xf}{\sum f}$$

$$\sigma^2 = \frac{\sum (x - \bar{x})^2}{n} = \frac{\sum (x - \bar{x})^2 f}{\sum f}$$

$$\bar{x}_p = \frac{n_1}{n} = p$$

$$\sigma_P^2 = p(1 - p)$$

（三）样本容量和样本个数

样本容量和样本个数是两个有联系但又完全不同的概念。

样本容量是指一个样本所包含的单位数。

一个样本应该包含多少单位最合适，是抽样设计的时候必须认真考虑的问题，应该结合调查任务的要求以及总体标志值的变异情况来确定。

样本容量的大小不但关系到抽样调查的效果，而且关系到抽样方法的应用。

社会经济统计的抽样调查多属于大样本调查，而科学实验的抽样观察则多取小样本。

样本个数又称样本可能数目，是指一个总体中可能抽取的样本个数。一个总体可能抽取多少样本，需要结合样本容量以及抽样方法等因素作出判断。

四、抽样方法

从抽样的方法来看，抽样有重复抽样和不重复抽样两种。

重复抽样是从具有N个单位的总体中随机抽n个单位为样本，每次从总体中抽取一个单位登记其标志值后，又将它重新放回总体，参加以后各次的抽样。

这样同一单位有重复抽中的可能，并且总体单位数在每一次抽取时都是相同的。因此，重复抽样的样本是由n次相互独立的连续实验组成的，每次实验在相同的条件下进行，每个单位选中或选不中的概率完全相等。

从总体N个单位中，用重复抽样的方法，随机抽取n个单位构成一个样本，则我们共可抽取N^n个样本。

例如，总体有A，B，C，D四个单位，从中以重复抽样的方法抽取2个单位构成样本。先从4个单位中抽取1个，登记结果后放回，然后再从相同的4个单位中抽取1个，这2个单位就构成1个样本。第一次可以从A，B，C，D中任取1个，共有4种抽法，第二次再从A，B，C，D中任取1个，也有4种抽法，全部可能抽取的样本数目为4×4=16个。

现列举如下：

(A、A) (B、A) (C、A) (D、A)
(A、B) (B、B) (C、B) (D、B)
(A、C) (B、C) (C、C) (D、C)
(A、D) (B、D) (C、D) (D、D)

不重复抽样是从总体N个单位中抽取一个容量为n的样本，每次从总体中抽取一个单位登记其标志值后，不再将其放回总体中参加以后各次的抽样。

这样，同一单位不可能被多次抽中，并且越往后可抽取的总体单位数就越少。因此，不重复抽样是由n次连续抽样组成的，其结果不是相互独立的，每一次抽样影响下一次抽样，从而每一个单位中选或不中选的概率是不同的。

从总体N个单位中，用不重复抽样的方法，抽取n个样本单位，全部可能抽取的样本数目为$N(N-1)(N-2)\cdots(N-n+1)$个。

例如，从A，B，C，D 4个单位中用不重复抽样的方法抽取2个单位构成样本。先从4个单位中取1个，共有4种取法，登记结果后，再从留下的3个单位中取1个，共有3种取法，前后两个构成一个样本，全部可能抽取的样本数目为4×3=12个。

现列举如下：

(A、B) (A、C) (A、D)
(B、A) (B、C) (B、D)
(C、A) (C、B) (C、D)
(D、A) (D、B) (D、C)

第二节 抽样误差

一、抽样误差的意义

在统计推断理论中，抽样误差是一个重要的概念。因为抽样推断的实质就是要用样本指标去推断估计总体指标。

要达到对总体的正确认识，样本的充分代表性和准确性都是必要的前提。然而，样本毕竟只是总体中的一部分，用样本指标去推断总体必然产生偏差，要掌握推断结果的可靠程度，就有必要了解抽样误差理论。

（一）抽样误差的概念

在说明抽样误差之前我们先介绍统计误差。

统计误差是指在统计调查中，调查资料与实际情况之间的偏差，即抽样估计值与被估计的未知总体参数之差。例如，样本平均数与总体平均数之差；样本成数与总体成数之差等。

在统计推断中，统计误差按其产生的来源分为登记性误差和代表性误差。

登记性误差又称调查误差或工作误差，是指在调查过程中，由于主客观原因在登记、汇总、计算、过录中所产生的差错。例如，由于指标定义不清晰，计算口径不同而造成的误差；由于被调查者提供不实的资料，以及调查人员在登记时出错导致的误差。这种登记性误差不论是在抽样调查还是在其他形式的调查中都有可能产生。调查的范围越广，内容越复杂，产生登记性误差的可能性就越大。

代表性误差是指在抽样调查中，由于用以推断总体情况的样本的状况不足以代表总体的状况而产生的误差。

代表性误差又可以分为两种：

一种是由于违反了抽样调查的随机原则而产生的系统性误差。

例如，对产品质量进行抽样检查，如果调查人员抽选的多是技术水平高且工作认真的工人生产的零件，根据这部分零件的合格率来推断全部零件的合格率就会偏高。可见，只有遵循了随机原则，才能避免产生系统性误差。

系统性误差和登记性误差一样，都是由抽样组织工作造成的，应该采取措施预防误差发生或将其减少到最低限度。

另一种是在没有登记误差的前提下，又遵循了随机原则，所产生的样本指标与被它估计的总体相应指标的差数，叫随机性误差，又称偶然的代表性误差。

随机性误差是抽样调查所固有的误差。抽样误差就是指这种随机误差。

抽样误差是指在遵循了随机原则的条件下，不包括登记误差和系统性误差在内的，用样本指标代表总体指标而产生的不可避免的误差。

例如，班级50个同学中有20个男同学和10个女同学，现在随机抽取8个同学为样本，由于随机的原因未必都能抽到5个男同学和3个女同学，使得利用样本计算的性别比例指标不能代表班级同学的性别比例指标，而使样本指标与总体指标之间存在绝对离差，这就是抽样误差。

由于总体平均数、总体成数是唯一的，而样本平均数、样本成数是随机变量，因而抽样误差是一个随机变量。抽样误差越小，说明样本的代表性越强；反之，样本的代表性越弱。同时，抽样误差还说明样本指标与总体指标的相差范围，因此，它是推断总体指标的依据。

抽样误差是统计推断所固有的，虽然无法避免，但可以运用数学公式计算，确定其具体的数量界限，并通过抽样设计程序加以控制，因此，抽样误差也被称为可控制的误差。

（二）影响抽样误差大小的因素

（1）总体被研究标志的变异程度。

在其他条件不变的情况下，总体标志的变异程度越小，抽样误差越小。

总体标志的变异程度越大，抽样误差越大。

抽样误差和总体标志的变异程度呈正比。这是因为总体的变异程度小，表示总体各单位标志值之间的差异小，则样本指标与总体指标之间的差异也小；如果总体各单位标志值相等，则标志变动度为零，样本指标等于总体指标，此时不存在抽样误差。

（2）抽样单位的数目。

在其他条件不变的情况下，抽样单位的数目越多，抽样误差越小；抽样单位数目越少，抽样误差越大。

这是因为随着样本数目的增多，样本结构越来越接近总体。抽样调查也就越接近全面调查。当样本扩大到总体时，则为全面调查，也就不存在抽样误差了。

（3）抽样方法的选择。

重复抽样和不重复抽样的抽样误差的大小不同，采用不重复抽样比采用重复抽样的抽样误差小。

（4）抽样组织方式的不同。

采用不同的组织方式，会有不同的抽样误差，这是因为不同的抽样组织方式所抽中的样本，对于总体的代表性不同。通常，我们依据抽样误差来判断应该选择何种抽样组织方式。

二、抽样平均误差

（一）抽样平均误差的概念

微课5-2

抽样平均误差

对抽样误差深入研究还可以发现，随机误差又可以分为两种：抽样实际误差和抽样平均误差。

抽样实际误差是指某一次抽样结果所得到的样本指标与总体指标数值之差。由于总体参数未知，因而抽样实际误差也是很难确定的。

同时，由于样本是按随机原则抽选的，从同一总体抽取样本容量相同的样本可以有多种不同的方法，每个样本都有自己的样本指标。因此，抽样实际误差只是一系列抽样结果可能出现的误差数值之一，有的可能是负差，有的可能是正差，有的绝对值可能小些，有的绝对值可能大些。

此外，在进行抽样时，不一定会抽到哪一个样本，抽样实际误差不能用来概括一系列抽样结果可能产生的所有误差。因此，为了用样本指标去推算总体指标，就需要计算这些误差的平均数，即抽样平均误差，用它来反映抽样误差的一般水平。

抽样平均误差是指所有可能出现的样本指标（样本平均数或样本成数）的标准差。

按照标准差的定义，抽样平均数（或成数）的标准差是按抽样平均数（或成数）与其平均数的离差平方和计算的，但由于抽样平均数的平均数等于总体平均数，而抽样成数的平均数等于总体成数，因此，抽样指标的标准差恰好反映了抽样指标和总体指标的平均离差程度。

设：$\mu_{\bar{x}}$为抽样平均数的平均误差；μ_p为抽样成数的平均误差；M为全部可能的样本数目，则：

$$\mu_{\bar{x}}=\sqrt{\frac{\sum(\bar{x}-\bar{X})^2}{M}}$$

$$\mu_p=\sqrt{\frac{(p-P)^2}{M}}$$

这些公式表明了抽样平均误差的定义。

但这些公式都是理论公式，实际应用存在两个困难：

一是运用这个公式要求把所有的样本都抽选出来，计算它们的样本指标值，这是不可能的。每次抽样调查一般只抽选一个样本，计算其样本指标值。

二是运用这个公式要求总体指标（总体平均数和总体成数）值是已知的，但实际上总体指标值是未知的，正是抽样调查要推断的。

因此，按上述公式来计算抽样平均误差实际上是不可能的。在应用上可以通过其他方法加以推算。

现在分别就抽样平均数和抽样成数的抽样平均误差的计算问题予以讨论。

（二）抽样平均数的平均误差

抽样平均数的平均误差又分重复抽样和不重复抽样两种情况。

（1）重复抽样。

在重复抽样条件下，抽样平均数的平均误差的计算公式为：

$$\mu_{\bar{x}}=\sqrt{\frac{\sigma^2}{n}}=\frac{\sigma}{\sqrt{n}}$$

式中：$\mu_{\bar{x}}$——抽样平均数的抽样平均误差；

σ——总体标准差；

n——样本容量。

从这一公式可以看出，抽样平均误差的大小与总体标准差σ呈正比关系，与样本容量n的平方根呈反比关系。

做中学 5-1

某工厂有1 500名工人，用简单随机重复抽样的方法抽出50名工人作为样本，调查其工资水平，取得的资料见表5-2。

表5-2　抽样调查取得的工资水平资料

月平均工资（元）	524	534	540	550	560	580	600	660
工人数	4	6	9	10	8	6	4	3

计算样本平均数和抽样平均误差。

解：先列表计算相关数值（见表5-3）。

表5-3 参数计算表

x	f	xf	$(x-\bar{x})^2$	$(x-\bar{x})^2f$
524	4	2 096	1 296	5 184
534	6	3 204	676	4 056
540	9	4 860	400	3 600
550	10	5 500	100	1 000
560	8	4 480	0	0
580	6	3 480	400	2 400
600	4	2 400	1 600	6 400
660	3	1 980	10 000	30 000
$\sum$	50	28 000	14 472	52 640

$$\bar{x}=\frac{\sum xf}{n}=560(\text{元})$$

$$\text{样本标准差 }\sigma=\sqrt{\frac{\sum(x-\bar{x})^2f}{n}}=32.45(\text{元})$$

$$\text{抽样平均误差 }\mu_{\bar{x}}=\sqrt{\frac{S^2}{n}}=4.59(\text{元})$$

（2）不重复抽样。

在不重复抽样的条件下，抽样平均误差不但和总体变异程度、样本容量有关，而且与总体单位数的多少有关。

它们的关系如下：

$$\mu_{\bar{x}}=\sqrt{\frac{\sigma^2}{n}\left(\frac{N-n}{N-1}\right)}$$

不重复抽样的抽样平均误差公式和重复抽样相比，多了一个修正系数$\frac{N-n}{N-1}$。当全及总体单位数N很大时，N－1接近于N，即可用N代替，即上列公式可简化为：

$$\mu_{\bar{x}}=\sqrt{\frac{\sigma^2}{n}\left(\frac{N-n}{N-1}\right)}\approx\sqrt{\frac{\sigma^2}{n}\left(1-\frac{n}{N}\right)}$$

所以在其他条件相同的情况下，不重复抽样的抽样平均误差小于重复抽样的抽样平均误差。

还应该指出，当N很大时，用重复抽样公式和用不重复抽样公式计算的抽样误差，相差无几。因为，当N很大时，$\frac{n}{N}$就很小，$1-\frac{n}{N}$近似等于1。因此，实际进行抽样调查时，尽管用不重复抽样方法，但仍用重复抽样方式计算抽样误差。

做中学 5-2

设总体由4个工人构成，其日产量分别为70件，90件，130件，150件。

现在用不重复抽样的方法从4个工人中抽2个工人估计平均日产量，求抽样平均误差。

表5-4为不重复抽样平均误差计算过程。

表5-4 不重复抽样平均误差计算过程

序号	样本变量x（件）		样本平均数$\bar{x}$（件）
1	70	90	80
2	70	130	100
3	70	150	110
4	70	90	80
5	90	130	110
6	90	150	120
7	130	70	100
8	130	90	110
9	130	150	140
10	150	70	110
11	150	90	120
12	150	130	140
合计	—		1 320

全及总体平均产量 $\bar{X}=\frac{\sum X}{N}=110$(件)

全及总体标准差 $\sigma=\sqrt{\frac{\sum(X-\bar{X})^2}{N}}=31.62$(件)

抽样平均误差 $\mu_{\bar{x}}=\sqrt{\frac{\sigma^2}{n}(\frac{N-n}{N-1})}=18.26$(件)

(三) 抽样成数的平均误差

(1) 重复抽样。

在重复抽样条件下，成数的抽样平均误差的计算公式为：

$$\mu_p=\sqrt{\frac{P(1-P)}{n}}$$

式中：μ_p——抽样成数的抽样平均误差；

P——总体成数；

P(1 - P)——总体成数的方差；

$\sqrt{P(1-P)}$——总体成数的标准差。

（2）不重复抽样。

在不重复抽样条件下，成数的抽样平均误差的计算公式为：

$$\mu_p=\sqrt{\frac{P(1-P)}{n}\left(\frac{N-n}{N-1}\right)}$$

当总体单位数N很大时，可近似表示为：

$$\mu_p=\sqrt{\frac{P(1-P)}{n}\left(1-\frac{n}{N}\right)}$$

由此可以看到，同样条件下，重复抽样和不重复抽样的平均误差之间相差一个 $\sqrt{1-\frac{n}{N}}$，$1-\frac{n}{N}$ 称为校正因子。

由于 $1-\frac{n}{N}<1$，因此，在同样条件下，不重复抽样的平均误差总是小于重复抽样的平均误差。

当N很大时，$1-\frac{n}{N}\approx 1$，因而在实际工作中，按不重复抽样的方法进行抽样时，也往往采用重复抽样的公式来计算抽样平均误差。

有一点需要说明，计算抽样平均误差需要掌握总体标准差（σ或$\sqrt{P(1-P)}$），但它只有通过全面调查才能取得。

在进行抽样调查时，总体标准差常常是未知的，实际工作中通常采用以下几种方法来代替总体标准差：

（1）用样本标准差来代替总体标准差。

即用s代替σ，用$\sqrt{p(1-p)}$代替$\sqrt{P(1-P)}$；

（2）可以用过去全面调查的资料代替，也可以用过去抽样调查的资料代替。

如果有多个不同的材料，则应选择方差数值较大的。

（3）用估计资料或试验样本资料代替。

做中学 5-3

光华工厂2024年2月生产一批灯泡，共10 000只，随机抽取500只，作耐用时间实验。测算结果是平均使用时间为5 000小时，样本标准差为300小时，500只中发现8只不合格，求样本平均数和样本成数的抽样平均误差。

解：由于没有总体标准差，用样本资料代替。可用重复抽样与不重复抽样两种公式计算。

①样本平均数的抽样平均误差：

重复抽样的抽样平均误差：

$$\mu_{\bar{x}} = \frac{\sigma}{\sqrt{n}} = \frac{300}{\sqrt{500}} = 13.42(\text{小时})$$

不重复抽样的抽样平均误差：

$$\mu_{\bar{x}} = \sqrt{\frac{\sigma^2}{n}(1 - \frac{n}{N})} = \sqrt{\frac{300^2}{500} \times (1 - \frac{500}{10\,000})} = 13.08(\text{小时})$$

②样本成数的抽样平均误差：

设成数为不合格率，则样本成数为：

$$p = \frac{8}{500} = 0.016$$

重复抽样的抽样平均误差：

$$\mu_p = \sqrt{\frac{p(1-p)}{n}} = \sqrt{\frac{0.016 \times (1 - 0.016)}{500}} \approx 0.0056$$

不重复抽样的抽样平均误差：

$$\mu_p = \sqrt{\frac{p(1-p)}{n}(1 - \frac{n}{N})} = \sqrt{\frac{0.016 \times (1 - 0.016)}{500} \times (1 - \frac{500}{10\,000})} \approx 0.0055$$

（四）各种抽样方式方法下抽样平均误差的比较

为科学准确地推断全及指标，提高抽样资料的准确性，有必要对各种抽样条件下的抽样平均误差作出比较。

（1）不重复抽样的平均误差比重复抽样的小。

如前所述，不重复抽样计算抽样平均误差的公式中比重复抽样要多一个修正系数。即：

$$\frac{N-n}{N-1}$$

或

$$\frac{R-r}{R-r}$$

由于抽样调查中 $n < N$ 或 $r < R$，因此，

$$\frac{N-n}{N-1} < 1$$

或

$$\frac{R-r}{R-r} < 1$$

这个系数小于1，所以在同样情况下，不重复抽样的平均误差比重复抽样的平均误差要小。

注：$\frac{R-r}{R-r}$为整群抽样条件下不重复抽样的修正系数。

（2）实际抽样调查时，虽然采用不重复抽样方法，但往往应用重复抽样公式来计算平均误差。

这不仅仅为了计算上方便，而且由于抽样单位数 n（或 r）占总体单位数 N（或 R）

的比重很小，因此$\frac{n}{N}$（或$\frac{r}{R}$）趋近于0，$1-\frac{n}{N}$（或$1-\frac{r}{R}$）接近于1，这时系数就失去了调整的作用，对抽样平均误差影响不大。

（3）整群抽样与其他三种抽样形式相比较，在其他条件相同的情况下，整群抽样的抽样单位更集中，在总体中分布不均匀，这就影响了其代表性，一般来说，其抽样平均误差要比其他三种抽样形式大些。

（4）类型抽样和按有关标志排序的机械抽样相结合，要比纯随机抽样、类型抽样、按有关标志排序的机械抽样的抽样平均误差要小。

三、抽样极限误差和概率度

（一）抽样极限误差的含义

微课5-3

抽样极限误差和概率度

由于抽样调查是用部分推断总体，以样本的抽样指标来估计总体指标，要达到完全准确，几乎无法做到。因此，在抽样推断中必须估计一个误差范围。

我们不希望误差太大，误差越大，样本的价值便越小；但也不是误差越小越好，因为在一定限度之后减少抽样误差势必增加费用。

我们在进行抽样推断时，应该根据所研究对象的变异程度和分析任务的要求确定可允许的误差范围。

抽样极限误差是指抽样指标和总体指标之间可允许的误差范围，它等于样本指标可允许变动的上限或下限与总体指标之差的绝对值，用希腊字母Δ表示。

设：$\Delta_{\bar{x}}$为抽样平均数极限误差，Δ_p为抽样成数极限误差，则有：

$$\Delta_{\bar{x}}=|\bar{x}-\bar{X}|$$

$$\Delta_p=|p-P|$$

式中：$\bar{x}$——样本平均数；

$\bar{X}$——总体平均数；

p——样本成数；

P——总体成数。

上面的等式可以变换为下列等价的不等式关系：

$$\bar{x}-\Delta_{\bar{x}}\leqslant\bar{X}\leqslant\bar{x}+\Delta_{\bar{x}}$$

$$p-\Delta_p\leqslant P\leqslant p+\Delta_p$$

上面第一式表示被估计的总体平均数以抽样平均数$\bar{x}$为中心，在$\bar{x}-\Delta_{\bar{x}}$至$\bar{x}+\Delta_{\bar{x}}$之间变动。

区间（$\bar{x}-\Delta_{\bar{x}}$，$\bar{x}+\Delta_{\bar{x}}$）称作平均数的估计区间或平均数的置信区间。

区间的总长度为$2\Delta_{\bar{x}}$，在这个区间内，样本平均数和总体平均数之间的绝对离差不超过$\Delta_{\bar{x}}$。

同样，上面第二式表明被估计的总体成数以抽样成数p为中心，在$p-\Delta_p$至$p+\Delta_p$

之间变动。

在（$p-\Delta_p$，$p+\Delta_p$）区间内，抽样成数与总体成数之间的绝对离差不超过Δ_p。

做中学 5-4

2024年5月，某镇要估计某农作物秧苗的成活率，从某地块中随机抽取秧苗10 000棵，其中死苗600棵，则样本秧苗成活率p=（10 000−600）÷10 000×100% =94%。如果确定抽样极限误差Δ_p为2%，则该农作物秧苗的成活率p的区间为94%±2%，即在92%~96%之间。

（二）抽样误差的概率度

抽样极限误差通常需要以抽样平均误差μ为标准单位来衡量，将极限误差Δ除以μ得到相对数t，我们把t称为概率度，即：

$$t=\frac{\Delta_{\bar{x}}}{\mu_{\bar{x}}} \quad 或 \quad t=\frac{\Delta_p}{\mu_p}$$

由此，可以得出抽样极限误差的计算公式：

$$\Delta = t \cdot \mu$$

式中：Δ——抽样极限误差；

t——概率度；

μ——抽样平均误差。

（三）抽样极限误差的计算

抽样极限误差，又称为抽样允许误差，是抽样平均误差 的t倍。

1.抽样平均数的抽样极限误差

（1）重复抽样。

在重复抽样条件下，抽样平均数的极限误差的计算公式为：

$$\Delta_{\bar{x}} = t \cdot \mu_{\bar{x}} = t\sqrt{\frac{\sigma^2}{n}} = t \cdot \frac{\sigma}{\sqrt{n}}$$

（2）不重复抽样。

在不重复抽样条件下，抽样平均数的极限误差的计算公式为：

$$\Delta_{\bar{x}} = t \cdot \mu_{\bar{x}} = t\sqrt{\frac{\sigma^2}{n}\left(1-\frac{n}{N}\right)}$$

2.抽样成数的抽样极限误差

（1）重复抽样。

在重复抽样条件下，抽样成数的极限误差的计算公式为：

$$\Delta_p = t \cdot \mu_p = t\sqrt{\frac{p(1-p)}{n}}$$

（2）不重复抽样。

在不重复抽样条件下，抽样成数的极限误差的计算公式为：

$$\Delta_p = t \cdot \mu_p = t\sqrt{\frac{p(1-p)}{n}(1-\frac{n}{N})}$$

概率度t可以理解为抽样误差扩大或偏小的倍数。当t的数值确定后，一方面确定了允许误差的范围，另一方面也同时确定了可靠程度。

常用的几个t与概率F(t)之间的对应值见表5-5。

表5-5　常用的几个t与概率F(t)之间的对应值

概率度t	概率F(t)
1	0.6827
1.5	0.8664
1.96	0.9500
2	0.9545
3	0.9973
4	0.9999

做中学5-5

2024年3月，某螺丝厂生产了10 000个单位的螺丝钉，按照随机抽样方式，抽取1 000个单位来检验，其中废品率为0.5%，合格率为99.5%。如果以95.45%的概率可靠程度，计算该螺丝厂所生产螺丝钉的废品率的抽样极限误差。

解：N已知，由于不知道总体废品率P，所以，用样本废品率p来代替。

因为p=0.5%，n=1 000，N=10 000，所以，

按重复抽样方法来计算抽样成数的抽样平均误差：

$$\mu_p = \sqrt{\frac{p(1-p)}{n}} = \sqrt{\frac{0.5\% \times 0.95\%}{1\,000}} = 0.223\%$$

按不重复抽样方法来计算抽样成数的抽样平均误差：

$$\mu_p = \sqrt{\frac{p(1-p)}{n}(1-\frac{n}{N})} = 0.223\% \times \sqrt{1-\frac{1\,000}{10\,000}} = 0.0212\%$$

由于F(t) = 95.45%，所以t = 2，则抽样极限误差$\Delta_p = t \cdot \mu_p = 2 \times 0.212\% = 0.424\%$

第三节　抽样估计

一、三种不同性质的分布

这里我们介绍一下抽样分布的有关知识，它是进一步学习参数估计的基础。

（一）总体分布

总体是我们所研究的若干个元素（个体）的集合。总体中每个元素的取值可能是不同的，总体分布就是总体中各元素的观察值的分布状况，设X为总体的随机变量，总体

分布就是指X的分布。

如果总体中的所有观察值是已知的，我们就可以通过直方图来观察它的分布状况。但现实中，我们几乎得不到总体的所有观察值，正因为如此，才有了抽样推断的必要。因此，总体的分布往往是未知的，通常要根据经验估计总体的分布类型，或者可以假定它服从某种分布，比如，假定某种机器零件的尺寸服从正态分布等等。

我们所关心的主要是总体的一些参数，如平均数、方差等。

（二）样本分布

如果从总体中抽取一个容量为n的样本，那么这n个观察值的分布就是样本分布。当样本容量n逐渐增大时，样本的分布也逐渐接近总体的分布。

（三）抽样分布

从一般意义上讲，抽样分布是指样本统计量的概率分布。比如，样本平均数的分布、样本方差的分布等都称为样本分布。

由于现实中我们不可能将所有的样本都抽出来，因此，统计量的抽样分布实际上是一种理论分布。

常见的抽样分布有Z分布、t分布、χ^2分布、F分布。

二、抽样推断的数理依据

抽样估计是用样本统计量来估计总体参数的方法，即以计算的样本指标来估计相应的全及指标的方法。

总体指标是表明总体数量特征的参数，所以也称抽样估计为参数估计。参数估计的方法有两种：点估计和区间估计。

就方法来说，抽样估计是以概率论中的大数法则和中心极限定理为基础的。所以，我们首先简单介绍一下抽样推断的理论基础。

（一）大数定律及其重要意义

大数定律从理论上阐述了在一定条件下，大量重复进行的随机事件的规律性和稳定性。

常见的大数定律有贝努利大数定律、切贝雪夫大数定律、辛钦大数定律和柯尔莫戈洛夫大数定律。

切贝雪夫大数定律证明：随着样本容量n的增加，样本平均数越来越接近于总体平均数，当样本单位数n足够大时，两者的离差非常小。这就为依据样本平均数估计总体平均数提供了理论依据。

大数定律对抽样推断具有重要的意义，它为抽样推断提供了数学依据。它说明如果被研究的总体是受到大量的相互独立的随机因素影响的，而且每个因素对总体的影响都相对较小，那么对这些大量因素加以综合平均，因素的个别影响将相互抵消，而显现出共同作用的影响，使总体具有稳定的性质。

这些规律性可以从以下几个方面加以描述：

（1）只有在掌握了足够多的单位数的情况下，大量现象的规律性才能充分显示出来。

（2）只有在平均数形式上，这些规律性才能表现出来。因此，大数定律又被称为平均数定律。

（3）研究大量现象时，如果抽取更多的单位，那么，由这些单位的标志值所计算出来的平均数，能够更准确地表现出这种现象或过程的规律性。

（4）当研究足够多的单位数时，各个单位的标志值或情况，以平均数为中心，正反两方面的离差往往相互抵消。

根据大数定律的内容和特点，运用抽样推断时，必须注意以下两个问题：

（1）必须遵守随机原则。只有在随机原则下进行抽样，样本单位才有可能均匀分布在全及总体中，使样本具有代表性。这样，样本指标才可以用来对全及总体作出估计推断。

（2）必须注意观察现象的大量性。在全及总体中随机抽取样本，每个样本单位的标志值，并不代表全及总体的数量特征，必须通过大量观察，消除偶然因素的影响，用样本单位的综合结果把全及总体的数量特征接近准确地反映出来。

从抽样调查来看，大数定律证明：随着样本容量n的增加，抽样平均数$\bar{x}$有接近于总体平均数$\bar{X}$的趋势。

（二）正态分布研究及其重要意义

正态分布是最重要的一种概率分布。

正态分布的概念是由德莫佛尔（Abraham de Moivre）于1733年首次提出的，后由数学家高斯（Gauss）率先将其应用于天文学研究，故正态分布又叫高斯分布。

大量的事物，其标志值以总体平均数为中心，形成钟形的对称分布，并且平均值、中位数、众数三位一体，曲线向两侧扩展，逐渐地向横轴逼近，无限地延伸出去，但不接触横轴。这种分布就叫正态分布。

正态分布的特点是：

①集中性

正态曲线的高峰位于正中央，即平均数所在的位置。

②对称性

正态曲线以平均数为中心，左右对称，曲线两端永远不与横轴相交。

③均匀变动性

正态曲线由平均数所在处开始，分别向左右两侧逐渐均匀下降。

④正态分布有两个参数，即平均数μ和标准差σ，可记作N（μ，σ）

平均数μ决定正态曲线的中心位置；标准差σ决定正态曲线的陡峭或扁平程度。σ越小，曲线越陡峭；σ越大，曲线越扁平。

⑤μ变换

为了便于描述和应用，常将正态变量作数据转换。

正态分布中，样本落入任意区间（a，b）的概率，记作P（a < x < b），等于直线x = a，x = b，横坐标和曲线f(x)所夹区域的面积。

由于这个面积的计算比较麻烦，人们索性把标准正态分布的情况列成表，而对于不是标准的情况，则化成标准的情况后再去查表。

经计算得知，正态分布的总体，其样本落在（$\overline{X}-\sigma$，$\overline{X}+\sigma$）的概率是68.27%；落在（$\overline{X}-2\sigma$，$\overline{X}+2\sigma$）的概率是95.45%；落在（$\overline{X}-3\sigma$，$\overline{X}+3\sigma$）的概率是99.73%；落在（$\overline{X}-1.96\sigma$，$\overline{X}+1.96\sigma$）的概率是95%（如图5-1所示）。

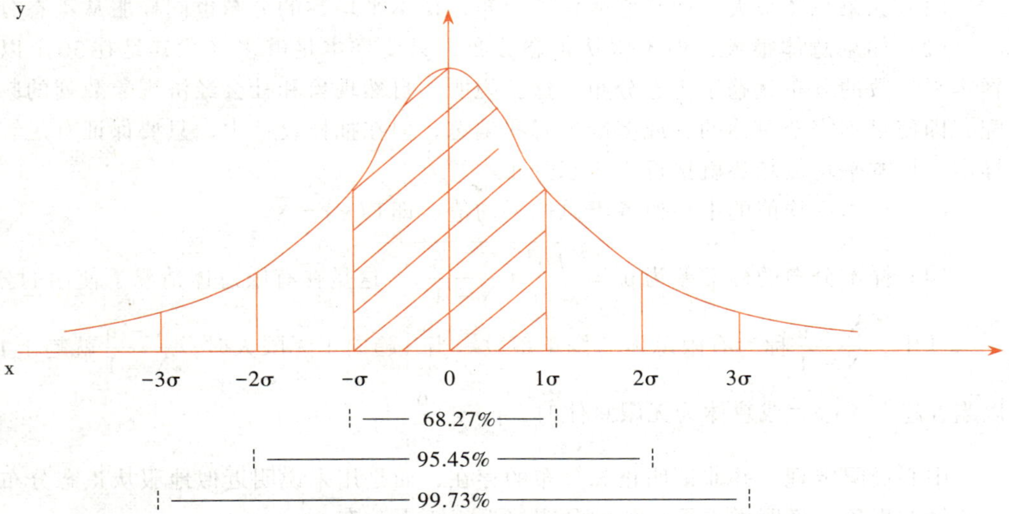

图5-1　正态分布示意图

从图5-1可以发现：

（1）以总体平均数为中心，两边完全对称分布，即抽样平均数大于或小于总体平均数的概率完全相等，抽样平均数的正误差和负误差的可能性完全一致。

（2）抽样平均数愈接近总体平均数，变量值出现的可能性就愈大；反之，抽样平均数愈远离总体平均数，变量值出现的可能性愈小。这个可能程度数学上称为概率F(t)，也就是可靠性。与概率对应的数值称为概率度，也即抽样误差扩大的倍数，用符号t表示。

概率F(t)与概率度t的对应关系是：

当t = 1时，F(t) = 0.6827；

当t = 2时，F(t) = 0.9545；

当t = 3时，F(t) = 0.9973。

概率度t和概率F(t)的数量对应关系是：概率F(t)越大，则概率度t的值越大；反之，概率F(t)越小，则概率度t的值也越小。概率度t越大，估计的可靠性越高，样本统计量与总体参数之间正负离差的变动范围也就越大。对于t，每取一个值，概率F(t)也有一个唯一确定的值与之对应，因而我们可以直接利用正态分布概率表查找。

在统计学中，正态分布的应用范围很广，是最重要的分布，居于基础的地位。大量的社会经济现象都是呈正态分布的。例如，加工工业产品的质量、同一品种农作物的产量、农户收入水平的分布等。

根据以上分析，我们可以按正态分布来估计抽样平均数（成数）落在一定的范围内的概率，进行抽样估计。

（三）中心极限定理及其重要意义

中心极限定理最早为德莫佛尔于1733年所证明。该定理论证了如下几点：

（1）如果总体很大，而且服从正态分布，样本平均数的分布也同样服从正态分布。

（2）如果总体很大，但不服从正态分布，只要样本足够多（尤其是在30个以上），样本平均数的分布就趋于正态分布。这就说明，自然现象和社会经济现象数列的频数分配，即使是不完全对称的，或多或少有些偏态，但在抽样设计中，只要保证有足够多的样本，样本平均数趋势就接近于正态分布。

（3）样本平均值的平均值等于总体平均值，即$E(\bar{x})=\bar{X}$。

（4）样本分布的标准差为$\mu_{\bar{x}}=\sqrt{\frac{\sigma^2}{n}\left(\frac{N-n}{N-1}\right)}$，这是在有限总体情况下使用的公式。

其中，$\frac{N-n}{N-1}$称为有限总体的修正系数。当N趋向于无限大时，$\frac{N-n}{N-1}$就趋于1。所以当N趋向无限大或总体为无限总体时，$\mu_{\bar{x}}=\frac{\sigma}{\sqrt{n}}$。

中心极限定理，并非证明正态分布的存在，而是用来说明近似地服从正态分布的概率变量的现象，说明样本平均值的分布接近于正态分布。

（四）抽样估计的特点

（1）它在逻辑上运用归纳推理，而不是演绎推理。

演绎推理是从一般命题导出特殊结论的逻辑方法。归纳推理是从研究个别命题出发达到一般性的认识。

结论的内容大于前提，所以前提正确未必导致结论正确，前提正确也可能得出错误结论。

因为抽样估计运用归纳推理，从局部来得出对总体的认识，所以不能保证绝对正确。

（2）它在方法上运用不确定的概率估计法，而不是运用确定的数学分析法。

抽样估计虽然也是利用样本数据来推断总体数量特征，但由于样本数据和总体数量特征之间并不存在严格对应的自变量和因变量的关系，因此不可能运用数学函数关系建立一定的数学模型。

抽样估计在实际工作中，首先抽取一个样本，计算相应的样本指标，然后确定用样本指标来代替相应的总体指标，其可靠程度（即概率）有多大，这就是概率估计法。

（3）抽样估计存在抽样误差，抽样误差总是和抽样估计的可靠程度联系在一起。

抽样误差和抽样估计的可靠程度即概率的关系是：允许的误差范围愈大，则概率保证程度愈高；反之，允许的误差范围愈小，则概率保证程度也愈低。

（五）抽样估计的优良标准

用样本指标估计总体指标，我们总希望估计得更加准确一点，那么应该满足什么要求呢？

一般地说有三个要求或标准，满足了这三个要求就可以认为是合格的、优良的估计。

（1）无偏性。

其直观意义是没有系统性误差。

无偏性要求用样本指标估计总体指标时达到：抽样指标的平均数等于被估计的总体指标。

数理统计可以证明，样本平均数的平均数等于总体平均数，即$\bar{\bar{x}} = \bar{X}$；样本成数的平均数等于总体成数，即$\bar{p} = P$，所以，样本平均数和样本成数是总体平均数和总体成数的无偏估计量。

另外，数理统计证明，样本方差S^2不是总体方差σ^2的无偏估计量。而样本修正方差$S_{n-1}^2 = \dfrac{\sum_{i=1}^{n}(x_i - \bar{x})^2}{n-1}$是总体方差$\sigma^2$的无偏估计量。在样本容量n不大时，用$S_{n-1}^2$来估计$\sigma^2$更为准确。当n很大时，因为$n - 1 \approx n$，所以亦可用$S^2$来估计$\sigma^2$。

（2）一致性。

其要求用样本指标估计总体指标时要达到：当样本容量n充分大时，样本指标充分接近总体指标，即随着n的无限增大，样本指标与未知的总体指标之间的绝对离差任意小的可能性趋于实际必然性。数理统计证明样本平均数和样本成数都满足这个条件。

（3）有效性。

其要求用样本指标估计总体指标时，作为估计量的方差比其他估计量的方差小。数理统计证明样本平均数更接近总体平均数，平均说来它的离差比较小，同样，样本成数也满足这个条件。

总之，样本平均数和样本成数均满足优良估计的三条标准。

三、总体参数的点估计

点估计又称定值估计，是用样本的统计量直接估计和代表总体参数，即用样本指标直接代表总体指标的参数估计方法。

例如，用样本平均数$\bar{x}$直接估计总体平均数$\bar{X}$，用样本成数p直接估计总体成数P，用修正样本方差S_{n-1}^2直接估计总体方差σ^2，则有：

$$\bar{x} \approx \bar{X}$$

$$p \approx P$$

点估计不是认为$\bar{x} = \bar{X}$或$p = P$，而是认为$\bar{X}$在点估计值$\bar{x}$（P在点估计值p）的附近。

微课5-4
点估计与区间估计

（一）总体平均数的点估计值

做中学 5-6

某工厂2024年7月对一批某型号的电子元件进行耐用性能检查，按随机重复抽样方法取50件做耐用测试，所得结果的分组资料见表5-6，要求对该批元件的耐用时数作出估计。

经计算，样本平均数为：

$\bar{x}$ = 1 148 小时

据此该批电子元件的平均耐用时数约为1 148小时。

表5-6　某批电子元件抽样资料

耐用时数	组中值（x）	元件数（f）
900以下	850	1
900~1 000	950	2
1 000~1 100	1 050	4
1 100~1 200	1 150	33
1 200以上	1 250	10
总计	—	50

（二）总体成数的点估计值

设有一总体，其成数P未知，若从该总体抽取一个容量为n的随机样本，则样本成数p是总体成数P的估计量。

做中学 5-7

某工厂2024年7月对一批某型号的电子元件进行耐用性能检查，按随机重复抽样方法抽取100件做测试，其中有93件耐用时数达到1 000小时，为合格品，估计该批电子元件的合格率。

抽样合格率为：$p = \frac{93}{100} \times 100\% = 93\%$

所以可以认为该批电子元件的合格率约为93%。

（三）总体方差的点估计值

做中学 5-8

某调查组随机抽选了3 000个居民，调查在晚间看新闻节目的人的比例，在调查过程中，有1 650人说他们看了新闻节目，占55%，我们就可以认为，全体居民中看晚间新闻节目的人约占55%。

（四）总体总量的直接推算法

若需要推断总体总量数据，可以用样本平均数乘以总体单位数取得。

做中学 5-9

从800棵树苗中随机取50棵，成活率为94%。用点估计的方法可以推断，这800棵树苗成活率为94%，800棵树苗中约有800×94%=752棵成活。

总体参数点估计方法的优点是简便、易行，所以常为实际工作者所采用。

其不足之处是，这种估计没有表明抽样估计的误差，更没有指出误差在一定范围内的概率保证程度有多大。要解决这个问题，就必须采用总体参数的区间估计方法。

四、总体参数的区间估计

点估计是用估计量的一个具体数值作为未知参数的估计值。它提供的信息量较小，而且不够精确。

因为每一个点估计结果都来自于一组已经被固定的样本，样本的随机性决定了估计结果的随机性，所以它的某一个具体数值$\hat{\theta}$刚好等于θ真值的可能性极小，但如果我们可以把估计结果扩大到真值θ附近的一个范围或者区间内，那么把握就大得多，这实际上就是参数区间估计的基本思想。

区间估计，是在一定概率保证下，用样本统计量和抽样平均误差去推断总体参数的可能范围的估计方法。

区间估计的优点是，它给出了未知参数θ的一个估计范围，这样的范围通常以区间的形式给出，该区间即置信区间。除此之外，区间估计还可以给出置信区间包含参数θ真值的可信程度。

区间估计在用样本统计量估计总体参数时，用某一个区间范围的值作为总体参数的估计值，并说明总体参数落在这个区间的可能性（或称概率），我们称这一区间为置信区间。

置信区间两端点数值称为置信上限和置信下限；总体参数落在置信区间内的概率保证程度称为可靠程度。

区间估计就是根据样本统计量推断出置信区间和可靠程度。区间估计，不应期望过高的可靠度。可靠度过高必然导致过大的误差范围，误差范围过大，就失去了估计的价值。

$F(t)$一般在0.90～0.96之间为宜。

对区间估计的具体步骤如下：

（一）总体平均数的区间估计

第一步，样本抽取后，用简单算术平均或加权算术平均的方法计算样本平均数$\bar{x}$。

第二步，收集总体数量标志方差的经验数据或计算样本数量标志方差S^2。

第三步，计算抽样平均数平均误差：

$$\mu_{\bar{x}} = \sqrt{\frac{S^2}{n}} = \frac{S}{\sqrt{n}} \text{（重复抽样）}$$

$$\mu_{\bar{x}} = \sqrt{\frac{S^2}{n}(1-\frac{n}{N})} \text{（不重复抽样）}$$

第四步，根据概率 $F(t)$ 确定 t，计算平均数的极限误差 $\Delta_{\bar{x}} = t\mu_{\bar{x}}$。

第五步，确定总体平均数 $\bar{X}$ 的置信区间 $(\bar{x}-\Delta_{\bar{x}},\ \bar{x}+\Delta_{\bar{x}})$。

（二）总体成数的区间估计

第一步，样本抽取后，计算样本成数 $p = \frac{n_1}{n}$。

第二步，用样本是非标志方差 $p(1-p)$ 或经验数据代替总体是非标志方差 $P(1-P)$。

第三步，计算抽样成数平均误差：

$$\mu_p = \sqrt{\frac{p(1-p)}{n}} \text{（重复抽样）}$$

$$\mu_p = \sqrt{\frac{p(1-p)}{n}(1-\frac{n}{N})} \text{（不重复抽样）}$$

第四步，根据概率 $F(t)$ 确定 t，计算成数的极限误差 $\Delta_p = t\mu_p$。

第五步，确定总体成数 P 的置信区间 $(p-\Delta_p,\ p+\Delta_p)$。

置信区间和置信概率的含义是：在区间 $(\bar{x}-\Delta_{\bar{x}},\ \bar{x}+\Delta_{\bar{x}})$ 内，包含全及平均数 $\bar{X}$ 的可能性有多大，在我们开始进行抽样时，尚不能肯定，因为抽样平均数是随机变量，因而以抽样平均数为中心，以 $t\mu_{\bar{x}}$ 为半径所构成的上述区间也是随机的，可以有许多不同的结果。如果我们规定 $t=2$，则在所有以抽样平均数为中心，以 $2\mu_{\bar{x}}$ 为半径所构成的位置不同的许多置信区间中，约有95.45%的区间中包含着全及平均数 $\bar{X}$，另外还有约4.55%的区间中不包含 $\bar{X}$。

待抽样进行完了，从已经取得的样本算出了一个确定的抽样平均数数值（这个数值也就是全及总体的点估计值），因而，置信区间也有了一个确定的位置。这个区间位置虽已确定，但是，由于所估计的全及总体平均数确切数值还是未知的，所以，还只能用概率来说明这个区间中包括 $\bar{X}$ 在内的可能性有多大，即有95.45%的可能性包含着 $\bar{X}$，还有4.55%的可能性不包含 $\bar{X}$。

置信区间刻划了区间估计的精确性，置信概率则刻划了区间估计的可靠性，在一定的标准误下，置信区间的范围越小，区间估计表达得就越精确，同时概率度 t 也越小，这种估计的可靠性也就越差。

做中学 5-10

某学校有2 000名学生，随机抽取100名学生调查他们每月看电影的时间，分组资料见表5-7。

表 5-7 分组资料

每月看电影时间（次）	学生人数（人）
2 以下	70
2~4	20
4 以上	10
合计	100

试按不重复抽样方法，以95.45%的概率推断该校全部学生每周平均看电视时间的可能范围。

已知：$N = 2\,000$，$n = 100$，$t = 2$，$\overline{X} = 1.8$

$S^2 = 6.11$

$$\mu_{\bar{x}} = \sqrt{\frac{S^2}{n}} = \sqrt{\frac{6.11}{100}} = 0.247$$

$\Delta_{\bar{x}} = 2 \times 0.247 = 0.494$

$1.8 - 0.494 \leqslant \overline{X} \leqslant 1.8 + 0.494$

上面介绍的所有公式都是在简单随机条件下产生的。

虽然简单随机抽样从理论上说最符合随机原则，它是其他抽样方式的基础，也是衡量其他抽样方式抽样效果的标准。但是，它在统计实践中受到很大限制。

首先，当总体很大时，对总体单位编号就很困难，对于企业连续生产的产品编号也很难做到。

另外，当总体各单位标志值之间差异很大时，采用这种抽样方式并不能保证样本的代表性。

因此，需要结合调查对象的特点，采用多种抽样组织方式进行抽样推断。

五、其他抽样组织方式下的区间估计

其基本步骤一般为先计算出样本指标，再求出抽样平均误差，最后进行区间估计。

（一）类型抽样条件下的区间估计

类型抽样具体分为等比例类型抽样和不等比例类型抽样。等比例类型抽样是各类型组按照同一比例抽取样本单位，不等比例类型抽样是各类型组不按同一比例抽取样本单位。各组单位数的分配应以取得最小的抽样平均误差为准。

类型抽样的抽样平均误差 $\mu_{\bar{x}}$ 可以这样理解：由于类型抽样是对每一组抽样，所以不存在组间误差，抽样平均误差取决于各组内方差的平均水平。

我们先计算各组内方差：

$$\sigma_i^2 = \frac{\sum(x_{ij} - \overline{X}_i)^2}{N} \approx \frac{\sum(x_{ij} - \bar{x}_i)^2}{n} \quad (i = 1, 2, \cdots, k)$$

再以各组样本单位数 n_i 为权数，计算各组内方差的平均数：

$$\overline{\sigma^2}=\frac{\sum n_i\sigma_i^2}{n}$$

1.抽样平均数的平均误差

$$\mu_{\bar{x}}=\sqrt{\frac{\overline{\sigma}_i^2}{n}}\text{（重复抽样）}$$

$$\mu_{\bar{x}}=\sqrt{\frac{\overline{\sigma}_i^2}{n}\left(1-\frac{n}{N}\right)}\text{（不重复抽样）}$$

式中：$\overline{\sigma}_i^2$——总体各组数量标志平均组内方差，在$\overline{\sigma}_i^2$未知情况下，可用样本各组数量标志平均组内方差$\overline{S}_i^2$代替：

$$\overline{S_i}^2=\frac{\sum_{i=1}^{k}S_i^2n_i}{\sum_{i=1}^{k}n_i}$$

式中，S_i^2（i =1，2，…，k）——样本各组数量标志组内方差；

n_i（i =1，2，…，k）——样本各组单位数；

k——类型组数。

2.抽样成数的平均误差

$$\mu_p=\sqrt{\frac{\overline{P_i(1-P_i)}}{n}}\text{（重复抽样）}$$

$$\mu_p=\sqrt{\frac{\overline{P_i(1-P_i)}}{n}\left(1-\frac{n}{N}\right)}\text{（不重复抽样）}$$

式中，$\overline{P_i(1-P_i)}$——总体各组是非标志平均组内方差，在$\overline{P_i(1-P_i)}$未知情况下，可用样本各组是非标志平均组内方差$\overline{p_i(1-p_i)}$代替：

$$\overline{p_i(1-p_i)}=\frac{\sum_{i=1}^{k}p_i(1-p_i)n_i}{\sum_{i=1}^{k}n_i}$$

式中，$p_i(1-p_i)$（i =1，2，…，k）——样本各组是非标志组内方差。

做中学 5-11

某工厂有甲、乙两个车间都生产汽车零部件，乙车间技术先进，产量是甲车间的2倍，为了调查该厂汽车零部件的使用寿命，按两车间产量比例共抽查60个零件，取得表5-8的资料，试以95.45%的可靠程度推断该厂生产的全部零件的平均寿命的可能范围。

表5-8　零部件抽样调查结果

车间	车间代码	平均寿命（年）	使用寿命的标准差（年）
甲	1	25	1.2
乙	2	28	0.8

已知：$k=2$，$n=60$，$n_1=20$，$n_2=40$，$t=2$

$\overline{x_1}=25$，$\overline{x_2}=28$，$S_1^2=(1.2)^2=1.44$，$S_2^2=(0.8)^2=0.64$

$$\bar{x}=\frac{25\times20+28\times40}{60}=27(\text{年})$$

$$\overline{S_i^2}=\frac{1.44\times20+0.64\times40}{60}=0.9067(\text{年})$$

$$\mu_{\bar{x}}=\sqrt{\frac{0.9067}{60}}=0.1229(\text{年})$$

$$\Delta_{\bar{x}}=0.1229\times2=0.2458(\text{年})$$

$$27-0.2458\leqslant\overline{X}\leqslant27+0.2458$$

全部产品平均寿命在26.7542~27.2458年之间。

（二）等距抽样条件下的区间估计

按无关标志排序的等距抽样，抽样误差的计算方法比较复杂，一般可以按不重复简单随机抽样的抽样误差公式来代替。

按有关标志排序的等距抽样具有类型抽样的性质。

与一般类型抽样相比，等距抽样分的组更多一些，每一个组中只抽取一个单位。因此，可用类型抽样的公式计算抽样误差。

因为按有关标志排序说明已经初步掌握了总体各单位标志值的资料，所以，可以直接用总体方差，而不必用样本方差。

（三）整群抽样条件下的区间估计

整群抽样的特点是：

第一，整群抽样直接抽取的不是总体单位而是“群”，因此总体和样本是“群”组成的。

全及总体群数用R表示，样本的群数用r表示。

第二，影响抽样误差的方差是群间方差，群内方差不影响抽样误差。因为对抽中的群来说，对群中所有单位都进行调查，因此，群内不产生抽样误差。

第三，整群抽样是不重复抽样，应该用不重复抽样公式计算抽样平均误差。

1.抽样平均数平均误差公式

抽样平均数平均误差公式为：

$$\mu_{\bar{x}}=\sqrt{\frac{\delta_{\overline{X}}^2}{r}\left(\frac{R-r}{R-1}\right)}$$

式中：$\delta_{\overline{X}}^2$——总体平均数群间方差。

总体平均数群间方差公式为：

$$\delta_{\overline{X}}^2=\frac{\sum_{i=1}^{R}(\overline{X}_i-\overline{X})^2}{R}$$

式中：$\overline{X}_i$（$i=1$，2，…，R）——总体各群平均数。

总体平均数公式为：

$$\overline{X}=\frac{\sum_{i=1}^{R}\overline{X}_i}{R}$$

当$\delta_{\overline{X}}^2$未知时，可用样本平均数群间方差$\delta_{\overline{x}}^2$代替：

$$\delta_{\overline{x}}^2=\frac{\sum_{i=1}^{r}(\overline{x}_i-\overline{x})^2}{r}$$

式中：$\overline{x}_i$（i =1，2，…，r）——样本各群平均数。

样本平均数公式为：

$$\overline{x}=\frac{\sum_{i=1}^{r}\overline{x}_i}{r}$$

2.抽样成数平均误差公式

抽样成数平均误差公式为：

$$\mu_P=\sqrt{\frac{\delta_P^2}{r}\left(\frac{R-r}{R-1}\right)}$$

式中：δ_P^2——总体成数群间方差。

总体成数群间方差公式为：

$$\delta_P^2=\frac{\sum_{i=1}^{R}(P_i-P)^2}{R}$$

式中：P_i（i =1，2，…，R）——总体各群成数。

总体成数公式为：

$$P=\frac{\sum_{i=1}^{R}P_i}{R}$$

当δ_P^2未知，可用样本成数群间方差δ_p^2代替：

$$\delta_p^2=\frac{\sum_{i=1}^{r}(p_i-p)^2}{r}$$

式中，p_i（i =1，2，…，r）——样本各群成数。

样本成数公式为：

$$p=\frac{\sum_{i=1}^{r}p_i}{r}$$

做中学 5-12

某食品厂昼夜连续生产方便面，每分钟产量为80袋，现在采用整群抽样来检验一昼夜生产的方便面每袋的重量和包装的一等品率，每144分钟抽取1分钟生产的全部袋装方便面进行检查，共检验10分钟生产的袋装方便面，结果见表5-9。

表 5-9 方便面整群抽样调查结果

分钟编号	1	2	3	4	5	6	7	8	9	10
平均袋重（克）$\bar{x}_i$	100.1	100.4	100.5	100.5	100.3	100.2	100.0	100.5	100.2	100.5
包装一等品率（%）p_i	65	70	72	73	71	72	70	68	69	70

根据表中资料，以 $F(t)=95.45\%$ 置信度推断该厂一昼夜生产的方便面平均袋重的范围和包装一等品率的范围。

已知：R = 1 440，r = 10，t = 2。则：

$$\bar{x}=\frac{\sum_{i=1}^{r}\bar{x}_i}{r}=100.3(克)$$

$$\delta_{\bar{x}}^2=\frac{\sum_{i=1}^{r}(\bar{x}_i-\bar{x})^2}{r}=0.032(克)$$

$$\mu_P=\sqrt{\frac{\delta_P^2}{r}\left(\frac{R-r}{R-1}\right)}=0.05628(克)$$

$$\Delta_{\bar{x}}=2\times0.05628=0.1126(克)$$

$$100.3-0.1126\leqslant\bar{X}\leqslant100.3+0.1126$$

第四节 样本容量的确定

一、抽样组织设计的基本原则

微课 5-5

样本容量

抽样推断是根据事先规定的要求设计抽样调查组织，并以所获得的这部分实际资料为基础，进行推理演算作出结论。

如何科学地进行抽样调查组织设计，保证随机条件的实现，并取得最佳的抽样效果，是一个至关重要的问题。

（一）抽样组织设计的原理

（1）抽样推断法是以局部推断总体，要保证客观性，在抽样时必须保证遵循随机原则，才能客观、真实地反映总体实质。

（2）样本容量n较小时，显然抽样误差就大，统计量代替总体参数时其代表性就差，但若n过大，又增加了计算量，不经济而且计算上也增加了不必要的误差，因此，必须解决好样本容量大小与精度要求这对矛盾。

（3）即使在样本容量n同样大的情况下，不同的抽样结构框架的抽样误差也是不同的。

所以，在抽样推断的最初阶段，首先必须对抽样的形式做好组织设计，确定出误差限制标准，进而探讨n的取值以及运用何种抽样框架。

（二）抽样组织设计的原则

（1）必须坚持随机性抽样原则。

如何保证这个原则的实现，需要考虑很多问题。

一是要有合适的抽样框。

抽样框要考虑抽样单位与总体单位的对应问题。

二是取样的实施问题。

在设计中要考虑将总体各单位加以分类、排序或分阶段等措施，尽量保证随机原则的实现。

（2）保证实现最大抽样效果原则。

在一定的调查费用条件下，选择抽样误差最小的方案；或者在给定概率保证程度和一定的抽样误差条件下，做到抽样方法科学有效、调查费用最少。

在设计方案时我们还要注意到，提高精确度的要求和节省费用的要求并不一致，有时甚至是相互矛盾的。

我们的任务就是在满足一定误差的要求下选择费用最少的方案；或在一定的费用开支条件下，选择误差最小的方案。

（3）科学确定抽样的组织形式原则。

要认识到不同的抽样组织形式，会有不同的抽样误差，因而就有不同的效果。

科学的组织形式往往以更少的样本单位数，取得更好的抽样效果。还应该指出，即使是同一种抽样组织形式，由于采用的分类标志不同，群体的划分不同等原因，仍然会产生不同的效果。在抽样设计时应该重视研究的现象的差异、误差的要求和样本容量之间的关系，作出适当的选择。

二、抽样调查方案的设计程序

（1）立项。

立项是指用户提出，或者由各级调查单位提出，进行何种目的的抽样调查，调查工作何时完成。

（2）收集有关总体的资料，设计高效率的抽样框。

（3）设计抽样方案，确定容许误差即准确程度，决定抽样方式，进一步论证立项的可行性。

（4）组织调查，包括人员培训、实地调查、调查登记、收集资料。

（5）进行数据处理，包括分类、排序、汇总等等。

（6）推断总体，并予以论证。

三、影响样本容量的因素

在选定适合对象特点的抽样组织方式后，就必须确定从总体中抽取多少个必要的样本单位。

确定样本容量，是抽样设计的主要任务之一。

所需样本单位数的多少，取决于总体标志的差异程度、允许误差的大小、把握程度的大小和所采用的抽样估计方法等。

在这些条件一定的情况下，样本单位数少，则抽样误差大，样本代表性低；反之，样本单位数多，则抽样误差小，样本代表性高。

但是样本过大不仅要增加调查的人力、财力和时间投入，造成不必要的浪费，还会增加工作中的登记误差，从而增大总误差，影响抽样调查的效果。

因此抽样设计不能单纯追求减少某一种误差，而必须考虑同时减少两类误差，并使它们降至大体相等，才能使总方差最小。

确定必要抽样单位数的原则是：在保证抽样推断能达到预期的可靠程度和精确程度的要求下，确定一个恰当的样本单位数目。

一般地，在确定抽样单位数时，须考虑如下因素：

（1）总体方差的大小。

总体方差即被研究总体标志的变异程度 σ^2 和 $p(1-p)$。

若变异程度大，则需多抽取一些样本单位；若变异程度小，则可少抽取一些。可以想象，如果总体各单位标志值相等，只抽一个样本单位即可。

（2）抽样推断的精确程度的大小

抽样极限误差 $\Delta_{\bar{x}}$ 或 Δ_p 体现了抽样推断的精确程度。

抽样极限误差是指估计值的误差范围。如极限误差小，即允许误差小，则需多抽取样本单位。

如果不允许有抽样误差，就只能进行全面调查，才能保证有较高的准确度。

（3）抽样推断的可靠程度。

它与概率度 t 有关。若要求抽样的可靠程度较高，那么 t 值也较小，这样抽样的数目就要少些。

（4）抽样方法与组织形式。

一般在同样的条件下，重复抽样需要多抽取样本单位，此外，抽取多少样本单位还取决于不同的抽样组织形式。

一般分层抽样和等距抽样比纯随机抽样需要的样本单位数少，整群抽样比纯随机抽样需要的样本单位数多。

根据以上因素初步确定抽样单位数目后，还应结合调查的人力、物力和财力的具体情况做适当的调整，再最后确定。

四、确定样本容量的基本公式

以上影响样本容量的因素，可以从样本容量的计算公式的推导结果加以印证。

（一）简单随机抽样的样本容量计算公式：

1.在重复抽样条件下

因为 $\Delta_{\bar{x}} = t \cdot \mu_{\bar{x}} = t \cdot \sqrt{\dfrac{\sigma^2}{n_{\bar{x}}}}$，所以 $\Delta_{\bar{x}}^2 = t^2 \cdot \dfrac{\sigma^2}{n_{\bar{x}}}$，即：

$$n_{\bar{x}} = \frac{t^2\sigma^2}{\Delta_{\bar{x}}^2}$$

又因 $\Delta_p = t \cdot \mu_p = t \cdot \sqrt{\frac{p(1-p)}{n_p}}$，所以 $\Delta_p^2 = t^2 \cdot \frac{p(1-p)}{n_p}$，即：

$$n_p = \frac{t^2 p(1-p)}{\Delta_P^2}$$

2.在不重复抽样条件下

对 $\Delta_{\bar{x}} = t \cdot \mu_{\bar{x}} = t \cdot \sqrt{\frac{\sigma^2}{n_{\bar{x}}}\left(1-\frac{n}{N}\right)}$ 进行恒等变换，得：

$$n_{\bar{x}} = \frac{Nt^2\sigma^2}{N\Delta_{\bar{x}}^2 + t^2\sigma^2}$$

同样对 $\Delta_p = t \cdot \mu_p = t \cdot \sqrt{\frac{p(1-p)}{n_p}\left(1-\frac{n}{N}\right)}$ 进行恒等变换，得：

$$n_p = \frac{Nt^2 p(1-p)}{N\Delta_p^2 + t^2 p(1-p)}$$

做中学 5-13

某冷库对贮藏的一批禽蛋的变质率进行抽样调查，根据以前的资料，禽蛋贮藏期变质率为 50%，40%，45%。现在允许误差不超过 5%，推断的概率保证度为 95%，问至少要抽取多少禽蛋进行检查。

解：已知 t=1.96，Δ_p=0.05；

成数有三个值，分别计算方差：

0.50×0.46=0.23

0.40×0.51=0.2

0.45×0.52=0.234

其中方差最大值为 0.234，故选 P=0.45。

所以：

$$n_p = \frac{t^2 p(1-p)}{\Delta_P^2} = \frac{1.96^2 \times 0.5 \times (1-0.5)}{0.05^2} = 384.16$$

因此，至少要抽取 385 个禽蛋进行检查。

（二）类型抽样的样本容量的确定公式

1.重复抽样

$$n_{\bar{x}} = \frac{t^2\overline{\sigma}^2}{\Delta^2}$$

$$n_p = \frac{t^2\overline{p(1-p)}}{\Delta^2}$$

2.不重复抽样

$$n_{\bar{x}} = \frac{Nt^2\overline{\sigma^2}}{N\Delta^2 + t^2\overline{\sigma^2}}$$

$$n_p=\frac{Nt^2\overline{p(1-p)}}{N\Delta^2+t^2\overline{p(1-p)}}$$

（三）机械抽样的样本容量的确定公式

机械抽样均为不重复抽样。

$$n_{\bar{x}}=\frac{Nt^2\sigma^2}{N\Delta^2+t^2\sigma^2}$$

$$n_p=\frac{Nt^2p(1-p)}{N\Delta^2+t^2p(1-p)}$$

（四）整群抽样的样本容量的确定公式

$$r=\frac{Rt^2\delta_{\bar{x}}^2}{R\Delta^2+t^2\delta_{\bar{x}}^2}$$

$$r=\frac{Rt^2\delta_p^2}{R\Delta^2+t^2\delta_p^2}$$

五、确定样本容量应注意的问题

第一，依上面公式计算的n是最小的，也是最必要的样本容量。

第二，一般总体方差σ^2或$P(1-P)$是未知的，在实际计算时往往用有关资料代替。

（1）如果进行本次调查之前，曾经进行过同类问题的全面调查，可以用同类问题的全面调查的数据代替。

（2）组织实验性抽样，在进行正式抽样调查之前，组织两次或两次以上实验性抽样。选用实验样本的方差最大者的数据代替。

（3）成数方差$P(1-P)$在完全缺乏资料的情况下，可用成数方差$P(1-P)$的极大值0.5×0.5来代替。

第三，如果进行一次抽样调查，同时对总体平均数和总体成数进行区间估计，运用上面公式计算的$n_{\bar{x}}$和n_p一般不相等，即$n_{\bar{x}}\neq n_p$。为了同时满足两个推断的要求，一般在两个样本容量中选择较大的一个。

第四，上面公式计算的n不一定是整数，如果带小数，一般不采取四舍五入的方法化成整数，而是用比这个数大的邻近的整数代替。

六、总量指标的抽样推算

1.直接换算法

它是用样本指标值或总体指标（总体平均数和总体成数）的区间估计值乘以总体单位数来推算总体总量指标的方法。

样本指标值乘以总体单位数，即$\bar{x}N$，pN，是总体总量指标的点估计值。

总体指标的区间估计值乘以总体单位数，即：$\left[(\bar{x}-\Delta_{\bar{x}})N,\ (\bar{x}+\Delta_{\bar{x}})N\right]$，$\left[(p-\Delta_p)N,\ (p+\Delta_p)N\right]$是总体总量指标的区间估计值。

做中学 5-14

某地区小麦的播种面积为20 000亩，根据抽样调查结果平均亩产为450千克，抽样平均误差为10千克，试在F(t) = 95%的概率保证下，推算该地区小麦总产的范围。

已知：$N = 20\,000$，$\overline{X} = 450$，$\mu_{\bar{x}} = \sqrt{\frac{\delta_{\bar{X}}^2}{r}\left(\frac{R-r}{R-1}\right)}=10$，$t = 1.96$，则：

$\Delta_{\bar{x}} = 1.96 \times 10 = 19.6$（千克）

$450 - 19.6 \leqslant \overline{X} \leqslant 450 + 19.6$

$430.4 \leqslant \overline{X} \leqslant 469.6$

2.修正系数法

它是先将抽样调查资料与全面调查资料对比计算差错比率，即修正系数，然后用差错比率修正全面调查结果。因此，修正系数法是用抽样调查结果修正全面调查结果的方法。

当抽样调查的任务在于检查全面统计数字的质量时，可以用抽样复查所得到的结果修正全面调查的数字。修正系数法的计算步骤如下：

（1）计算差错比率。

$$差错比率 = \frac{抽样复查数 - 全面调查数}{全面调查数} \times 100\%$$

（2）用差错比率修正全面调查结果。

修正后的全面调查数=全面调查数×（1+差错比率）

做中学 5-15

根据全面调查资料，已知某地区全部职工人数为842 651人。为核实这一数据，随机抽取部分单位进行调查，抽样结果为55 290人，而这部分单位全面调查结果为55 342人。试对该地区全部职工人数进行推算。

解：用抽样指标与普查指标对比计算修正系数：

全部职工人数的修正系数=55 290÷55 342≈0.999

用修正系数去修正相应的普查指标：

修正后的职工人数=842 651×0.999≈841 808（人）

七、抽样资料的检查

抽样设计的具体内容很多，其中关键的是明确某项抽样方案的组织形式、可靠程度和允许误差范围。

这些设计内容一旦确定，就成为衡量抽样结果的标准尺度，事后不能更改。

因此，人们可以根据抽样设计方案所提出的标准要求，对实际抽样资料和推断结果进行严格的定量检查，以保证获得最有代表性的抽样估计数据。

抽样检查主要包括准确性检查和代表性检查两个方面。

（一）准确性检查

抽样准确性检查是指以抽样设计方案所要求的允许抽样误差为标准，对已经掌握的抽样资料进行测算，检查其在一定的概率保证程度下抽样极限误差是否超过了设计方案所允许的范围或标准，即要求根据实际资料测定的$\Delta_{\bar{x}}$或Δ_p必须小于或等于设计方案所允许的抽样误差范围。

否则，说明实际抽样资料不符合设计方案的准确性要求，不能直接采用，必须修正。具体修正的办法应视具体情况而定。

一般而言，如果问题是由于技术性和组织操作上的差错所造成的，可通过增加样本容量的办法予以修正，即在完善组织操作程序的基础上，扩大抽取的样本容量，进一步收集抽样资料，然后再重新测算和检查，直至符合设计方案所要求的准确性标准为止。

例如，假设某县有40个村，在设计小麦单位亩产量抽样方案时，要求采用不重复抽样的、各群单位数相等的整群抽样组织方式。

具体的要求是：样本容量（群数）为5个村，允许抽样误差范围不超过20千克，概率保证程度为95.45%。根据实际资料估算的结果是小麦亩产量的抽样平均误差$\mu_{\bar{x}}=6$千克，抽样极限误差$\Delta_{\bar{x}}=12$千克（$t\mu_{\bar{x}}=2\times6=12$千克），那么将这一结果与抽样设计方案所允许的抽样误差范围相比，可以看出$\Delta_{\bar{x}}$<允许抽样误差范围，即12千克<20千克。

这说明该抽样资料符合设计方案的准确性要求，可以用它来推断总体指标，即用这5个村的平均亩产量指标来估算全县40个村的平均亩产量指标，其抽样误差不会超过规定的标准。

（二）代表性检查

抽样代表性检查是指将依据抽样设计方案所获得的样本指标与过去已经掌握的总体同一指标$\bar{X}_0$或P_0相对比，看其比率（一般用百分数表示）是否超出了规定的标准。通常在抽样设计方案中这种标准被确定为3%～5%。

也就是说，如果利用实际抽样资料计算出来的样本平均数$\bar{x}$或样本成数P与$\bar{X}_0$或P_0相对比的结果不超出97%～103%或95%～105%的范围，则可判定依据实际抽样资料计算出来的$\bar{x}$或p具有令人满意的代表性，能够用它推断总体平均数或总体成数。

反之，就表明样本指标代表性不足，必须对抽样调查的各个环节的工作进行系统检查，找出原因，并采取相应的措施对样本指标进行修正。

如果样本指标代表性不足的问题是由于样本单位选择不当造成的，则可采取改换样本单位或增加样本容量的办法进行修正，然后再对修正结果进行检查，直至达到样本指标具有足够代表性为止。

八、各种抽样组织形式效果的比较

（一）简单随机抽样和类型抽样的比较

类型抽样的效果比简单随机抽样要好。

类型抽样所得到的抽样平均数，比简单随机抽样所得到的抽样平均数更紧密地集中在全及平均数的附近。

这是因为类型抽样是从各类型组中抽取样本单位组成的样本，这就使得各个不同等级的类型组都有自己的代表被选入样本，这样的样本对全及总体的代表性当然是比较强的。

再从简单随机抽样来看，在所有可能组成的样本中，既有代表性较强的样本，也有不少代表性不强的样本，其中，每一个样本都有同样被抽中的机会。

这就是说，用简单随机抽样，很有可能抽到那些代表性不强的样本，因此这种抽样方法的效果就差些。

所谓代表性，指的是样本能否代表全及总体。

什么样的样本能代表全及总体？

只要在组织抽样时能够使全及总体中的每个单位都有机会反映在样本中，这样的样本就有资格代表全及总体，就有代表性。

此外，还有一个代表性强弱的问题。代表性较强的样本指样本各方面的特征与全及总体基本上一致，即样本是全及总体的一个缩影。反之，距离这个要求较远的样本，其代表性就较弱。

还必须指出，所谓代表性强，是指样本各方面的特征都与全及总体一致，而不仅是样本的平均数与全及总体的平均数接近。

（二）机械抽样和简单随机抽样、类型抽样的比较

前面已经讲过，按无关标志排序的机械抽样效果与简单随机抽样相同，按有关标志排序的机械抽样效果要比简单随机抽样效果更好，因为它相当于进行了类型分组，所以效果接近类型分组。

（三）简单随机抽样与整群抽样的比较

在调查单位数目相同的情况下，整群抽样的样本均匀性比简单随机抽样要差得多，因此，其代表性也就不如简单随机抽样。

综上所述，简单随机抽样、类型抽样和机械抽样，都是直接从总体单位中抽取样本单位，因而可称为个体抽样。

在个体抽样中，简单随机抽样是基本的组织方式，但当总体单位很多时，不容易组织简单随机抽样，因而简单随机抽样在实际工作中很少应用。

类型抽样是从各类型群分别抽取单位，比较容易组织，并且经过分类，使各组的分布比较均匀，抽样平均指标的变异程度较小，各组都有中选机会，所以在总体各单位标志值大小悬殊的情况下，它可以得到比简单随机抽样更加准确的结果，因而是一种更好的抽样调查方式。

机械抽样是类型抽样的一种。它是最容易组织的一种抽样调查，并且其准确度也一般高于简单随机抽样，故在实际工作中被广泛地应用。

整群抽样，在抽样数目相同的情况下其准确度低于个体抽样。但整群抽样能够节省调查费用，并且也可以用增加抽样数目的方法来达到所要求的准确度，故它仍不失为一种优越的抽样调查方式。

拓展阅读5-1

综合训练

本章总结

随堂测5

一、单项选择题

1.在抽样调查中，无法避免的误差是（　　）。

A.登记性误差　　B.系统性误差

C.计算误差　　D.抽样误差

2.置信区间的大小表明区间估计的（　　）。

A.可靠性　　B.准确性

C.显著性　　D.及时性

3.某企业产品为连续性生产的产品，为检查产品质量，在一天中每隔20分钟取下一分钟的产品进行全部检查，这是（　　）。

A.整群抽样　　B.简单随机抽样

C.分类抽样　　D.纯随机抽样

二、多项选择题

1.简单随机抽取调查单位的方法有（　　）。

A.简单随机抽样　　B.机械抽样

C.重复抽样　　D.不重复抽样

E.整群抽样

2.要提高抽样推断的概率保证程度，可采用的方法有（　　）。

A.增加抽样数目　　B.增大概率度（t）

C.扩大抽样误差范围　　D.缩小抽样误差范围

E.缩小概率度（t）

3.在区间估计中，如果其他条件保持不变，概率保证程度与精确度之间存在下列关系：（　　）。

A.前者越低，后者也越低　　B.前者越高，后者也越高

C.前者越低，后者越高　　D.前者越高，后者越低

E.两者呈相反方向变化

三、判断题

1.样本容量就是样本的个数。（　　）

2.不同的抽样组织方式下，计算抽样平均误差应该采取不同的公式。（　　）

3.极限抽样误差总是大于抽样平均误差。（　　）

4.缩小抽样误差范围，则抽样调查的精确度就会提高。（　　）

5.抽样调查的着眼点就在于对样本数量特征的认识。（　　）

四、思考题

1.什么是随机原则？在抽样推断中为什么要遵循随机原则？

2.简述抽样误差的影响因素。

3.为什么抽样平均误差能够评价一种抽样设计效果的优劣？

4.为什么说不重复抽样误差总是小于而又接近于重复抽样误差？

5.什么是概率度？什么是概率保证程度？这两者有什么关系？

6.什么是抽样平均误差和抽样极限误差？二者有何关系？

7.类型抽样中的分组和整群抽样中的分群有什么不同的意义和要求？

8.简单随机抽样和等比类型抽样哪个效果更好？为什么？类型抽样的优越性在什么情况下发挥得更好？

9.影响样本容量的因素有哪些？

五、计算题

1.2024年5月某农业局想了解10 000亩庄稼的丰收情况，随机抽取了400亩庄稼作为样本，发现有10%的死亡率，平均亩产为30吨，标准差为2吨。（重复抽样，t=2）

试估计：

（1）10 000亩庄稼的成活率的抽样极限误差；

（2）10 000亩庄稼平均亩产量的抽样平均误差。

2.某灯泡厂生产了一批灯泡共10 000只，质检人员随机抽取100只进行试验，分别整理得到的结果见表5-10。

表5-10 灯泡耐用时间抽样调查情况表

耐用时间（小时）	900以下	900~1 000	1 000~1 100	1 100~1 200	1 200以上
灯泡数（个）	3	9	33	30	25

试求该批灯泡平均耐用时间的抽样平均误差和耐用时间在1 000小时以上的产品所占成数的抽样平均误差。

3.2024年7月全明机械厂有1 000个工人，用简单随机重复抽样的方法抽取50个工人作为样本，调查其工资水平，有关资料见表5-11。

表5-11 全明机械厂工人工资抽样调查情况表

月工资水平（元）	工人人数（人）
1 400	4
1 500	6
1 600	9
1 700	10
1 800	8
1 900	6
2 000	4
2 100	3
合计	50

（1）计算样本平均数和抽样平均误差；

（2）以95.45%的可靠性估计该厂工人的月平均工资和工资总额的区间。

4.某超市准备就顾客购物消费额进行调查，根据历史数据，标准差为20元。先抽取100名顾客进行随机调查，计算出平均购物消费额为82元。

试以95.45%（t=2）的概率估计该超市顾客平均购物消费额的可能范围。

第六章

相关与回归分析

知识目标

1. 掌握相关关系的基本概念、种类及相关系数的计算方法；
2. 掌握回归的概念及一元线性回归方程的求法；
3. 理解估计标准误差的含义及计算公式。

能力目标

1. 学会编制相关表、绘制相关图；
2. 能够根据有关资料配合一元直线回归方程进行统计分析和预测；
3. 提升收集数据和处理数据的能力。

素养目标

1. 培养运用相互联系的观点分析问题的意识，提升创新能力；
2. 树立统计参与管理的观念，增强民族自豪感；
3. 培养严谨、认真的学习态度和求真务实的科学精神。

案例 6-1　　史上最漫长的“幸福人生”跟踪研究

哈佛的“幸福公式”告诉我们，幸福与金钱无关。要想幸福，就要培养良好的人际关系，我们需要去爱他人，也需要被他人关爱。那么，决定一个人过得幸福的原因到底是什么？为了破解“幸福人生”之谜，哈佛大学开展了一项研究。这项研究始于1938年，历时八十几年，跟踪研究了724名被研究者和他们的后代，从少年到老年，年复一年地询问并记录他们的工作、生活和健康状况等。这个项目至今还在继续中，可谓是史上最漫长的“幸福人生”跟踪研究。

这项研究预测了有可能影响人们晚年幸福感的十多个因素，包括他的家庭阶层、运动能力、身体耐力、社交能力、家族酗酒史、抑郁史、父母受教育程度、祖辈寿命长短等等。在排除了财富、名声等因素之后，项目组得到的结论是：良好的人际关系让我们更快乐，更健康。换言之，发展最好的、生活最幸福的，正是那些把精力投入到自己跟家人和朋友人际关系中的人。

资料来源　九禾．耗时75年，哈佛破译人类“幸福公式”：人际关系良好的人更幸福？[EB/OL][2024-08-31]．https：//baijiahao.baidu.com/s？id=1725610423665365880&wfr=spider&for=pc（有删节）

第一节　相关分析概述

一、相关关系的概念

相关分析的研究对象是社会经济现象间的相关关系，因此要进行相关分析，首先必须明确什么是相关关系。事物或现象之间的关系大致分为两大类：函数关系和相关关系。

（一）函数关系

微课 6-1

认识相关关系

函数关系是指现象之间客观存在的，在数量变化上按一定变化规律严格确定的相互依存关系。

例如，圆的面积与圆的半径之间的关系、自由落体下落高度与时间的关系、在价格固定的情况下商品销售额与销售量的关系等都是函数关系。

在这种关系中，对于自变量的每一个数值，都有唯一确定的因变量值与之相对应，并且这种关系可以用一个数学表达式反映出来。

（二）相关关系

相关关系是指现象之间客观存在的，在数量变化上受随机因素的影响，非确定性的相互依存关系。

例如，家庭收入与支出、亩产量与施肥量、运动量与健康水平等都是相关关系。在这种关系中，自变量不是决定因变量变化的唯一因素。因而，自变量与因变量之间的关系不能用数学表达式准确反映出来。

从上面可以看出相关关系具有如下两个特点：

（1）相关关系表现为数量上的依存关系。

如果一个现象发生数量上的变化，则另一个现象也会相应地发生数量上的变化。例如，随着企业广告费支出的增加，产品销售量也有增长的趋势。

（2）相关关系中所表现的数量上的依存关系是不确定的。

对其中一个变量的某一个数值，另一个变量可能有许多数值与之对应。

例如，由于企业产品销售量的多少除受广告费支出的影响外，还受到产品质量、产品价格、营销渠道和售后服务等其他因素的影响，因而广告费支出同样多的同类企业，产品的销售量是不可能一样的；学习成绩的高低与投入的学习时间有密切关系，但是影响学习成绩的因素除了学习时间外，还有学习兴趣、学习方法、学习效率等其他因素，所以即使是投入同样的学习时间，所对应的学习成绩也是不确定的。

相关关系与函数关系既有区别，又有联系。有些函数关系由于观察、测量误差以及人们的认识能力等原因，在实际中常常通过相关关系表现出来；在研究相关关系时，人们常常利用相应的函数关系数学表达式，来表明现象之间的数量变动关系。所以，相关关系是相关分析的研究对象，函数关系是相关分析的工具。

二、相关关系的种类

现象间的相关关系从不同角度，按不同的标志可以划分为不同的种类。

拓展阅读6-1

（一）按相关的密切程度分为完全相关、不完全相关和不相关

完全相关是指一个变量的值完全由另一个变量值所决定，这时相关关系就转化为函数关系，如圆的面积与半径之间的关系。

不相关是指两个变量之间各自独立，互不影响，如学习成绩和身高的关系。

不完全相关是指两个变量之间有一定联系，当一个变量变化时，另一个变量也会随之变化，但不存在严格的函数关系，其密切程度介于完全相关和不相关之间。

不完全相关是统计分析的主要研究对象。

小贴士6-1

地震与天象没有相关性

在云南省地震局，预报中心主任苏有锦研究员肯定地说："地震成因主要是地球本身的结构和运动导致，地震发生和天象没有相关性。只要地球在运动，就会一直有地震发生。"

在全球范围内，平均每天都会发生一万次左右的地震。"地震发生在时空分布上具有不均匀性特征，它在某个时段会相对频繁一些，某个时段会相对少一些。"苏有锦说。

此外，一些所谓预测某时某地会发生地震的言论也是没有科学道理的。在现实生活中，有人"看到天空中有地震云"，又或"谁家的动物出现了异常反应"……事实上，这些所谓的预兆没有任何科学依据，即便目前的科学技术已经取得长足进步，但依然做不到像预报天气一样提前预报地震发生。

资料来源　科技日报．子虚乌有的天象谣言　才是真"灾害"[EB/OL]（2020-07-17）[2024-03-31]．https：//baijiahao.baidu.com/s？id=1672419218642945228&wfr=spider&for=pc.有删减。

素养提升6-1

世界银行报告显示，2013—2021年间，中国对世界经济增长的平均贡献率达38.6%，比七国集团（G7）成员国贡献率的总和高12.9个百分点。作为世界经济增长的重要引擎，中国经济充满韧性和活力，备受世界瞩目。

据国际货币基金组织（IMF）估算，通常情况下，中国国内生产总值（GDP）增速每提高1个百分点，就会带动亚洲其他经济体GDP平均增长约0.3个百分点。中国持续扩大进口和对外投资，同世界各国共享中国市场和发展机遇。在世界现代化的新版图

上，中国形成了最大的中等收入群体、劳动力市场和消费潜能，成为全球发展最重要的增长极和全球合作最强劲的动力源。

中国商务部数据显示，2013—2022年，中国同“一带一路”共建国家货物贸易额从1.04万亿美元扩大到2.07万亿美元，年均增长8%；同共建国家双向投资累计超过2 700亿美元。截至2022年底，中国企业在共建国家建设的境外经贸合作区累计投资达571.3亿美元，为当地创造了42.1万个就业岗位。

作为拥有超大规模市场优势的全球主要经济体，中国将全面推进高水平对外开放，加快构建以国内大循环为主体、国内国际双循环相互促进的新发展格局，不断增强国内国际两个市场两种资源联动效应，推动形成中国与世界更加紧密的良性互动，并以中国新发展创造全球新机遇，为世界经济复苏注入信心和动力。

资料来源　作者根据相关资料整理。

（二）按相关的形式分为线性相关和非线性相关

通过对具有相关关系的两个变量进行调查，可以获得一系列成对的观察值，在平面直角坐标系中绘出相应的点，如果这些点的分布大致呈一条直线，则称这两个变量为线性相关。

如果这些点的分布并不表现为直线，而近似于某种曲线，如抛物线、指数曲线、双曲线等，则称这两个变量为非线性相关。

（三）按相关的方向分为正相关和负相关

在线性相关中，如果两个变量的变动方向相同，即当一个变量增加或减少时，另一个变量也随之增加或减少，则称这两个变量为正相关。例如，一般情况下，投入学习时间越长，学习成绩越好；家庭收入越高，支出也越多等。

如果两个变量的变动方向相反，即当一个变量增加或减少时，另一个变量随之减少或增加，则称这两个变量为负相关。例如，吸烟越多，健康状况越差；商品价格降低，商品销售量增多等。

（四）按影响因素的多少分为单相关和复相关

两个变量间的相关关系称为简单相关，又称单相关。例如，农作物亩产量与施肥量两个变量中，只有一个自变量，一个因变量，属单相关。

拓展阅读6-2

三个或三个以上变量间的相关关系称为多元相关，又称复相关。例如，农作物亩产量与施肥量、灌溉用水量之间的相关性，有两个自变量，属复相关。

在实际工作中，如果存在复相关，可以抓住其中最主要的因素，研究其相关关系，将复相关化为单相关。

三、相关分析的主要内容

相关分析的主要目的是通过对相关关系的研究，掌握现象的变化规律，以便进行统计预测和推算，为制订计划、实施决策提供统计资料。

为实现这一目的，广义相关分析应包含相关分析和回归分析两个方面，具体包括以下内容：

（1）确定相关关系的存在，这是相关分析的起点。

社会经济现象之间存在很多的虚假相关性。

例如，统计数据显示，孩子鞋码和语言能力呈正相关。那么，两者真的相关吗？学者们经过研究发现，孩子鞋码大小和语言能力都受年龄的影响，两者看上去相关只是形式上的偶然巧合。

所以，判断现象间是否存在相关关系，必须通过定性和定量相结合的方法进行分析才能得出正确的结论。

拓展阅读6-3

进行相关分析前，必须先对被研究的对象进行定性分析，判断所研究的现象之间客观上是否确实存在内在的本质联系，然后才能进行定量分析，这样才能避免掉入虚假相关的陷阱。

（2）确定相关关系的形式，包括相关的形态、方向和相关密切程度。

相关关系分为直线相关和曲线相关，正相关和负相关，不同的形式要用不同的方法分析。

同时，也要进一步确定相关关系的密切程度。

拓展阅读6-4

如果现象之间的相关关系不密切，我们不必太重视；如果现象之间有密切关系，我们就要重视，并据以进行下一步的预测和推算。

研究相关关系的形式，主要方法有编制相关表、绘制相关图和计算相关系数。

（3）确定相关关系的数学表达式。

相关分析借助于函数关系数学表达式配合回归方程来测定现象之间数量变化的一般关系。

通过回归方程，我们可以知道当自变量改变一定量时，因变量会发生多大数量上的变化，这是进行推算和预测的基础。

（4）确定因变量估计值误差的程度。

利用回归方程，给定若干自变量，可以计算出相应的因变量估计值。

这个估计值和实际值之间必然存在着误差，确定因变量估计值误差程度大小的指标是估计标准误差，这一指标反映了估计的准确程度。

第二节　线性相关分析

进行相关分析，就是确定相关关系的存在及其形式。

拓展阅读6-5

如果不能对相关关系及程度进行正确的判断分析，就会导致所做的计算、估计预测毫无意义。

对相关关系及相关程度的判定，一般在对现象进行定性分析的基础上，通过编制相关表、绘制相关图和计算相关系数来实现。由于本章仅研究两个变量的线性相关关系，所以也称为线性相关分析。

一、定性分析

在相关分析之前，首先应进行定性分析。

定性分析是指依靠分析者的理论知识、经验和分析判断能力来判断变量之间是否存在真实的相关关系的方法。

利用定性分析可以排除虚假相关现象，避免产生毫无意义甚至误导性的分析结果。

拓展阅读6-6

二、相关表

相关表是将调查得到的被研究对象的一系列成对观察值，按一定顺序加以排列形成的统计表。

通过相关表可以大致判断两变量之间是否存在相关关系以及相关的方向。

根据资料是否分组，相关表分为简单相关表和分组相关表。

（一）简单相关表

简单相关表是资料未经分组的相关表，它是将成对观察值按照其中一个变量值从小到大的顺序一一对应平行排列起来的统计表。

例如，某企业一年中每月广告费用及月销售额资料如表6-1所示。

表6-1　某公司月广告费与月销售额统计表　单位：万元

月份	月广告费	月销售额
1月	20	351
2月	23	400
3月	25	405
4月	23	392
5月	30	480
6月	32	498
7月	35	508
8月	35	520
9月	30	495
10月	25	430
11月	32	500
12月	30	483

根据上述资料，按月广告费从低到高的顺序加以排列，所对应的月销售额依次对应排列编成简单相关表，如表6-2所示。

表6-2　广告费与月销售额相关表　单位：万元

月份	月广告费	月销售额
1月	20	351
2月	23	400
4月	23	392
3月	25	405
10月	25	430
5月	30	488
9月	30	495
12月	30	483
6月	32	498
11月	32	500
7月	35	508
8月	35	520

从表6-2可以看出，随着月广告费的提高，月销售额有增长的趋势。这表明二者之间存在着正相关关系。

（二）分组相关表

如果调查得到的原始数据资料很多，无法通过简单相关表直观观察变量间是否存在相关关系，就需要编制分组相关表。

分组相关表是指在简单相关表的基础上，将原始数据进行分组整理后编制成的相关表。

依据分组标志的多少，分组相关表又分为单变量分组相关表和双变量分组相关表两种。

1.单变量分组相关表

单变量分组相关表是只按一个变量分组而形成的相关表。

其具体编制步骤是：

首先，按一个变量进行分组，根据资料的具体情况可选择单项式分组或组距式分组；

其次，统计变量值落在各组内的次数；

最后，计算各组另一变量值的平均数。

根据表6-2资料，按月广告费进行单项式分组，列出每组次数并计算各组销售额的算术平均数，则得到单变量分组相关表（见表6-3）。

从表6-3可以看出，与简单相关表相比，单变量分组相关表反映的月广告费与月销售额之间的相关关系更加清晰，从中可以明显看出二者存在正相关关系。

表6-3　　月广告费与月销售额分组相关表

月广告费（万元）	月份数	月销售额（万元）
20	1	351
23	2	396
25	2	418
30	3	489
32	2	499
35	2	514

2.双变量分组相关表

双变量分组相关表是将自变量和因变量都进行分组而编制的相关表。这种表因形似棋盘，又称棋盘式相关表。

其具体编制步骤是：首先，分别按自变量和因变量分组，可酌情选择单项式分组或组距式分组，确定组数；其次，按两变量组数设计成棋盘式表格，将一个变量作为纵标题，按变量值从小到大，自左至右排列，将另一变量作为横标题，从大到小，自上而下排列；最后，计算各组次数填入对应的方格之中。

根据表6-2资料，将月广告费按单项式分组，分成6组，月销售额按组距式分组，分成4组，编制双变量分组相关表见表6-4。

表6-4　　月广告费与月销售额双变量分组相关表

月销售额（万元）	月广告费（万元）						合计
	20	23	25	30	32	35	
500以上					1	2	2
450~499				3	1		4
400~449		1	2				3
350~399	1	1					2
合计	1	2	2	3	2	2	12

从表6-4可以看出，随着月广告费投入的增加，月销售额也在逐渐增加。

三、相关图

为更清晰地显示相关关系的趋势，可以依据简单相关表绘制相关图。

相关图又称散点图，它是将相关表中的观测值在平面直角坐标系中用坐标点描绘出来，用以表明相关点分布情况的图形。

其绘制方法是：横轴代表自变量（x），纵轴代表因变量（y），把相关表中的对应观测值一一标示在坐标图中，就形成了反映相关点分布状况的相关图。

利用相关图，可以更直观地看出两个变量之间是否存在相关关系以及相关的方向：(1）如果相关点呈一条直线，则表明两变量存在线性相关关系；(2）如果相关点呈一条曲线，则表明两变量存在曲线相关关系，并且相关点越密集，相关密切程度越高；(3）如果相关点分布毫无规律，散落在整个象限之中，则表明两个变量间不存在相关关系。

常见的几种相关图如图6-1所示。

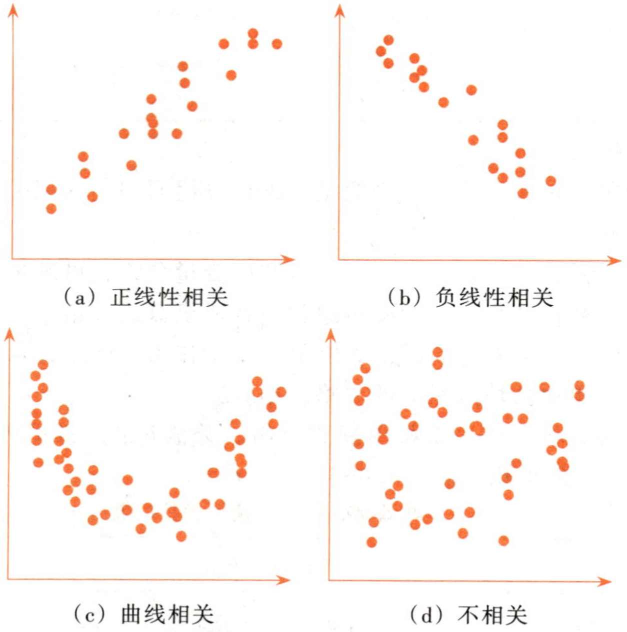

图6-1　常见相关图

根据表6-1资料，绘制相关图如图6-2所示。

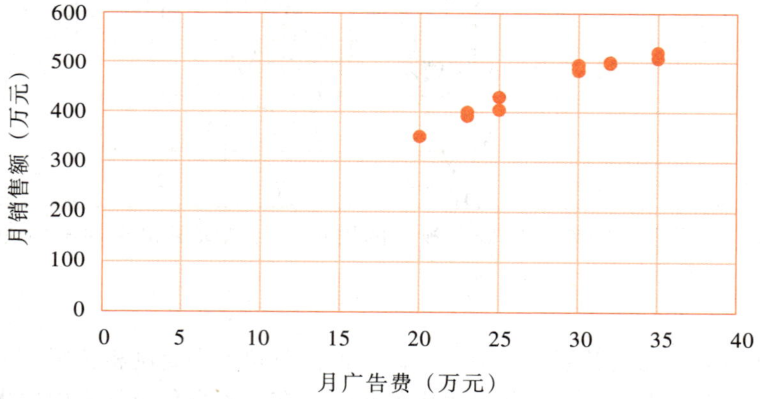

图6-2　月广告费与月销售额相关图

从图6-2可以看出，月广告费与月销售额的相关点呈现出一定的规律性，大致为一条向上的直线，表明二者之间存在正线性相关关系。

四、相关系数

通过相关表和相关图可初步判断两个变量之间的相关关系及其相关方向，但无法确切地表明两个变量之间相关的密切程度。因此，为准确度量两个变量之间关系的密切程度，需要计算相关系数。

（一）相关系数的概念和性质

相关系数是测定两个变量之间线性相关程度的统计分析指标，用r表示。相关系数是按积差方法计算的。其计算公式为：

$$r=\frac{\sum(x-\bar{x})(y-\bar{y})}{n\sigma_x\sigma_y}$$

式中：x——其中一个变量的一系列变量值；

$\bar{x}$——x变量的平均值；

y——另一个变量的一系列变量值；

$\bar{y}$——变量y的平均值；

σ_x——变量x的标准差；

σ_y——变量y的标准差；

n——项数。

依据相关系数的定义，可知相关系数性质如下：

1.相关系数r的取值范围在［-1，+1］之间。

2.当$r>0$时，表明x与y正相关；当$r<0$时，表明x与y负相关。

3.当$r=0$时，表明x与y没有线性相关关系，也称为零相关。

4.当$|r|=1$时，表明x与y之间存在确定的线性函数关系，即x与y为完全线性相关。

5.当$0<|r|<1$时，表明x与y存在着一定的线性相关。$|r|$越大，越接近于1，表明线性相关程度越高；$|r|$越小，越接近于0，表明线性相关程度越低。通常相关程度的判断标准是：$|r|\leqslant0.3$称为微弱相关；$0.3<|r|\leqslant0.5$称为低度相关；$0.5<|r|\leqslant0.8$称为显著相关；$0.8<|r|<1$称为高度相关。

拓展阅读6-7

（二）相关系数的计算

1.未分组资料计算相关系数

利用相关系数的定义公式计算相关系数，需先计算出x与y的标准差，不仅计算量大，比较繁琐，因此在实践中多采用由定义公式推导出的简化计算公式：

$$r=\frac{n\sum xy-\sum x\sum y}{\sqrt{\left[n\sum x^2-(\sum x)^2\right]\left[n\sum y^2-(\sum y)^2\right]}}$$

【例6-1】根据表6-1资料计算相关系数，见表6-5。

表 6-5　　相关系数计算表

月份	月广告费 x（万元）	月销售额 y（万元）	x^2	y^2	xy
1 月	20	351	400	123 201	7 020
2 月	23	400	529	160 000	9 200
3 月	25	405	625	164 025	10 125
4 月	23	392	529	153 664	9 016
5 月	30	480	900	230 400	14 400
6 月	32	498	1 024	248 004	15 936
7 月	35	508	1 225	258 064	17 780
8 月	35	520	1 225	270 400	18 200
9 月	30	495	900	245 025	14 850
10 月	25	430	625	184 900	10 750
11 月	32	500	1 024	250 000	16 000
12 月	30	483	900	233 289	14 490
合计	340	5 462	9 906	2 520 972	157 767

$$r=\frac{n\sum xy-\sum x\sum y}{\sqrt{\left[n\sum x^2-(\sum x)^2\right]\left[n\sum y^2-(\sum y)^2\right]}}$$

$$=\frac{12\times157\,767-340\times5\,462}{\sqrt{\left[12\times9\,906-340^2\right]\times\left[12\times2\,520\,972-5\,462^2\right]}}$$

$$=0.977$$

相关系数 r=0.977，说明月广告费与月销售额之间有高度的线性正相关关系。

2. 分组资料计算相关系数

如果用于进行相关分析的资料为分组资料，即每对变量存在的次数不同，则应计算加权相关系数。

计算公式为：

$$r=\frac{\sum f\sum xyf-\sum xf\sum yf}{\sqrt{\left[\sum f\sum x^2f-(\sum xf)^2\right]\left[\sum f\sum y^2f-(\sum yf)^2\right]}}$$

【例 6-2】根据表 6-3 的资料，计算相关系数，编制相关系数计算表，如表 6-6 所示。

表 6-6　　相关系数计算表

月广告费（万元）x	月销售额（万元）y	月份数 f	xf	yf	xyf	x^2f	y^2f
20	351	1	20	351	7 020	400	123 201
23	396	2	46	792	18 216	1 058	313 632

续表

月广告费（万元）x	月销售额（万元）y	月份数 f	xf	yf	xyf	x^2f	y^2f
25	418	2	50	836	20 900	1 250	349 448
30	489	3	90	1 467	44 010	2 700	717 363
32	499	2	64	998	31 936	2 048	498 002
35	514	2	70	1 028	35 980	2 450	528 392
合计		12	340	5 472	158 062	9 906	2 530 038

$$r = \frac{\sum f\sum xyf - \sum xf\sum yf}{\sqrt{\left[\sum f\sum x^2f - (\sum xf)^2\right]\left[\sum f\sum y^2f - (\sum yf)^2\right]}}$$

$$= \frac{12 \times 158\,062 - 340 \times 5\,472}{\sqrt{\left[12 \times 9\,906 - 340^2\right] \times \left[12 \times 2\,530\,038 - 5\,472^2\right]}}$$

$$= 0.981$$

计算结果同样表明，月广告费与月销售额之间存在高度的线性正相关关系。

需要注意的是，相关关系的成立是在一定的范围之内的，超过这个范围，相关关系会发生变化。例如，在一定范围内，多投入广告，销售额会增加，但广告投入过多，销售额不会持续增加，这时，广告投入与销售额从高度相关变成不相关。在一定范围内，施肥量的增加会实现农作物增收，但如果施肥量过多，会损害农作物，这时，两者之间的关系就从正相关变成了负相关。

第三节　一元线性回归分析

一、回归分析概述

（一）回归分析的意义

广义相关分析包括相关分析和回归分析两方面的内容。相关分析可以说明两种现象相关的方向及密切程度。

微课 6-2

回归分析概述

但是相关分析无法用一个变量的变化去推算另一个变量的变化。为了实现变量间的推算、预测，找到现象之间相互依存关系的数量上的规律性，得出两变量间的具体数量变动关系，需要进行回归分析。

“回归”的概念是英国生物学家高尔顿在研究父辈与子辈身高的关系这类遗传问题时提出来的。根据遗传学的观点，父母的身高会影响孩子的身高，两者存在相关关系。一般情况下，父母身材高，孩子身材也高，那么经过祖辈不断遗传，子辈的身高必然会向两级分化。但事实并非如此，高尔顿发现：父母身材矮的，其子女的平均身高要比父母高；父母身材高的，其子女的平均身高会低于父母的身高。换句话说，当父母身高走向极端，子女的身高要比父母们的身高更接近平均身高，即有“回归”到平均数的趋势。对于这个一般结论的解释是：大自然具有一种约束力，使人类身高的分布相对稳定而不产生两极分化，这就是所谓的回归效应。后来，“回归”一词被应用到很多领域，用来泛指变量之间的一般数量关系。

回归分析就是对具有相关关系的两个或两个以上变量之间数量变化的一般关系进行测定，确定两个变量之间变动关系的数学表达式，以便进行估计或预测的统计方法。

回归分析是非常重要的预测模型，利用回归分析可以估计一种处理方法对结果的影响，进而推断未来的发展趋势。

回归分析还可以比较变量在不同程度上的影响，如对价格变动和销量进行回归分析，可以帮助企业找到更好的定价策略等。

回归可以划分为不同的种类：按回归线的形状分为线性回归和非线性回归；按自变量的数量分为一元回归和多元回归。

只有一个自变量的回归称为一元回归，有两个或两个以上自变量的回归称为多元回归。

例如，通过“工龄”这一特征变量预测“工资”属于一元回归，通过“工龄”“所在城市”“行业”等多个特征变量来预测“工资”，就属于多元回归。

本节主要研究一元线性回归分析，即两个具有线性相关关系的变量间的回归分析。一元线性回归分析是回归分析中最简单和应用最广泛的一种，它是一般回归分析的基础。

（二）回归分析与相关分析的区别与联系

相关分析与回归分析相辅相成，两者既有联系又有区别。

1. 相关关系与回归分析的联系

（1）相关分析是回归分析的基础和前提。

相关分析与回归分析的研究对象相同，都是研究社会经济现象间的相关关系。

进行回归分析之前，首先必须明确两变量之间是否有相关关系，进而明确相关的形式及密切程度。

如果变量之间没有相关性，就没必要再进行回归分析，只有当变量之间高度相关时，进行回归分析寻求其相关的具体形式才有意义。

否则，盲目开展回归分析，很容易得出无意义甚至误导性的结果。

（2）回归分析是相关分析的深入和继续。

相关分析只研究变量之间相关的方向和程度，但无法实现依据一个变量的变化来推测另一个变量的变化情况，即不能推断变量之间相互关系的具体形式。

所以，相关分析只有上升到回归分析，对于认识现象之间联系的规律性才具有更重要的意义，才能为人们的认识和管理活动提供更有价值的科学依据。

所以在实际应用中，为更好地达到研究和分析的目的，必须把相关分析和回归分析结合起来使用。

2. 相关关系与回归分析的区别

相关分析与回归分析具有各自的特点，存在着一定的区别。

其主要体现在以下三个方面：

（1）分析的内容不同。

相关分析研究的是变量间相关关系的方向和密切程度，而回归分析研究的是变量间相关关系的具体形式，通过回归模型进行统计预测。

（2）对变量的要求不同。

相关分析研究的两个变量都是随机变量，变量之间不必区分自变量和因变量。

而回归分析研究的是具有因果关系的两个变量，必须要根据研究目的确定哪个是自变量（x），哪个是因变量（y）。

直线回归方程中，要求自变量是非随机变量，是给定的数值，因变量是随机变量，将自变量代入方程，求出因变量的估计值。

（3）交换自变量和因变量对计算结果影响不同。

对互为因果关系的两个变量 x 和 y，只能计算出一个相关系数，即不管是把 x 作为自变量还是把 y 作为自变量，都不影响相关系数的计算结果。

在进行回归分析时，如果以 x 为自变量，可以求出 y 对 x 的回归方程：$y_c = a + bx$，用 x 推算 y；如果以 y 为自变量，也可以求出 x 对 y 的回归方程：$x_c = c + dy$，用 y 推算 x。

拟合的这两个回归方程是两条斜率不同的回归直线，两者相互独立、不能替换，一个方程只能做一种推算，即只能给出自变量的数值来估计因变量的数值，不能采用数学上的逆运算进行两个公式间的推导。

二、一元线性回归方程

微课 6-3

一元线性回归方程

回归分析的任务是，根据散点图初步确定方程表达式的类型，通过拟合一个恰当的数学模型，依据自变量来推测因变量的数值。

一元线性回归分析中，我们需要配合一个直线方程来描述两个变量间关系的数学表达式，这个直线方程，称为一元线性回归方程。

（一）配合一元线性回归方程的条件

并非给定任何资料都可配合一元线性回归方程，任何一个数学模型都有条件限制。配合一元线性回归方程应具备以下几个条件：

（1）现象间确实存在显著的相关关系。

只有当两个变量显著相关时，所配合的回归方程才有意义，用以进行分析和预测才有价值。

（2）现象间存在线性相关关系。

可通过绘制散点图来判定两个变量是否为线性相关。在线性相关基础上所配合的方程才是对客观现象的真实描述，才可用来进行统计分析。

（3）具备一定数量的变量观测值。

线性回归方程是根据自变量和因变量的样本观测值求得的，所以，在回归分析时，要具备一定数量的成对变量观测值。如果观测值太少，受随机因素影响大，就不能发现现象间的变动规律。

（二）用最小平方法求解一元线性回归方程

在散点图中，我们根据各观察点的分布引出一条直线，用来描述两变量之间的关系。

依据图6-2的散点图拟合的直线如图6-3所示。

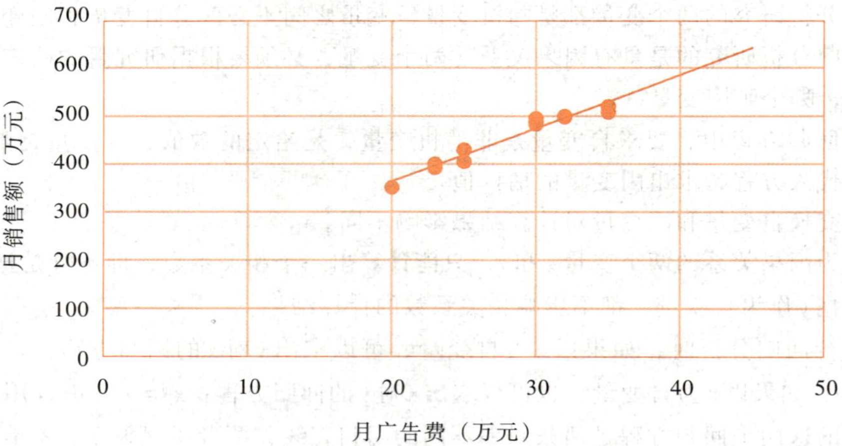

图6-3　月广告费与月销售额相关图

从图6-3中可以看出各相关点围绕直线上下变动。

一元线性回归分析的任务就是找出一条最合适的直线来描述变量间的关系。

这条直线称为估计回归线，配合回归线的相应方程式称为回归方程，即：

$y_c = a + bx$

式中：a——直线的纵轴截距，即当自变量为零时，因变量的估计值；

b——直线的斜率，又叫回归系数，表示自变量每增加一个单位时因变量的平均增减量；

x——自变量的实际值；

y_c——y的预测值，表示对应于自变量x的因变量的估计值。

在回归方程中，a和b是方程的待定参数，需要根据实际资料求解。a和b求解出来之后，回归方程即可确定。

延伸学习6-1

以身高体重数据为例，自变量x是身高，因变量y是体重。

图6-4是在散点图的基础上，又加了一条穿过这些点的中心的直线，这些观测点基本上都在直线附近，可以认为二者大体上呈线性关系。

这条直线的斜率是正的，也就是说，身材高大的人较重，身材矮小的人较轻。这条直线越陡，说明身高的单位变化所导致的体重的差异越大。

直线的陡峭程度由它的斜率来度量，所以如果可以获得直线的斜率，就知道了身高

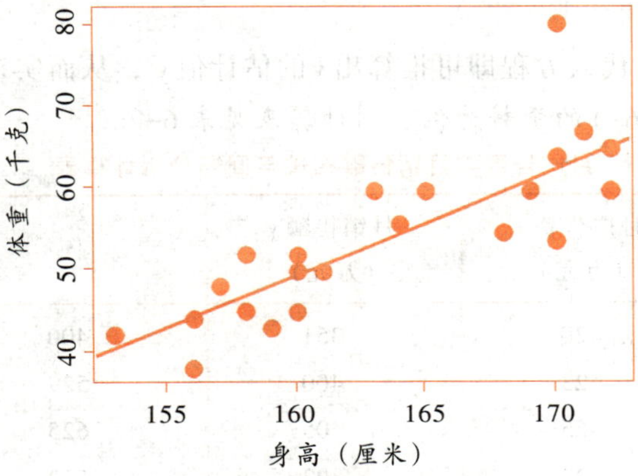

图6-4 身高体重数据散点图

每增加一厘米，体重平均会增加多少千克。

如果还可以得到直线的截距项，也就是说当x=0时，这条直线与y轴相交的点，那么这条直线就可以用方程表示出来。

本例中的这条直线的斜率和截距项分别为1.3和-160，那么这条直线的方程为：

体重=-160+1.3×身高

其中，斜率1.3的含义是如果两个人身高相差1厘米，平均体重相差1.3千克。这样的一条直线就是回归直线，这个直线的方程就是回归方程，它用很简洁的方式总结了两个变量的关系。

相关分析中只能得到相关系数，也就是两个变量的相关程度，而回归直线具体描述了因变量是如何随一个或多个自变量的变化而变化的。

通常采用最小平方法（即最小二乘法）来求解一元线性回归方程中参数a和b的值。

其基本原理是：由于根据回归方程计算的估计值y_c与实际值y之间会存在离差，所以通过散点图所绘制的众多直线中，与各观察值拟合最优的直线应该是离差最小的一条直线。

由于离差有正有负，离差之和等于零，因此借助于离差平方和来进行反映，即离差平方和$\sum(y-y_c)^2$最小的直线是最优的拟合直线。

用最小平方法求解出直线回归方程中的参数a、b的标准方程式为：

$$\begin{cases}\sum y = na + b\sum x \\ \sum xy = a\sum x + b\sum x^2\end{cases}$$

解方程组得：

$$\begin{cases}b = \dfrac{n\sum xy - \sum x\sum y}{n\sum x^2 - (\sum x)^2} \\ a = \dfrac{\sum y}{n} - b\dfrac{\sum x}{n} = \bar{y} - b\bar{x}\end{cases}$$

确定a和b的值之后，即可确定出所拟合的一元线性回归方程：

$y_c = a + bx$

对于给定的x值，代入方程即可推算出y的估计值y_c，从而实现统计预测。

【例6-3】仍以表6-1的资料为例，列计算表见表6-7。

表6-7　　月广告费与月销售额相关与回归分析计算表

月份	月广告费x（万元）	月销售额y（万元）	x^2	xy
1月	20	351	400	7 020
2月	23	400	529	9 200
3月	25	405	625	10 125
4月	23	392	529	9 016
5月	30	480	900	14 400
6月	32	498	1 024	15 936
7月	35	508	1 225	17 780
8月	35	520	1 225	18 200
9月	30	495	900	14 850
10月	25	430	625	10 750
11月	32	500	1 024	16 000
12月	30	483	900	14 490
合计	340	5 462	9 906	157 767

将表6-7中相关数据代入公式计算得：

$$b = \frac{n\sum xy - \sum x\sum y}{n\sum x^2 - (\sum x)^2} = \frac{12 \times 157\,767 - 340 \times 5\,462}{12 \times 9\,906 - 340^2} = 11.04$$

$$a = \frac{\sum y}{n} - b\frac{\sum x}{n} = \frac{5\,462}{12} - 11.04 \times \frac{340}{12} = 142.37$$

则得到一元线性回归方程：

$y_c = 142.37 + 11.04x$

式中回归系数b=11.04，表示当月广告费每增加1万元，月销售额平均增加11.04万元。

从【例6-1】得到相关系数r=0.977，可以看出，回归系数b与相关系数r的正负符号一致。

即若$r > 0$，则$b > 0$，变量呈正相关；若$r < 0$，则$b < 0$，变量呈负相关。因此回归系数b的正负也可以反映相关关系的方向，但回归系数的大小，不能反映相关的密切程度。

通过回归方程，可以依据给定的自变量预测因变量的值。

如【例6-3】中，当月广告费为34万元时，其月销售额的估计值为：

$y_c = 142.37 + 11.04 \times 34 = 517.73$（万元）

需要注意的是，相关关系的成立是在一定范围内的，这就决定了利用回归方程预测也需在一定范围内进行，不要超出现有的数据范围，否则会得出不合理的结果。例如，广告费投入过多，超过一定的范围时，销售额不会持续增加，这时利用回归方程预测出来的结果肯定不符合实际，可能会导致决策的严重失误。

【例6-4】我国2013—2022年城镇居民人均可支配收入与人均消费支出的资料见表6-8。

表6-8 城镇居民人均可支配收入与人均消费支出数据表

年份	城镇居民人均可支配收入（万元）	城镇居民人均消费支出（元）
2013	2.70	1.80
2014	2.88	2.00
2015	3.18	2.14
2016	3.36	2.31
2017	3.64	2.44
2018	3.93	2.61
2019	4.24	2.81
2020	4.38	2.70
2021	4.74	3.03
2022	4.93	3.04

要求：

（1）判断相关关系的形式；

（2）计算相关系数，判断城镇居民人均可支配收入与人均消费支出的相关程度；

（3）求出回归方程，估计当城镇居民人均可支配收入为5万元时，其人均消费支出为多少元。

根据表6-8资料，绘制相关图（如图6-5所示）。

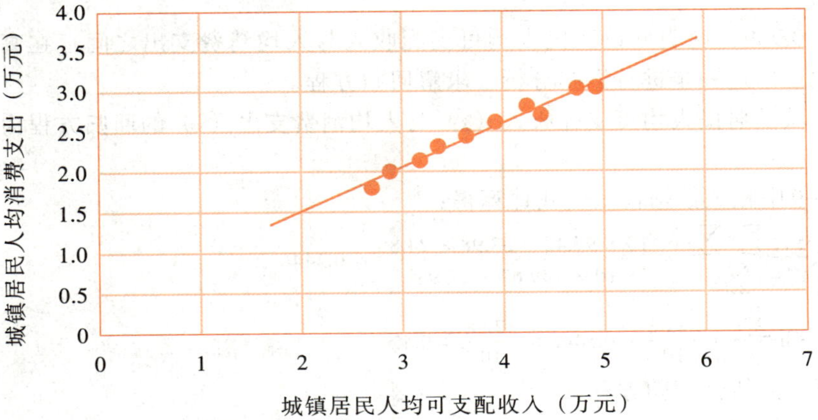

图6-5 城镇居民人均可支配收入与人均消费支出相关图

由相关图可知，城镇居民人均可支配收入与人均消费支出之间属于一元正线性相关关系。

根据表6-8资料，编制简单相关表并进行计算，见表6-9。

表6-9　　城镇居民人均可支配收入与人均消费支出相关与回归分析计算表

年份	城镇居民人均可支配收入x（万元）	城镇居民人均消费支出y（万元）	xy	x^2	y^2
2013	2.70	1.80	4.86	7.29	3.24
2014	2.88	2.00	5.76	8.29	4.00
2015	3.18	2.14	6.81	10.11	4.58
2016	3.36	2.31	7.76	11.29	5.34
2017	3.64	2.44	8.88	13.25	5.95
2018	3.93	2.61	10.26	15.44	6.81
2019	4.24	2.81	11.91	17.98	7.90
2020	4.38	2.70	11.83	19.18	7.29
2021	4.74	3.03	14.36	22.47	9.18
2022	4.93	3.04	14.99	24.30	9.24
合计	37.98	24.88	97.42	149.62	63.53

根据公式计算相关系数得：

$$r=\frac{n\sum xy-\sum x\sum y}{\sqrt{\left[n\sum x^2-(\sum x)^2\right]\left[n\sum y^2-(\sum y)^2\right]}}$$

$$=\frac{10\times 97.42-37.98\times 24.88}{\sqrt{(10\times 149.62-37.98^2)\times(10\times 63.53-24.88^2)}}$$

$$=0.989$$

由于r=0.989，说明城镇居民人均可支配收入与人均消费支出之间存在高度正相关关系，因此可以进一步进行回归分析，求解回归方程。

设关于城镇居民人均可支配收入（x）与人均消费支出（y）的回归方程为：

$$y_c=a+bx$$

将表6-9中相关数据代入公式计算得：

$$b=\frac{n\sum xy-\sum x\sum y}{n\sum x^2-(\sum x)^2}=\frac{10\times 97.42-37.98\times 24.88}{10\times 149.62-37.98^2}=0.5446$$

$$a=\frac{\sum y}{n}-b\frac{\sum x}{n}=\frac{24.88}{10}-0.5446\times\frac{37.98}{10}=0.42$$

则得到一元线性回归方程：

$$y_c=0.42+0.5446x$$

根据回归方程，当城镇居民人均可支配收入为5万元时，人均消费支出为3.143万元。

三、估计标准误差

通过回归分析，我们建立了反映两个变量之间数量关系的回归方程。

借助回归方程可以由给定的自变量估算因变量的值，但推算出的因变量值与实际值之间存在一定误差。因此有必要对回归方程拟合精度进行检验，一般采用估计标准误差这一指标反映回归方程的代表性。

拓展阅读6-8

微课6-4

估计标准误差

（一）估计标准误差的概念与计算

估计标准误差是回归方程估计值y_c与实际值y的平均离差，是用来说明回归方程代表性大小的统计分析指标。

估计标准误差越小，表明拟合的线性回归方程越精确，方程的代表性越强；反之，估计标准误差越大，说明拟合的线性回归方程越不精确，方程的代表性越弱。

其基本计算公式为：

$$S_{yx}=\sqrt{\frac{\sum(y-y_c)^2}{n-2}}$$

式中：S_{yx}——估计标准误差，其下标yx表示y对x回归的方程；

y——因变量实际值；

y_c——根据回归方程推算出的因变量估计值；

n——数据的项数。

利用上述公式计算估计标准误差易于理解，但需要推算出每一个y_c的值，在实际观察值较多、数值较大时，计算工作量太大，计算比较麻烦。因此在实际应用中，往往将$y_c=a+bx$代入上式中，把计算公式简化为：

$$S_{yx}=\sqrt{\frac{\sum(y-a-bx)^2}{n-2}}=\sqrt{\frac{\sum y^2-a\sum y-b\sum xy}{n-2}}$$

小思考6-1

平均数的代表性大小通常用标准差这一指标衡量。标准差和估计标准误差的异同点是什么？

答：性质相同，两者都是反映平均差异程度和代表性的指标。不同的是标准差说明平均数的代表性，估计标准误差说明回归直线的代表性。

【例6-5】利用表6-9资料，分别用两种计算公式说明估计标准误差的计算方法（见表6-10）。

表 6-10 平均标准误差计算表

年份	城镇居民人均可支配收入 x（万元）	城镇居民人均消费支出 y（万元）	xy	y^2	$y_c = 0.42 + 0.5446x$	$(y - y_c)^2$
2013	2.70	1.80	4.86	3.24	1.89	0.0082
2014	2.88	2.00	5.76	4.00	1.99	0.0001
2015	3.18	2.14	6.81	4.58	2.15	0.0001
2016	3.36	2.31	7.76	5.34	2.25	0.0036
2017	3.64	2.44	8.88	5.95	2.40	0.0014
2018	3.93	2.61	10.26	6.81	2.56	0.0025
2019	4.24	2.81	11.91	7.90	2.73	0.0065
2020	4.38	2.70	11.83	7.29	2.81	0.0111
2021	4.74	3.03	14.36	9.18	3.00	0.0008
2022	4.93	3.04	14.99	9.24	3.10	0.0042
合计	37.98	24.88	97.42	63.53	—	0.0386

根据理论计算公式计算得：

$$S_{yx} = \sqrt{\frac{\sum(y - y_c)^2}{n - 2}} = \sqrt{\frac{0.0386}{10 - 2}} = 0.069$$

根据简化计算公式计算得：

$$S_{yx} = \sqrt{\frac{\sum y^2 - a\sum y - b\sum xy}{n - 2}} = \sqrt{\frac{63.53 - 0.42 \times 24.88 - 0.5446 \times 97.42}{10 - 2}} =0.056$$

计算过程中小数点取舍可能造成计算结果有少许出入。

两个公式计算出来的结果是相同的，实际计算中，可根据给定资料选取相应计算公式。

回归分析实际应用中，根据所拟合的不同回归方程可以计算出不同的估计标准误差，通过估计标准误差的大小即可诊断方程拟合的优劣，从中选择最优的回归方程进行回归分析和预测。

素养提升 6-2　“回归诊断”和“自我监督”、“自我革新”

回归诊断是回归模型的自我监督和自我革命的过程，需要不断调整优化，才能使回归模型更加完美，得到的估计值才更加精确。

习近平总书记在 2020 年 6 月 29 日审议《中国共产党军队党的建设条例》和《中国共产党基层组织选举工作条例》时强调：“要坚持勇于自我革命，不断自我净化、自我完善、自我革新、自我提高。”作为新时代的大学生，我们要牢记习近平总书记的嘱托，不断自省，不断突破，成为更适应社会发展的高素质人才。

资料来源　新华网．中共中央政治局召开会议　审议《中国共产党军队党的建设条例》和《中国共产党基层组织选举工作条例》习近平主持会议［EB/OL］．［2024-03-31］．http：//www.xinhuanet.com//politics/leaders/2020-06/29/c_1126173307.htm.

（二）估计标准误差、相关系数、回归系数间的相互关系

微课 6-5

估计标准误差、相关系数、回归系数间的相互关系

1.估计标准误差与相关系数的关系

估计标准误差与相关系数存在密切的联系。变量间的相关程度越高，拟合的回归方程越精确，计算的估计标准误差越小，二者的关系可用如下表达式描述：

$$S_{yx}=\sigma_y\cdot\sqrt{1-r^2}$$

由该公式可知：

r与S_{yx}的变化方向相反。

$|r|$越大，S_{yx}就越小，表明现象间的相关关系密切，回归方程的精度越高；$|r|$越小，S_{yx}就越大，表明现象间的相关关系越不密切，回归方程的精度越差。

$r=\pm1$时，$S_{yx}=0$，说明变量间呈完全相关，各相关点均落在回归直线上。

$r=0$时，S_{yx}取得最大值，说明变量间不存在直线相关关系。

2.相关系数与回归系数的关系

相关系数与回归系数的计算公式分别为：

$$r=\frac{n\sum xy-\sum x\sum y}{\sqrt{\left[n\sum x^2-(\sum x)^2\right]\left[n\sum y^2-(\sum y)^2\right]}}=\frac{\sigma_{xy}^2}{\sigma_x\sigma_y},$$

$$b=\frac{n\sum xy-\sum x\sum y}{n\sum x^2-(\sum x)^2}=\frac{\sigma^2_{xy}}{\sigma_x^2}$$

由以上两式对比可得：

$$\frac{r}{b}=\frac{\sigma_x^2}{\sigma_x\cdot\sigma_y}$$

即$r=b\cdot\dfrac{\sigma_x}{\sigma_y}$，根据公式可以由b求r，或者由r求b。

本章总结

综合训练

随堂测 6

一、单项选择题

1.当自变量的数值确定后，因变量的数值也随之完全确定，这种关系属于（　　）。

A.相关关系　　B.函数关系　　C.回归关系　　D.随机关系

2.测定变量之间相关程度的代表性指标是（　　）。

A.估计标准误差　　B.两个变量的协方差

C.相关系数　　D.两个变量的标准差

3.工人的出勤率与产品合格率之间的相关系数如果等于0.85，可以断定两者（　　）。

A.显著相关　　B.高度相关　　C.正相关　　D.负相关

4.相关分析与回归分析的一个重要区别是（　　）。

A.前者研究变量之间的关系程度，后者研究变量间的变动关系，并用方程式表示

B.前者研究变量之间的变动关系，后者研究变量间的密切程度

C.两者都研究变量间的变动关系

D.两者都不研究变量间的变动关系

5.某校对学生的考试成绩和学习时间的关系进行测定，建立了考试成绩对学习时间的直线回归方程为：Y=180-5X，该方程明显有错，错误在于（　　）。

A.a值的计算有误，b值是对的

B.b值的计算有误，a值是对的

C.a值和b值的计算都有误

D.自变量和因变量的关系搞错了

二、多项选择题

1.下列现象中存在相关关系的有（　　）。

A.职工家庭收入不断增长，消费支出也相应增长

B.产量大幅度增加，单位成本相应下降

C.税率一定，纳税额随销售收入增加而增加

D.商品价格一定，销售额随销量增加而增加

E.农作物收获率随着耕作深度的加深而提高

2.相关系数（　　）。

A.是测定两个变量间有无相关关系的指标

B.是在线性相关条件下测定两个变量间相关关系密切程度的指标

C.也能表明变量之间相关的方向

D.其数值大小决定有无必要配合回归方程

E.与回归系数密切相关

3.直线回归方程（　　）。

A.建立的前提条件是现象之间具有较密切的直线相关关系

B.关键在于确定方程中的参数a和b

C.表明两个相关变量间的数量变动关系

D.可用来根据自变量值推算因变量值，并可进行回归预测

E.回归系数b=0时，相关系数r=0

4.某种产品的单位成本（Y）（元）与工人劳动生产率（X）（件/人）之间的回归方程为Y=50-0.5X，则（　　）。

A.0.5为回归系数

B.50为回归直线的起点值

C.表明工人劳动生产率每增加1件/人，单位成本平均提高0.5元

D.表明工人劳动生产率每增加1件/人，单位成本平均下降0.5元

E.表明工人劳动生产率每减少1件/人，单位成本平均提高50元

5.回归估计标准误差是反映（　）的指标。

A.回归方程代表性大小

B.估计值和实际值平均误差程度

C.自变量和因变量离差程度

D.因变量估计值的可靠程度

E.回归方程实用价值大小

三、简答题

1.什么是相关关系？它与函数关系之间有何区别与联系？

2.判定两个变量间相关关系的方法有哪些？

3.相关分析与回归分析有何区别与联系？

4.回归方程 $y_c = a + bx$ 中，参数a，b的计算公式是什么？它们在社会经济现象中代表什么意义？

5.什么是估计标准误差？它与相关系数有什么关系？

四、技能训练

训练1

相关关系的判断与回归分析

[背景资料]

某企业2023年1—12月实际发生的机器工作时间（千小时）和维修成本（元）见表6-11。

表6-11　某企业2023年1—12月实际发生的机器工作时间和维修成本

月份	机器工作时间（千小时）	维修成本（元）
1	12	260
2	15	270
3	10	230
4	9	220
5	11	250
6	13	240
7	8	220
8	14	260
9	12	240
10	8	210
11	11	240
12	10	230

企业为掌握机器工作时间与维修成本之间的关系，以便合理安排机器设备作业班次，从而降低维修成本，提高经济效益，要求对机器工作时间和维修成本之间的关联性进行分析。

[能力要求]

根据上面资料：

编制简单相关表，说明两变量之间的相关方向；

计算相关系数，说明两变量的相关密切程度；

编制线性回归方程；

计算估计标准误差；

估计当机器工作时间为16小时的时候，维修成本可能为多少？

[温馨提示]

首先确定机器工作时间为自变量，维修费用为因变量。然后将自变量按从小到大顺序加以排列，所对应的因变量依次对应排列，即编制成简单相关表，并且以三线表形式来体现。

相关系数的计算属线性相关分析内容，应严格按公式计算。

线性回归方程 $y_c = a + bx$ 中，参数a，b的计算公式中先计算b，再由b求a，须牢记公式。估计标准误差的计算除正常的计算公式外，也可通过相关系数求解。

将 $x = 16$ 代入所确定的回归方程中，即可求出y的估计值。

训练2

线性回归方程的编制

[背景资料]

在某项企业调查中，为分析两变量间的影响程度，拟进行相关分析。对调查得到的资料计算整理得出以下数据：

$\overline{xy} = 148.1$

$\bar{x} = 12.6$

$\bar{y} = 11.3$

$\overline{x^2} = 164.2$

$\overline{y^2} = 134.1$

$a = 1.7575$

[能力要求]

根据上面数据计算相关系数r，并编制回归 $y_c = a + bx$。

[温馨提示]

相关系数、回归系数可采用简化公式计算。

训练3

相关与回归分析在经济中的应用

[背景资料]

某企业2016—2023年某产品销售情况见表6-12。

表 6-12 某企业2016—2023年某产品销售情况

时间	销售网点数（个）	产品销售量（万台）
2016	1	73
2017	3	82
2018	13	108
2019	20	123
2020	19	114
2021	23	125
2022	27	132
2023	28	140

[能力要求]

绘制散点图，判定销售网点数与产品销售量是否存在相关关系。

计算相关系数，判定相关密切程度。思考是否有必要进行回归分析。

建立回归方程，计算商业网点数为多少才能完成销售计划（2024年计划销售量为153万台）。

[温馨提示]

绘制散点图，要以销售网点数为自变量，置于x轴；以销售量为因变量，置于y轴。

只有对高度相关或者完全相关的变量进行回归分析才有意义。

确定回归方程 $y_c = a + bx$ 后，计算x为一个合适的量时，y值达到153万台。这个x即为所需要的商业网点数。

第七章

时间数列

知识目标

1. 掌握时间数列的概念、要素、种类与编制原则，明确时期数列和时点数列的区别；

2. 掌握时间数列水平指标的计算方法（发展水平、平均发展水平、增长量、平均增长量）；

3. 掌握时间数列速度指标的计算方法（发展速度、增长速度、平均发展速度、平均增长速度）；

4. 掌握时间数列趋势分析的测定方法（长期趋势、季节变动）。

能力目标

1. 能够根据统计目的和要求编制时间数列；

2. 能够运用时间数列水平指标计算与分析时间数列；

3. 能够运用时间数列速度指标计算与分析时间数列；

4. 能够运用时间数列长期趋势和季节变动测定方法进行趋势分析。

素养目标

1. 培养严谨细致、求真务实的职业素养；

2. 树立爱国意识，培养民族自豪感；

3. 培养探索创新精神，增强社会责任感。

第一节　时间数列概述

时间数列是统计学中一种非常重要的数据类型。与综合指标法所运用的静态的截面数据不同，时间数列是一种以时间为坐标轴的动态数列。

综合指标法主要是根据同一时期或同一时点的数据资料，从静态上对总体的数量特征和数量关系进行分析，但是在客观世界中，一切现象都处在不断的运动和变化之中，统计作为认识社会的工具之一，不仅要从静态上，而且要从动态上分析其发展变化的过程。时间数列分析从动态上研究现象发展变化的过程、方向、趋势和规律性，它作为统计分析方法的一个重要分支越来越受到重视。

微课 7-1

时间数列概述

一、时间数列的概念

时间数列又称动态数列或时间序列，是把反映同一总体（或总体单位）的某一指标（或某一数量标志）在各个不同时间的数值按时间先后顺序排列所形成的统计数列。

它反映该指标（或标志）所描述的现象发展变化的过程和特点，是研究该现象发展变化趋势、发展规律和预测该现象前景的依据。

表 7-1 中的数据就是一个时间数列。

表 7-1　　我国2018—2022年国内生产总值统计表

年份	2018	2019	2020	2021	2022
国内生产总值（亿元）	919 281	986 515	1 013 567	1 149 237	1 210 207

资料来源：国家统计局。

做中学 7-1

表 7-1 中，我国国内生产总值数列是关于总体的指标值，从中可以看出我国国内生产总值在 2018—2022 年期间持续增长。

一个完整的时间数列包含两个基本要素：时间要素和该现象在此时间上的指标数值。时间要素是被研究现象（总体或总体单位）所属的时间，如表 7-1 中的“2018（年）”、“2019（年）”等。

时间要素有时期和时点间隔两种，在动态分析尤其是趋势分析时，当时期单位或时点间隔相等时，可以将时间单位简化为自然数序号；同一时间数列中，通常要求各指标值（或标志值）的时期单位和时间间隔相等，这样在分析研究中就无须考虑时期单位和时间间隔不同所造成的差异。如果无法保证各指标值（或标志值）的时期单位和时间间隔相等，在计算某些指标时就会遇到以时期长度或时点间隔进行“加权”的问题。

研究时间数列具有重要的意义。通过编制与分析时间数列，可以描述社会经济现象变化的过程和结果，为研究社会经济现象的发展速度和变化规律提供依据，对现象未来的发展作出科学的预测，从而为人类的社会经济活动提供指导。

二、时间数列的种类

时间数列按照其构成要素中统计指标值的表现形式，可以分为总量指标时间数列、相对指标时间数列和平均指标时间数列（亦可称为绝对数时间数列、相对数时间数列和平均数时间数列）三种类型。其中，总量指标时间数列是最基本的数列，相对指标和平均指标时间数列是以总量指标时间数列为基础计算得出的，称为派生数列。

（一）总量指标时间数列

总量指标时间数列又称为绝对数时间数列，是指将反映现象在各个时期或时点上的总量指标数值按时间先后顺序排列而形成的数列，通常用于表明现象发展的总量水平,。

总量指标时间数列反映某一社会经济现象在各个时期或在各个时点所达到的绝对水平及其发展的趋势。

表7-1中2018—2022年我国国内生产总值构成的数列就是总量指标时间数列。

依据总量指标所反映现象的时间状况，总量指标时间数列又可分为时期数列和时点数列。

1.时期数列

时期数列是指将反映某一现象在一段时期内发展变化的时期指标数值按时间先后顺序排列而成的数列。

在时期数列中，每一指标值反映了现象在一段时期内发展的累积结果，即“过程总量”。

表7-1中的国内生产总值就是一个时期数列。

时期数列有以下三个特点：

（1）可加性。

时期数列中每个指标值（或标志值）反映了现象在一定时期内发展变化的总量，因而各个指标值（或标志值）可以相加，得出更长时期的发展水平，如国内生产总值、社会商品零售额、股票成交额、产品产量、个人收入等都可以由12个月的数值加总，得出年度的数值。

（2）数值大小与时间长短有直接关系。

时期数列中，通常是所属时期愈长，每一指标值（或标志值）的数值愈大；所属时期愈短，每一指标值（或标志值）的数值愈小。

（3）时期数列中的每个指标值（或标志值）都是通过连续不断登记的办法取得的。

2.时点数列

时点数列是指将反映某一现象的时点指标数值按时间先后顺序排列而成的数列。

时点数列中的每一指标值反映现象在一定时点上（或某一瞬间）所达到的总量水平。

表7-2中的年末总人口数数列就是时点数列。

表7-2　我国2018—2022年年末人口统计表

年份	2018	2019	2020	2021	2022
年末总人口（万人）	140 541	141 008	141 212	141 260	141 175
男性人口（万人）	71 864	72 039	72 357	72 311	72 206
女性人口（万人）	68 677	68 969	68 855	68 949	68 969

资料来源　国家统计局。

与时期数列相对应，时点数列的特点是：

（1）不可加性。

时点数列中各指标值不能相加。如果相加，就会产生重复计算的问题，所得的数值不能反映实际情况，除了在同一时刻不同空间上的数值可以相加或在计算过程中可以相加外，一般相加无实际意义。

如表7-2中，将各年末的总人口数相加没有实际意义，是一种重复计算。

（2）数值大小与时间间隔长短没有直接关系。

在时点数列中，两个相邻指标值间的时间距离称为间隔，每一指标值的大小与时间间隔没有直接关系。因此，时间间隔可长可短。

一般情况下，变动较大或较频繁的现象，选取的间隔应短些；反之，则可长些，但也不宜太长，以免难以正确反映现象的变化过程。

（3）时点数列中各指标值，是通过一次性调查登记取得的。

例如，企业的存货余额一般通过月末盘存取得。

时点数列有连续时点数列和间断时点数列之分。

连续时点数列，指在一段时间内，数据采集的时间点是连续的，没有中断。例如，每天在同一时间点记录温度数据，得到的时间点数列就是连续时点数列。

间断时点数列，指在一段时间内，数据采集的时间点是不连续的，存在中断。例如，每周记录一次体重数据，得到的时间点数列就是间断时点数列。

小思考7-1

国内生产总值、产品产量、财政收入、商品零售额、年末人口总数、库存量、股票价格等经济指标中，哪些是时期指标？哪些是时点指标？请再分别列举几个时期指标和时点指标。

（二）相对指标时间数列

相对指标时间数列是指将反映社会经济现象的同类相对指标数值，按时间先后顺序排列而成的动态数列，用于反映社会经济现象之间数量对比关系或相互联系的发展变化过程。

相对指标一般表现为两个相关的总量指标之比，而总量指标又分为时期指标和时点指标，所以，相对指标时间数列可以表现为两个时期指标、两个时点指标、一个时期指标与一个时点指标相比。

例如，可以根据表7-2的数据计算男性人口占总人口数的比重时间数列，它是由年末男性人口数与总人口数两个时点数列相除计算出来的。

由于相对指标时间数列中的各个指标数值都是相对数，计算相对指标数值的基数往往不同，因此，相对指标时间数列中的各项数值不能直接相加。

（三）平均指标时间数列

平均指标时间数列是指将反映同一现象的同类平均指标数值，按时间先后顺序排列而成的动态数列，可用以分析社会经济现象一般水平的变化过程和发展趋势。如表7-3反映了我国2018—2022年人均国内生产总值的变化情况和发展趋势。

表7-3　　我国2018—2022年人均国内生产总值统计表

年份	2018	2019	2020	2021	2022
人均国内生产总值（元）	65 534	70 078	71 828	81 370	85 698

资料来源　国家统计局。

由于平均指标分为静态平均指标（总体单位平均数）和动态平均指标（序时平均数），因此，平均指标时间数列也分为静态平均指标时间数列和动态平均指标时间数列。静态平均数所组成的时间数列，数列中的每个平均数是由两个指标数值（即总体标志总量和总体单位总量）对比计算出来的，用于对比的基数往往不同，因而，同相对数时间数列一样，静态平均数时间数列中的各个指标数值也不能直接相加。

拓展阅读7-1

三、时间数列的编制原则

时间数列是一种以时间的先后顺序为依据的动态数据，在这种顺序数据中包含着现象发展的内在规律。编制时间数列的重要目的是进行动态分析，通过同类指标值在不同时间上的数值对比，来研究社会经济现象的发展变化过程或趋势。因此，在编制时间数列时，必须遵循一些严格的要求以正确、客观地反映事实和规律，最重要的是必须保证数列中各项指标值的可比性。

时间数列的具体编制原则有以下几个方面：

（一）保证时间长短的一致性

就时期数列和时点数列而言，时间长短的一致性分别体现在时期长短和时间间隔两个方面。

对于时期数列而言，由于各指标值反映现象在一段时间内发展变化的结果，其大小与时期长短有直接关系，大体上呈同方向增长的关系，因此，其时间长短一般应该相等，这样才可以直接对时期数列中的各项指标值进行比较。但是这个原则不能绝对化，有时为了某种特殊的研究目的，也可以编制时期不等的时期数列。

对于时点数列而言，每个指标值的大小与其对应的时点间隔的长短没有直接关系，因此各个指标值之间的间隔是否相等，可根据实际情况和研究需要而定。但为了更准确、更直接地反映现象发展的过程及其规律性，各个指标值之间的时间间隔应尽量相等。如果在实际中，时间的可比性要求不能完全满足，则要借助一些其他的统计处理方法进行调整。

（二）保证总体范围的一致性

编制时间数列时，常涉及总体范围的问题，即被研究的对象所包括的地区范围、隶属关系范围、分组划分范围等是否前后一致。如果研究的范围发生了变化，总体范围前后不一致，即使统计指标和意义都不变，其统计结果也没有意义，前后期的指标值不能直接对比，必须将资料进行适当的调整。

如某一地区的行政区划发生变化，该地区的人口数、土地面积、工业增加值、粮食产量等都要作相应的调整，才能保证编制的时间数列具有可比性，才能正确说明所研究的问题。

（三）保证经济内容的一致性

在时间数列中，指标的经济内容是由其理论内涵所决定的，指标所反映的不仅是现象的数量方面，还有一定的质的方面的内容，随着社会经济条件的变化，同一名称的统计指标，其经济内容也会发生变化。

所有统计年鉴都会对发生变化的统计指标含义进行说明。编制时间数列时如果不注意这一问题，对经济内容已发生变化的统计指标值不加区别和调整，就可能得出错误的分析结论。

特别是对比不同的社会制度或者研究重大变革时期的经济发展变化情况时，尤其要注意指标值反映的经济内容是否一致的问题，不能只看指标名称而不了解其内容在不同历史时期是否完全一致。比如同样是农作物，经济作物和粮食作物就不能混为一谈。

（四）保证各项指标值的计算方法、计算价格和计量单位的一致性

在指标名称、总体范围和经济内容一致的前提下，采用什么方法、按照何种价格或计量单位进行计算，各个指标都要保持前后一致。

如果从某一时期开始，指标的计算方法或计量单位做了重大改变，那么，动态比较时必须调整。例如，研究工业企业劳动生产率时，分子资料可以用实物量计算，也可以用价值量计算，人数可以是全部职工数，也可以是生产工人数，对此编制时间数列时要有明确指示，以保证前后各期的统一。如果按实物指标计算，就应采用统一的计量单位，否则就违背了指标值可比性的原则；如果按价值量计算，就涉及是按现行价格还是按不变价格进行计算的问题，在同一时间数列中，各指标值的计算价格应该保持前后一致。

第二节　时间数列的水平指标

时间数列的水平指标主要用来分析现象在某一时期或时点上发展变化的水平。时间数列的水平指标主要有发展水平、平均发展水平、增长量、平均增长量。

一、发展水平

发展水平又称发展量，它反映客观现象在各个时期（或时点上）发展所达到的规模、水平，也是时间数列中对应于每一具体时间的指标数值。也就是说，在绝对指标时间数列中，发展水平就是绝对数；在相对指标时间数列中，发展水平就是相对数；在平均指标时间数列中，发展水平就是平均数。发展水平是计算其他所有动态分析指标的基础，一般用 a_i 表示。

根据在数列中的位置不同，发展水平分为最初水平、中间水平和最末水平。在时间数列中，我们用t表示现象所属的时间，用a表示现象在不同时间上的观察值。则a在时间t_i上的取值a_i称为现象在t_i上的发展水平，它表示现象在某一时间上所达到的一种数量状态。若所观察的时间范围为t_0，t_1，t_2，…，t_n，相应的观察值表示为a_0，a_1，a_2，…，a_n，第一项a_0称为最初水平，最后一项a_n称为最末水平，中间各项a_1，a_2，…a_{n-1}称为中间水平。

根据在动态分析中的作用不同，通常把作为比较基准用的基础时期的发展水平叫做基期水平，把所研究的那个时期的发展水平叫做报告期水平。

根据位置确定的最初水平、中间水平、最末水平以及根据作用确定的基期水平、报告期水平都不是固定不变的，会随着研究目的、研究时间的改变而作相应的改变。现在的报告期水平可能是将来的基期水平，这个数列的最末水平可能是另一个数列的最初水平。

拓展阅读7-2

在文字表达上，发展水平通常用“增加到”“增加为”“降低到”“降低为”等来表示。例如，2019年我国国内游客为60.06亿人次，但是由于受新冠肺炎疫情影响，2020年我国国内游客降低至28.79亿人次；2021年我国财政收入为202 554.64亿元，2022年我国财政收入增加至203 703.00亿元。

二、平均发展水平

平均发展水平是把时间数列中不同时期（或时点）的发展水平数值加以平均而得到的平均数，又称为序时平均数或动态平均数。它将现象在不同时间上的数量差异抽象化，从动态上概括性地描述了现象在一段时期内所达到的一般水平。

小贴士7-1　平均发展水平与一般平均数比较

平均发展水平与一般平均数既有共同点又有不同之处。共同点是二者都通过求平均将偶然的、个别的因素剔除掉而展现出现象稳定的、规律性的一面。它们的不同之处在于：

（1）计算依据不同。

一般平均数是根据变量数列计算出来的，而序时平均数是根据动态数列计算出来的。

（2）被平均的对象不同。

一般平均数是同一总体各单位的标志值在不同总体单位间的平均，是从静态上反映现象的一般发展水平，而序时平均数是同一总体的指标值或同一总体单位的标志值在不同时间上的平均，体现了时间的前进性和事物的发展性，从动态上说明了现象在一定时期内发展变化的一般水平。

在具体计算平均发展水平时，根据时间数列种类的不同，又分为总量指标时间数列的平均发展水平、相对指标时间数列的平均发展水平和平均指标时间数列的平均发展水平三大类。

总量指标时间数列的平均发展水平是最基本的计算方法，是相对指标时间数列的平均发展水平和平均指标时间数列的平均发展水平的基础。下面将分类讨论。

（一）总量指标时间数列的平均发展水平

微课 7-2

总量指标时间数列的平均发展水平

如前所述，总量指标时间数列分为时期数列和时点数列两种，由于二者特点不同，应分别采用不同的方法计算其平均发展水平。

1. 由时期数列计算平均发展水平

时期数列中的每项指标值均为时期指标，反映现象在一定时期内发展变化的总量。

时期数列具有可加性，这给我们计算平均发展水平带来了方便，只需运用简单的算术平均法即可求出时期数列的平均发展水平。具体方法是将数列中各个指标数值（或数量标志值）相加除以时期数列的项数。

设时期数列为：a_1，a_2，…，a_{n-1}，a_n，则其平均发展水平的计算公式如下：

$$\bar{a}=\frac{a_1+a_2+\cdots+a_{n-1}+a_n}{n}=\frac{\sum_{i=1}^{n}a_i}{n}$$

式中：$\bar{a}$——平均发展水平（序时平均数）；

a_i——各时期的发展水平（$i=1, 2, \cdots, n$）；

n——时期数列的项数。

做中学 7-2

根据表 7-4，计算某企业 2022 年产品月平均产量。

表 7-4　某企业2022年产品产量统计表

月份	1	2	3	4	5	6	7	8	9	10	11	12
产量（件）	206	187	221	217	191	211	229	235	221	181	213	208

$$\bar{a}=\frac{\sum_{i=1}^{n}a_i}{n}$$
$$=\frac{206+187+221+217+191+211+229+235+221+181+213+208}{12}$$
$$=210(件)$$

2. 由时点数列计算平均发展水平

时点数列中的每一项指标值反映现象在某一时点上的瞬间水平，要正确计算其平均数，从理论上讲，应当掌握每一时点上的指标值，然后计算平均单位时点的指标数值。

在社会经济统计中，一般是将一天看作一个时点，即以“天”作为最小时点单位，这样时点数列便又有连续时点数列和间断时点数列之分。

资料逐日登记的是连续时点数列，不是逐日登记而是间隔一段时间再登记的称为间断时点数列，计算这两种时点数列平均发展水平的方法是不同的。下面我们就这两种情况分别介绍。

(1) 连续时点数列的平均发展水平。

连续时点数列分为间隔相等的连续时点数列和间隔不等的连续时点数列。每天记录和持续时间相等的称为间隔相等的连续时点数列，持续时间不相等的称为间隔不等的连续时点数列。

①间隔相等的连续时点数列。

直接运用简单算术平均法，即将不同时点上的指标数值进行简单算术平均。

$$\bar{a}=\frac{\sum_{i=1}^{n}a_i}{n}$$

式中：a_i表示各时点的指标数值（$i=1, 2, \cdots, n$）

n表示时点数列的项数。

做中学 7-3

某企业2024年1月上旬冰箱库存量统计表见表7-5。

表 7-5 某企业2022年1月上旬冰箱库存量统计表

日期	1	2	3	4	5	6	7	8	9	10
库存量（台）	500	520	550	530	542	532	528	514	522	502

$$\bar{a}=\frac{\sum_{i=1}^{n}a_i}{n}=\frac{500+520+550+530+542+532+528+514+522+502}{10}=524(\text{台})$$

②间隔不等的连续时点数列。

其应以数据持续的“天数”（f）为权数运用加权算术平均的方法计算平均发展水平。计算公式如下：

$$\bar{a}=\frac{\sum_{i=1}^{n}a_if_i}{\sum_{i=1}^{n}f_i}$$

式中：a_i——持续时间段上的指标数值；

f_i——对应指标数值的持续天数。

做中学 7-4

某企业2024年6月冰箱库存量统计表见表7-6。

表 7-6 某企业2024年6月份冰箱库存量统计表

日期	1—5	6—13	14—19	20—25	26—30
库存量（台）	37	42	40	44	41

该企业2024年6月的日平均库存量为：

$$\bar{a}=\frac{\sum_{i=1}^{n}a_if_i}{\sum_{i=1}^{n}f_i}=\frac{37\times5+42\times8+40\times6+44\times6+41\times5}{5+8+6+6+5}=\frac{1\ 230}{30}=41(台)$$

（2）间断时点数列的平均发展水平。

在实际工作中，要统计每一时点上的数值显然是相当繁杂的，有时也不具备获取每个时点的数值的条件，一般只能每隔一定的时间获取某些时点上的数据资料。如此便形成了间断时点数列，也称不连续时点数列。比如，企业每月月末定期进行的库存盘点，或者平时不定期进行的库存抽检，所取得的数据资料构成的时间数列即为间断时点数列。

间断时点数列有两种登记方式，一种是每隔一定的时间登记一次，每次登记的间隔时间相等，称为间隔相等的间断时点数列；另一种是每次登记的间隔时间不等，称为间隔不等的间断时点数列。

①间隔相等的间断时点数列。

假定现象在相邻两个时点间的变动是均匀的，则可先求相邻时点两个指标值的平均数，然后再计算若干个平均数的简单算术平均数，即可得到该研究期内的平均发展水平。

设间断时点数列中各项间隔相等，各时点上的指标值为 a_0，a_1，a_2，…，a_{n-1}，a_n，相邻两个时点（或每个间隔期）的平均数分别为：$\frac{a_0+a_1}{2}$，$\frac{a_1+a_2}{2}$，…，$\frac{a_{n-1}+a_n}{2}$（共 n－1个），则间隔相等的间断时点数列的平均发展水平的计算公式为：

$$\bar{a}=\frac{\frac{a_1+a_2}{2}+\frac{a_2+a_3}{2}+\cdots+\frac{a_{n-1}+a_n}{2}}{n-1}=\frac{\frac{a_1}{2}+a_2+a_3+\cdots+a_{n-1}+\frac{a_n}{2}}{n-1}$$

公式中分子的首项和末项均以1/2为系数，因此这种方法也称为“首尾折半简单算术平均法”。

小贴士 7-2

间断时点数列的特点是每个间隔期上的数据在该间隔期的两个端点上，因此，数列有n项，间隔期个数为（n－1），即公式中的分母是（n－1），而不是n。

每个间隔期的平均数，可以理解为现象在该间隔期每一天的数值，因此，将其转化为间隔相等的连续时点数列，从而可以对每个间隔期的平均数运用简单算术平均的方法求其平均数。

做中学 7-5

某高校2019—2023年各年年末在校生人数见表7-7，计算该校2019年年末至2023年年末的平均在校生人数。

表 7–7　　某高校2019—2023年各年年末在校生人数统计表

年份	2019	2020	2021	2022	2023
年末在校生人数（人）	23 056	23 368	23 896	23 169	23 574

该校2019年年末至2023年年末的平均在校生人数：

$$\bar{a} = \frac{\frac{a_1}{2} + a_2 + a_3 + \cdots + \frac{a_n}{2}}{n - 1} = \frac{\frac{23\,056}{2} + 23\,368 + 23\,896 + 23\,169 + \frac{23\,574}{2}}{5 - 1} = 23\,437(\text{人})$$

按上述公式计算平均发展水平时，假设现象在两个时点之间的变动是均匀的，但实际上，这种变动是不可能完全均匀的，因此计算所得的数值只是近似值，与真实值之间有差异。

一般来说，如果时点数列的时点间隔越小，所得的平均数值就越接近于实际值。

②间隔不等的间断时点数列。

其计算序时平均数时应以各时点之间的间隔长度f_i作为权数，对各间隔期的简单算术平均数进行加权，采用加权算术平均法计算其平均发展水平。

计算公式如下：

$$\bar{a} = \frac{\frac{a_1 + a_2}{2} \times f_1 + \frac{a_2 + a_3}{2} \times f_2 + \ldots.. + \frac{a_{n-1} + a_n}{2} \times f_{n-1}}{f_1 + f_2 + \ldots.. + f_{n-1}}$$

式中：f_i表示相邻两时点之间的间隔长度。

这种方法因被加权的对象是每段间隔期的序时平均数$\frac{a_{i-1} + a_i}{2}$，所以称为“加权序时平均法”。

做中学 7-6

某企业2023年空调库存量统计表见表7–8，计算该企业2023年空调平均库存量。

表 7–8　　某企业2023年空调库存量统计表

统计时点	1月1日	3月1日	6月1日	9月1日	12月31日
库存量（台）	240	226	160	210	238

这是一个间隔不等的间断时点数列，相邻两时点之间的间隔长度分别为2个月、3个月、3个月、4个月，要计算该企业2023年空调平均库存量应采用加权序时平均法。

$$\bar{a} = \frac{\frac{a_1 + a_2}{2} \times f_1 + \frac{a_2 + a_3}{2} \times f_2 + \ldots.. + \frac{a_{n-1} + a_n}{2} \times f_{n-1}}{f_1 + f_2 + \ldots.. + f_{n-1}}$$

$$= \frac{\frac{240 + 226}{2} \times 2 + \frac{226 + 160}{2} \times 3 + \frac{160 + 210}{2} \times 3 + \frac{210 + 238}{2} \times 4}{2 + 3 + 3 + 4}$$

$$= 208(\text{台})$$

应该注意，采用这种方法计算所得的平均发展水平，也是假设现象在两个时点之间的变动是均匀的，因而计算结果也是一个近似值。

（二）相对指标时间数列的平均发展水平

相对指标时间数列是派生数列，是在总量指标时间数列的基础上得来的。

该数列既可以由两个时期数列或两个时点数列相除得来，也可以由时期数列和时点数列分别作为分子和分母或由时期数列和序时平均数时间数列分别作分子和分母相除得来。

由于各个相对指标数值不能直接相加，所以，要计算相对指标时间数列的平均发展水平，应分别计算其分子数列a的平均发展水平（$\bar{a}$）和分母数列b的平均发展水平（$\bar{b}$），然后将这两个平均发展水平对比，方可得到相对指标时间数列c的平均发展水平（$\bar{c}$）。

其计算公式为：

$$\bar{c}=\frac{\bar{a}}{\bar{b}}$$

式中：$\bar{c}$——相对指标时间数列的平均发展水平；

$\bar{a}$——分子数列的平均发展水平；

$\bar{b}$——分母数列的平均发展水平。

具体计算时，因分子数列和分母数列的构成不同，又可以分为以下四种情况：

1.分子数列和分母数列都为时期数列

当分子数列和分母数列都为时期数列时，二者的构成指标都为时期指标。

设分别为以a、b表示分子数列和分母数列的指标值，则有相对指标$c=\frac{a}{b}$。由于分子数列和分母数列皆为时期数列，可得出：

$$\bar{c}=\frac{\bar{a}}{\bar{b}}=\frac{\frac{\sum a}{n}}{\frac{\sum b}{n}}=\frac{\sum a}{\sum b}$$

做中学 7-7

某企业第一季度产品每月实际销售额、计划销售额、计划完成程度资料见表7-9，求第一季度月销售额平均计划完成程度。

表 7-9　某企业第一季度月销售额计划完成情况

月份	1月	2月	3月
实际销售额（万元）	420	550	720
计划销售额（万元）	400	500	600
计划完成程度（%）	105	110	120

表7-9中的实际销售额数列和计划销售额数列均为时期数列，而计划完成程度数列是一个相对指标时间数列，是由前两个时期数列对应项相除得到的，若要计算该相对指标时间数列的平均发展水平，须分别计算分子数列的月平均实际销售额和分母数列的月

平均计划销售额，再对比得出该企业第一季度销售额平均计划完成程度。

其计算方法如下：

第一季度销售额平均计划完成程度：

$$\bar{c}=\frac{\bar{a}}{\bar{b}}=\frac{\sum a}{\sum b}=\frac{420+550+720}{400+500+600}=\frac{1\ 690}{1\ 500}=1.1267=112.67\%$$

另外，在实际工作中，根据掌握资料的情况不同，上述方法还可以派生出以下两种计算方法。

（1）当已知分母数列b和相对指标时间数列c时，应采用加权算术平均法。

由于 $c=\frac{a}{b}$，则 $a=bc$，所以

$$\bar{c}=\frac{\bar{a}}{\bar{b}}=\frac{\sum a}{\sum b}=\frac{\sum bc}{\sum b}$$

（2）当已知分子数列a和相对指标时间数列c时，应采用加权调和平均法。

由于 $c=\frac{a}{b}$，则 $b=\frac{a}{c}$，所以

$$\bar{c}=\frac{\bar{a}}{\bar{b}}=\frac{\sum a}{\sum b}=\frac{\sum a}{\sum \frac{a}{c}}$$

做中学 7-8

某企业第一季度产品月计划销售额和计划完成程度情况见表7-10，求该企业第一季度月销售额平均计划完成程度。

表7-10　某企业第一季度月计划销售额和计划完成情况表

月份	1月	2月	3月
计划销售额（万元）	400	500	600
计划完成程度（%）	105	110	120

则第二季度销售额月平均计划完成程度为：

$$\bar{c}=\frac{\bar{a}}{\bar{b}}=\frac{\sum bc}{\sum b}=\frac{400\times 1.05+500\times 1.10+600\times 1.20}{400+500+600}=\frac{1\ 690}{1\ 500}=1.1267=112.67\%$$

做中学 7-9

某企业第一季度产品月实际销售额和计划完成程度资料见表7-11，求第一季度月销售额平均计划完成程度。

表7-11　某企业第一季度产品月实际销售额和计划完成程度情况表

月份	1月	2月	3月
实际销售额（万元）	420	550	720
计划完成程度（%）	105	110	120

则第一季度销售额月平均计划完成程度为：

$$\bar{c} = \frac{\bar{a}}{\bar{b}} = \frac{\sum a}{\sum \frac{a}{c}} = \frac{420 + 550 + 720}{\frac{420}{1.05} + \frac{550}{1.10} + \frac{720}{1.20}} = \frac{1\,690}{1\,500} = 1.1267 = 112.67\%$$

2.分子数列、分母数列都是时点数列

如果分子数列和分母数列都是时点数列，则要根据时点数列的具体类型，确定分子、分母数列平均发展水平的计算公式，再对比求出相对指标时间数列的平均发展水平。

（1）当分子数列a和分母数列b都是连续时点数列时。

运用简单算术平均法（如果a和b都是间隔相等的连续时点数列）或运用加权算术平均法（如果a和b都是间隔不等的连续时点数列）分别求出a和b的序时平均数$\bar{a}$和$\bar{b}$，再将$\bar{a}$和$\bar{b}$进行对比得出相对指标时间数列的平均发展水平$\bar{c}$。

（2）当分子数列a和分母数列b都是间隔相等的间断时点数列时。

用“首尾折半简单算术平均法”分别求出分子数列、分母数列的序时平均数$\bar{a}$和$\bar{b}$，再将两值对比得出相对指标时间数列的序时平均数。

做中学7-10

某地区2019—2023年每年年末男性人口数量与年末总人口数量见表7-12，求2019—2023年男性人口占总人口比重的序时平均数。

表7-12　　某地区2019—2023年每年年末人口数量统计表

年份	2019	2020	2021	2022	2023
总人口数量（万人）	480	482	483	485	488
男性人口数量（万人）	248	251	256	255	252

表7-12中的数列是两个间隔相等的间断时点数列，要计算该地区2019—2023年男性人口占总人口比重的序时平均数，应先分别求出该时期男性平均人口数和年平均总人口数，然后进行对比得出。

2019—2023年男性平均人口数为：

$$\bar{a} = \frac{\frac{a_1}{2} + a_2 + a_3 + \cdots + \frac{a_n}{2}}{n - 1} = \frac{\frac{248}{2} + 251 + 256 + 255 + \frac{252}{2}}{5 - 1} = 253(\text{万人})$$

2019—2023年平均总人口数为：

$$\bar{b} = \frac{\frac{b_1}{2} + b_2 + b_3 + \cdots + \frac{b_n}{2}}{n - 1} = \frac{\frac{480}{2} + 482 + 483 + 485 + \frac{488}{2}}{5 - 1} = 483.5(\text{万人})$$

所以，2019—2023年男性人口占总人口比重的序时平均数为：

$$\bar{c} = \frac{\bar{a}}{\bar{b}} = \frac{253}{483.5} = 0.5233 = 52.33\%$$

（3）当分子数列和分母数列是两个间隔不等的间断时点数列时。

此时应以间隔时间长度为权数，运用“加权序时平均法”分别计算出分子数列和分母数列的序时平均数$\bar{a}$和$\bar{b}$，再对比计算得出相对指标时间数列的序时平均数$\bar{c}$。

3. 分子数列是时期数列，分母数列是时点数列

当分子数列和分母数列性质不同即分别是时期数列和时点数列时，应分别根据他们的不同性质——时期数列和时点数列，选择适当的计算方法求得其平均发展水平，再将两值相比得出相对指标时间数列的平均发展水平。

4. 分子数列是时期数列，分母数列是序时平均数时间数列

序时平均数时间数列平均发展水平的计算在“（三）平均指标时间数列的平均发展水平”中介绍。

做中学 7-11

某商场2024年上半年各月份商品流转次数资料见表7-13。

表7-13 2024年上半年各月份商品销售与流转资料

月份	1月	2月	3月	4月	5月	6月
商品销售额（万元）	240	303	256	248	260	300
月末商品库存额（万元）	96	100	140	105	120	136
商品流转次数（次）	2.39	3.09	2.13	2.02	2.31	2.34

又知2023年年底商品库存额为105万元，要求计算该商场上半年月平均商品流转次数。

根据指标含义：商品流转次数=商品销售额÷平均商品库存额。

表7-13中商品销售额数列是时期数列，月末商品库存额数列是间隔相等的间断时点数列，某月商品销售额与该月平均商品库存额相比即为各月商品流转次数。

由于分子数列与分母数列性质不同，应分别计算其序时平均数，然后将两数值相比，求得该商场上半年平均每月商品流转次数。

其计算方法如下：

上半年月平均商品销售额：

$$\bar{a}=\frac{\sum a}{n}=\frac{240+303+256+248+260+300}{6}=\frac{1\ 607}{6}=267.83(\text{万元})$$

上半年月平均商品库存额：

$$\bar{b}=\frac{\frac{b_1}{2}+b_2+b_3+\cdots+\frac{b_n}{2}}{n-1}=\frac{\frac{105}{2}+96+100+140+105+120+\frac{136}{2}}{7-1}=\frac{681.5}{6}=113.58(\text{万元})$$

所以，上半年月平均商品流转次数 $\bar{c}=\frac{\bar{a}}{\bar{b}}=\frac{267.83}{113.58}=2.36$（次）

（三）平均指标时间数列的平均发展水平

平均指标时间数列分为两种：一种是由一般平均数（静态平均数）所组成的时间数列，另一种是由动态平均数（即平均发展水平）所组成的时间数列。由于这两种时间数列性质不同，计算平均发展水平的方法也不同。

1. 由一般平均数所组成的时间数列计算平均发展水平

该种时间数列同相对指标时间数列一样，也是由总量指标时间数列派生出来的，其分子数列是总体标志总量数列，分母数列是总体单位总量数列。由于数列中各个指标值都是平均数，不能直接相加，因此，必须分别求出分子数列a的序时平均数$\bar{a}$和分母数列b的序时平均数$\bar{b}$，用两者对比，才可求出一般平均数（静态平均数）时间数列的序时平均数$\bar{c}$。其计算公式同相对指标时间数列，即：

$$\bar{c} = \frac{\bar{a}}{\bar{b}}$$

2. 由序时平均数所组成的时间数列计算平均发展水平

由序时平均数所组成的时间数列分为两种：一种是间隔相等的序时平均数时间数列，另一种是间隔不等的序时平均数时间数列。

（1）间隔相等的序时平均数时间数列的平均发展水平

间隔相等的序时平均数时间数列平均发展水平的计算，可使用简单算术平均法。

做中学 7-12

某企业2023年下半年各月完工产品总成本和完工产品产量情况见表7-14，计算该企业2023年下半年月平均单位成本。

表7-14　某企业2023年下半年完工产品总成本和完工产品产量情况表

月份	7月	8月	9月	10月	11月	12月
完工产品总成本（元）	10 000	12 000	14 000	10 500	11 200	13 800
完工产品产量（件）	100	110	135	108	112	140

产品单位成本是一般平均数，其计算公式为：完工产品单位成本=完工产品总成本÷完工产品产量，其数列是一般平均数数列，它是由各月完工产品总成本和各月完工产品产量两个时期数列派生出来的。由于对比基数（各月产量）不同，所以要求该数列的平均数，不能将各月的单位成本进行简单平均，而必须分别计算出分子数列与分母数列的和，再将两者进行对比，方可得到该企业2023年下半年月平均单位成本。

由于分子数列与分母数列都是时期数列，所以该企业2023年下半年月平均单位成本为：

$$\bar{c} = \frac{\bar{a}}{\bar{b}} = \frac{\sum a}{\sum b} = \frac{10\,000 + 12\,000 + 14\,000 + 10\,500 + 11\,200 + 13\,800}{100 + 110 + 135 + 108 + 112 + 140} = \frac{71\,500}{705} = 101.42(\text{万元})$$

（2）间隔不等的序时平均数时间数列的平均发展水平

间隔不等的序时平均数时间数列平均发展水平的计算，应以间隔期长度为权数，采用加权算术平均法进行计算。计算公式为：

$$\bar{a} = \frac{\sum_{i=1}^{n} a_i f_i}{\sum_{i=1}^{n} f_i}$$

式中：a_i表示各间隔期的序时平均数；f_i表示间隔期长度，即权数。

注：序时平均数时间数列容易与时期数列、时点数列混淆，如月（季、年）平均产量与月（季、年）产量，月（季、年）平均人数与月（季、年）末（初）人数。在具体运用上述公式过程中，要注意区分题目中指标名称的表述，凡序时平均数时间数列，其指标名称往往为“年（或季或月）均产量（产值、人数）”等；也可以通过设想数列中的每个指标值是如何得来的——通过时期数列或时点数列计算得来的。

三、增长量

微课 7-3

增长量与平均增长量

增长量是报告期发展水平与基期发展水平之差，增长量指标的数值可正可负，它说明现象报告期相对基期增加或减少的绝对数量，用公式表示为：

增长量=报告期水平-基期水平

差值大于零是增长量，小于零是减少量，所以，有人也称其为“增减量”。

按照基期的确定方法不同，增长量可分为逐期增长量和累计增长量。

（一）逐期增长量

逐期增长量是报告期发展水平与前一期发展水平的差额，即：逐期增长量=报告期水平-前期水平，说明现象逐期增加或减少的数量。若时间数列的各期发展水平分别为：a_0，a_1，a_2，…，a_{n-1}，a_n，则逐期增长量用符号表示为：

$$\Delta_i = a_i - a_{i-1}(i = 1, 2, \cdots, n)$$

即：$a_1 - a_0$，$a_2 - a_1$，$a_3 - a_2$，…，$a_n - a_{n-1}$（n个）

（二）累计增长量

累计增长量是报告期发展水平与某一固定时期发展水平（通常是时间数列的最初水平）的差额，即：

累计增长量=报告期水平-固定基期水平

其表明现象报告期比该固定时期增加（或减少）的绝对数量，累计增长量用符号可表示为：

$$s_i = a_i - a_0(i = 1, 2, \cdots, n)$$

即：$a_1 - a_0$，$a_2 - a_0$，$a_3 - a_0$，…，$a_n - a_0$（n个）

不难看出，逐期增长量和累计增长量间有着密切的数量关系：

首先，累计增长量等于相应的逐期增长量之和，公式为：

$$a_n - a_0 = \sum_{i=1}^{n}(a_i - a_{i-1})$$

其次，相邻两项的累计增长量之差等于相应的逐期增长量，公式为：

$$a_i - a_{i-1} = (a_i - a_0) - (a_{i-1} - a_0)$$

做中学 7-13

某地区2019—2023年工业企业数量增加情况见表7-15。

表 7-15　　某地区2019—2023年工业企业数量增加情况表

年份	2019 年	2020 年	2021 年	2022 年	2023 年
企业增加数量（个）	80	95	118	132	150
逐期增加数（个）	—	15	23	14	18
累计增加数（个）	—	15	38	52	70

（三）年距增长量

对于按月（季）编制的时间数列，为了消除季节变动的影响，还可以计算年距增长量指标，它等于本年某期水平减去上年同期水平的差值，表明本期发展水平比上年同期发展水平增加（或减少）的数量，即：

年距增长量 = 报告期某月(季)发展水平 - 上年同月(季)发展水平

做中学 7-14

某地区 2022—2024 年第一季度工业企业数量增加情况见表 7-16。

表 7-16　　2022—2024年第一季度工业企业数量增加情况表

时间	2022 年第一季度	2023 年第一季度	2024 年第一季度
企业增加数量（个）	20	26	30

该地区 2022 年第一季度企业增加数量为 20 个，2023 年第一季度企业增加数量为 26 个，则 2023 年第一季度比上年同期增加 26-20=6（个）；同理，2024 年第一季度比上年同期增加 4 个。

四、平均增长量

平均增长量是时间数列中逐期增长量的序时平均数，它表明现象在一段时期内平均每期增加（或减少）的数量。用$\overline{\Delta}$表示，其计算公式如下：

$$\overline{\Delta} = \frac{\sum_{i=1}^{n}(a_i - a_{i-1})}{n}$$

式中：n 表示逐期增长量的个数。

根据逐期增长量与累计增长量的数量关系，平均增长量还可以用下式表示：

$$\overline{\Delta} = \frac{a_n - a_0}{n}$$

做中学 7-15

用表 7-15 资料计算该地区 2019—2023 年工业企业平均每年增长数。

$$\overline{\Delta} = \frac{\sum_{i=1}^{n}(a_i - a_{i-1})}{n} = \frac{15 + 23 + 14 + 18}{4} = \frac{70}{4} = 17.5(\text{个})$$

第三节 时间数列的速度指标

速度指标是以前节所述水平指标为基础计算出来的，与水平指标相对应。时间数列的速度指标主要有发展速度、平均发展速度、增长速度、平均增长速度。

一、发展速度

发展速度是以相对数形式表示的两个不同时期发展水平的比值，表明报告期水平已发展到基期水平的百分之几或若干倍，反映现象发展变化的快慢程度，通常用字母x表示，其计算公式为：

$$发展速度x=\frac{报告期水平}{基期水平}\times 100\%$$

发展速度根据对比时所采用基期的不同，可分为环比发展速度和定基发展速度两种。

（一）环比发展速度

环比发展速度是报告期水平与其前期水平的比值。它说明报告期水平已发展到前一期水平的百分之几或若干倍，表明这种现象逐期的发展程度。如果计算的单位时期是一年，则这个指标也可叫做“年发展速度”。其计算公式为：

$$环比发展速度=\frac{报告期水平}{前一期水平}\times 100\%$$

设时间数列的各期发展水平为：a_0，a_1，a_2，…，a_{n-1}，a_n

则各期环比发展速度为：$\frac{a_1}{a_0}$，$\frac{a_2}{a_1}$，$\frac{a_3}{a_2}$，…，$\frac{a_n}{a_{n-1}}$（n个）

（二）定基发展速度

定基发展速度，是报告期水平与某一固定基期水平（通常为最初水平）之比，它说明现象报告期水平对某一固定时期水平的变动程度，表明这种社会经济现象在一个较长时期内总的发展速度，因此，有时也叫做“总发展速度”。其计算公式为：

$$定基发展速度=\frac{报告期水平}{某一固定基期水平}$$

设时间数列的各期发展水平为：a_0，a_1，a_2，…，a_{n-1}，a_n

则各期定基发展速度为：$\frac{a_1}{a_0}$，$\frac{a_2}{a_0}$，$\frac{a_3}{a_0}$，…，$\frac{a_n}{a_0}$（n个）

定基发展速度和环比发展速度均是说明现象在不同时间发展变化的程度和方向的，定基发展速度时间数列中，各时期比较的基础固定在一个共同的水平（a_0）上；而环比发展速度时间数列则呈现各时期发展水平交替作为报告期与基期使用的循环对比状态。二者因为采用的基期不同而各说明不同的问题，表现不同的侧面。二者虽有区别，但也存在着一定的数量依存关系，具体表现为以下两个方面：

首先，定基发展速度等于相应时期内各个环比发展速度的连乘积，即：

$$\frac{a_n}{a_0}=\frac{a_1}{a_0}\times\frac{a_2}{a_1}\times\cdots\times\frac{a_n}{a_{n-1}}$$

其次，两个相邻时期的定基发展速度相除，等于相应时期的环比发展速度，即：

$$\frac{a_i}{a_0} \div \frac{a_{i-1}}{a_0} = \frac{a_i}{a_{i-1}}$$

在实际工作中，可以根据以上关系，利用已知的资料来推算未知的指标值，或者用来检验计算结果的正确性。

做中学 7-16

我国2020—2023年住宿和餐饮业法人企业数情况见表7-17。

表7-17 我国2020—2023年住宿和餐饮业法人企业数情况表

年份	2020年	2021年	2022年	2023年
住宿和餐饮业法人企业数（个）	46 872	53 711	58 182	65 666
环比发展速度（%）	—	114.59	108.32	112.86
定基发展速度（%）	—	114.59	124.13	140.10

资料来源 国家统计局。

（三）年距发展速度

对于按月（季）编制的时间数列，为了消除季节变动的影响，更准确地说明本期发展水平与去年同期发展水平的相对发展程度，可以计算年距发展速度。年距发展速度是在实际统计分析中经常应用的指标。

其计算公式为：

$$年距发展速度 = \frac{本期发展水平}{上年同期发展水平} \times 100\%$$

做中学 7-17

某地区2022年1月和2023年1月住宿和餐饮业法人企业数见表7-18。

表7-18 某地区2022年1月和2023年1月住宿和餐饮业法人企业数

时间	2022年1月	2023年1月
住宿和餐饮业法人企业数（个）	150	165

该地区2022年1月住宿和餐饮业法人企业数为150个，2023年1月住宿和餐饮业法人企业数为163个，则其年距发展速度为：

$$年距发展速度 = \frac{本期发展水平}{上年同期发展水平} \times 100\% = \frac{165}{150} \times 100\% = 110\%$$

二、增长速度

发展速度是速度指标中的基础指标，但在实际应用中，增长速度的应用范围更为广泛。

增长速度是报告期增长量与基期水平之比的相对数，它是扣除了基数后的变动程度，表明现象报告期水平比基期增长（或下降）了百分之几或若干倍。

计算得到的比率有正有负，正值表明所研究现象的增长程度和发展方向是上升的；负值表明所研究现象的增长程度和发展方向是下降的。

其计算公式为：

$$增长速度=\frac{增长量}{基期水平}=\frac{报告期水平-基期水平}{基期水平}=发展速度-1(或100\%)$$

由此可见，增长速度是相应的发展速度减去1（或100%）而得出的值，两者之间有密切关系，但是两者说明的内容是不同的。

发展速度说明报告期水平是基期水平的多少倍或百分之几，而增长速度说明报告期水平比基期水平增加了多少倍或增加了百分之几，是指"净增加"的部分是基期水平的多少倍或百分之几。

根据计算增长速度时选择的基期不同，增长速度可以分为环比增长速度和定基增长速度。

（一）环比增长速度

上述计算式中，若增长量为逐期增长量，基期水平为前一期水平，则两者对比得出的是环比增长速度，表明现象逐期增长（或下降）的程度。

其计算公式为：

$$环比增长速度=\frac{逐期增长量}{前期水平}=\frac{报告期水平-前期水平}{前期水平}=环比发展速度-1(100\%)$$

用符号表示为：

$$\frac{a_1-a_0}{a_0},\ \frac{a_2-a_1}{a_1},\ \frac{a_3-a_2}{a_2},\ \cdots,\ \frac{a_n-a_{n-1}}{a_{n-1}}$$

或：

$$\frac{a_1}{a_0}-1,\ \frac{a_2}{a_1}-1,\ \frac{a_3}{a_2}-1,\ \cdots,\ \frac{a_n}{a_{n-1}}-1$$

或：

$$环比增长速度=\frac{a_i-a_{i-1}}{a_{i-1}}=\frac{a_i}{a_{i-1}}-1(或100\%)(i=1,2,\cdots,n)$$

（二）定基增长速度

定基增长速度是报告期的累计增长量与某一固定基期水平（通常为最初水平 a_0）之比，表明现象在一个较长时期内总的增长（或降低）的方向及程度。

其计算公式为：

$$定基增长速度=\frac{累计增长量}{固定基期水平}=\frac{报告期水平-固定基期水平}{固定基期水平}=定基发展速度-1(或100\%)$$

用符号表示的算式为：

$$\frac{a_1-a_0}{a_0},\ \frac{a_2-a_0}{a_0},\ \frac{a_3-a_0}{a_0},\ \cdots,\ \frac{a_n-a_0}{a_0}$$

或：

$$\frac{a_1}{a_0}-1,\ \frac{a_2}{a_0}-1,\ \frac{a_3}{a_0}-1,\ \cdots,\ \frac{a_n}{a_0}-1$$

或：

$$定基增长速度 = \frac{a_i - a_0}{a_0} = \frac{a_i}{a_0} - 1(或100\%)(i = 1, 2, \cdots, n)$$

小贴士 7-3 定基增长速度与环比增长速度之间的关系

发展速度与增长速度是对社会经济现象进行动态分析的基本指标，应用中需要特别注意的问题是：定基增长速度与环比增长速度不能像定基发展速度与环比发展速度那样互相推算，因为，它们之间不存在下面两种关系：定基增长速度不等于相应时期内各环比增长速度的连乘积，两个相邻时期的定基增长速度相除也不等于相应时期的环比增长速度，定基增长速度与环比增长速度之间的推算，必须通过计算定基发展速度和环比发展速度指标才能进行。

做中学 7-18

我国2020—2023年住宿和餐饮业法人企业数情况见表7-19。

表 7-19 我国2020—2023年住宿和餐饮业法人企业数情况表

年份	2020	2021	2022	2023
住宿和餐饮业法人企业数（个）	46 872	53 711	58 182	65 666
环比增长速度（%）	—	14.59	8.32	12.86
定基增长速度（%）	—	14.59	24.13	40.09

此外，实际中还经常计算年距增长速度，计算公式为：

$$年距增长速度 = \frac{年距增长量}{上年同期发展水平} = 年距发展速度 - 1(或100\%)$$

该指标消除了季节变动，表明本期比上年同期增长（或降低）了百分之几或若干倍。

三、平均发展速度和平均增长速度

微课 7-4

平均发展速度和平均增长速度

由于现象所处的历史条件不同，在各个时间上的发展速度就有所不同。为了进行动态分析，需要将现象在各个时间的速度差异抽象化，计算平均速度指标。

平均速度指标有平均发展速度和平均增长速度两种。

平均发展速度和平均增长速度是两个非常重要的平均速度指标。平均发展速度反映现象在一定时期内逐期发展变化的一般程度；平均增长速度反映现象在一定时期内逐期增长（或降低）的一般程度。

小贴士 7-4

平均发展速度和平均增长速度在国民经济管理、计划统计工作和统计分析中有广泛的应用，是十分重要的分析指标。

其作用主要是：

第一，计算平均速度指标是编制国民经济发展计划的重要方法，特别是长期目标确定后，可以计算每年应达到的平均发展速度和平均增长速度。

第二，计算平均速度指标可以概括说明在某一段时期内整个国民经济及各部门的总产值、主要产品产量等指标的一般发展、变化情况，也就是计算这些指标每隔一定时期的平均发展（或平均增长）速度。

第三，将国民经济各个时期的平均速度指标进行对比，可以从纵向上说明各个时期经济的发展变化情况。

第四，通过计算同一时期不同国家或不同地区的平均速度指标，可以从横向上进行国与国、地区与地区之间的比较。

第五，可以进行经济预测，即运用平均速度指标，可以计算出若干年后，社会经济现象达到的总量水平。

平均发展速度是一定时期内各期环比发展速度的序时平均数，是说明社会经济现象在一定时期内各段时间上发展速度一般水平的统计指标。由于各时期对比的基础不同，所以不能采用一般序时平均数的计算方法。

目前计算平均发展速度的方法主要有水平法（又称几何平均法）和累计法（又称高次方程法）两种，现实中应用较多的是水平法。

水平法，又称几何平均法，其计算平均发展速度的原理是：现象从最初水平 a_0 出发，经过各期的环比发展速度（假设为：x_1，x_2，x_3，…，x_n），达到最末水平 a_n，则 $a_n = a_0 \cdot x_1 \cdot x_2 \cdot x_3 \cdot \cdots \cdot x_n$；而各期的环比发展速度的序时平均数是平均发展速度 $\bar{x}$，则上式可以转化为：

$$a_n = a_0 \bar{x}^n$$

所以：

$$\bar{x} = \sqrt[n]{\frac{a_n}{a_0}}$$

式中：$\bar{x}$——平均发展速度；

n——环比发展速度的个数（也等于时间数列项数-1）。

由于 $\frac{a_n}{a_0}$ 为这段时期的定基发展速度（也称发展总速度，以R表示），根据定基发展速度与环比发展速度的数量关系，则有 $\frac{a_n}{a_0} = \frac{a_1}{a_0} \cdot \frac{a_2}{a_1} \cdot \frac{a_3}{a_2} \cdot \cdots \cdot \frac{a_n}{a_{n-1}} = x_1 \cdot x_2 \cdot x_3 \cdot \cdots \cdot x_n$，所以，有计算平均发展速度的第二个及第三个公式：

$$\bar{x} = \sqrt[n]{x_1 \cdot x_2 \cdot x_3 \cdot \cdots \cdot x_n} = \sqrt[n]{\prod_{i=1}^{n} x_i}$$

$$\bar{x} = \sqrt[n]{R}$$

式中：x_1，x_2，x_3，…，x_n——各期的环比发展速度；

R——发展总速度。

∏——连乘符号。

注：上述三式都是平均发展速度几何平均法的计算公式，可以根据资料的掌握情况选择应用。

平均增长速度既不能由各期的环比增长速度求得，也不能根据一定时期的总增长速度计算求得。

平均增长速度只能通过它与平均发展速度的数量关系计算求得。即：

平均增长速度 = 平均发展速度 - 1(或100%)

计算结果为正值叫递增率，为负值则叫递减率。

做中学 7-19

表 7-20 为某企业 2018—2022 年产品产量情况资料，说明用水平法计算平均发展速度和平均增长速度的方法。

表 7-20　某企业2018—2022年产品产量情况表

年份	2018	2019	2020	2021	2022
产品产量（件）	1 200	1 380	1 660	2 370	2 640
环比发展速度（%）	—	115.00	120.29	142.77	111.39
定基发展速度（%）	—	115.00	138.33	197.50	220.00

则该企业 2018—2022 年产品产量的平均发展速度为：

$$\bar{x} = \sqrt[n]{\frac{a_n}{a_0}} = \sqrt[4]{\frac{2\,640}{1\,200}} = 121.79\%$$

或：

$$\bar{x} = \sqrt[n]{\prod_{i=1}^{n} x_i} = \sqrt[4]{1.1500 \times 1.2029 \times 1.4277 \times 1.1139} = 1.2179 = 121.79\%$$

该企业 2018—2022 年产品产量的平均增长速度为：

平均增长速度 = 平均发展速度 - 1(或100%) = 121.79% - 1 = 21.79%

以上两种计算结果大致相同，有时候会因中间计算四舍五入而导致最后结果略有差异，但不影响计算结果的正确性。

小贴士 7-5　计算与应用平均速度指标时应注意的问题

首先，计算平均速度指标选择计算方法时要考虑研究对象的性质和特征。因为几何平均法侧重于考察现象最末期的发展水平，而累计法侧重于考察现象的整个发展过程，由于计算原理不同，所以即使同一种资料，计算结果也会有所不同。

另外，几何平均法既适用于时期数列，也适用于时点数列，而累计法只适用于时期数列。因此，对基本建设投资额、植树造林面积等着重考察各期的累计数，宜采用累计法，而对于产量、产值等着重考察末期水平，宜采用几何平均法。

其次，应用几何平均法时要与各环比速度相结合。因为几何平均法只考虑现象的最初与最末水平，它不反映中间各年的变化，如果最初与最末水平过高或过低，或中间水平波动很大，那么，计算出的平均发展速度就失去了代表性。

四、速度指标的具体运用

（一）速度指标和水平指标结合运用

速度指标和水平指标的结合运用，实质上属于相对指标与总量指标、相对指标与平均指标结合运用的问题。

速度指标的数值与基数大小有密切的关系。

在由环比增长速度构成的时间数列中，由于各期的基数不同，发展速度和增长速度下降时增长量也可能增加，增长量稳定不变时增长速度却可能逐期下降。因此，仅仅运用速度指标不能准确地反映现象增长的快慢，往往要结合水平指标的分析计算才能得出正确的结论。

增长1%的绝对值正是进行这一分析比较的指标，它反映了相同的增长速度下所增长的绝对水平是多少。

增长1%的绝对值计算公式如下：

$$增长1\%的绝对值=\frac{逐期增长量}{环比增长速度\times 100}=\frac{a_i-a_{i-1}}{\frac{a_i-a_{i-1}}{a_{i-1}}\times 100}=\frac{a_{i-1}}{100}=\frac{上期水平}{100}$$

环比增长速度是相对指标，一般用百分数表示。

上式推导中分母指标乘以100，就是将它还原为绝对指标，这样就可以与分子指标进行对比计算。

做中学 7-20

某地区2019—2023年招生人数情况见表7-21第2行，说明上述两种速度分析指标及增长1%绝对值的计算（见表7-21第3~9行）。

表7-21　某地区2019—2023年招生人数统计表

年份		2019	2020	2021	2022	2023
招生人数（万人）		170	183	203	192	225
增长量	逐期	—	13	20	-11	33
	累计	—	13	33	22	55
发展速度（%）	环比	—	107.65	110.93	94.58	117.19
	定基	—	107.65	119.41	112.94	132.35
增长速度（%）	环比	—	7.65	10.93	-5.42	17.19
	定基	—	7.65	19.41	12.94	32.35
增长1%的绝对值（万人）		—	1.7	1.83	2.03	1.92

（二）总平均速度与各期速度、分段速度结合运用

总平均速度指标是一个总括性指标，其计算过程舍弃了现象随时间变化的大量信息，如果不将这部分信息加以分析，就不能具体深入地反映现象的变化过程及特点。

尤其是计算平均速度时对应的计算期很长，而中间某些时期的发展水平具有特殊的阶段性时，只计算一个总的平均速度指标就不能具体反映现象发展变化的真实过程和情况。所以，必须用分段的平均速度以及环比速度、定基速度来补充说明总平均速度。

例如，研究分析中华人民共和国成立以来国民经济的发展变化情况时，除了计算总的平均速度外，还有必要按照恢复时期、各个五年计划或某些特定时期分段计算相应的平均速度，还可以与特殊年份的环比发展速度和发展水平相对比进行分析，反映我国国民经济变化的真实情况和特点，以得出正确的结论。

（三）基期的选择应合理适当

在动态分析指标中，关于增长量、发展速度这几类指标的计算都涉及选择基期的问题。在实际工作中，必须结合具体的研究目的和任务，确定最适当的基期，使得计算结果可以代表实际情况。

如果基期选择不当，必然导致相关的动态分析指标的计算结果不能反映真实情况，影响分析和决策的正确性。因此，在应用动态分析指标时，必须结合实际情况，选择合理的基期。

第四节　时间数列的趋势分析

一、时间数列趋势分析概述

（一）时间数列趋势分析的意义

对时间数列的分析，除了通过水平分析和速度分析计算一系列的分析指标外，还需要对影响数列变化的各种因素进行分析，既要描述现象发展变化的过程和结果，又要探究其变化的原因和规律，为预测未来和作出决策提供依据。社会经济现象的发展变化是许多错综复杂的因素共同作用的结果，有的因素起决定性作用，有的因素作用不大。时间数列趋势分析要求从现象的总变动中分解出不同的影响因素及各自对现象变化的影响程度，并在此基础上对数列未来的状态作出统计推断和预测。

（二）时间数列趋势的影响因素的构成

一般按性质和作用，将时间数列趋势的影响因素分解时，分为四类：

1. 长期趋势（Secular Trend）

长期趋势是指由于受某种本质因素的影响，现象在相当长的时期内呈现的持续上升、下降或基本持平的发展势态。

它是现象在一段时间内发展变化的规律性表现，是动态数列分析的重点。

若用图形表现，可得一趋势线。若趋势线为直线，则称为直线趋势；若趋势线为曲线，则根据其曲线形式称为某种曲线趋势。

2. 季节变动（Seasonal Variation）

季节变动是指社会经济现象受气候、温度等自然因素和节假日、风俗习惯等社会因素影响而发生的有规律的周期性波动。

季节变动中的“季节”不是仅指一年中的四季，而是指广义上任何一种周期性的变化。

引起季节变动的因素既有自然的因素，也有人为的因素，这些因素因四季更换、节假日、风俗习惯等而发生着规律性的周期变化。

工农业生产活动、建筑业活动、旅游业活动、交通运输业活动、商业活动等都有明显的季节性，如商业活动中的“销售旺季”和“销售淡季”、旅游业中的“旅游旺季”和“旅游淡季”，交通运输业在节假日客流量增大等。

季节变动的周期通常为一年。

3.循环变动（Cyclical Fluctuation）

循环变动是指现象以若干年为一个周期，规律性地从低至高再从高至低的一种波浪形或震荡式变动，也叫周期变动。

循环波动不同于趋势变动，它不是朝着单一方向的持续运动，而是涨落相间的交替波动。如经济危机就是循环变动，每一循环周期都要经历危机、萧条、复苏和高涨四个阶段。

4.不规则变动（Irregular Variation）

不规则变动亦称随机变动，是由各种偶然的、突发的或不可预见的因素引起的变动。有时不规则变动会对社会经济产生巨大影响，如地震、洪灾、战争等。不规则变动与时间无关，是一种无规律的变动，难以测定。

二、长期趋势分析

长期趋势因素具有长期性、稳定性、经常性和根本性的特点，长期趋势是现象在相当长的时间内持续发展变化的总态势，或不断增长或下降，或停留在一个水平上。

通过一定的方法，测定时间数列的长期趋势，可以客观地认识现象发展变化的规律，为经营管理与决策提供依据。同时，测定长期趋势是研究季节变动的方法之一，现象在发展变化过程中的数量差异是由长期趋势、季节变动、循环变动和不规则变动等多种因素相互影响而形成的，通过测定长期趋势，可以更好地研究季节变动。

长期趋势的测定方法主要有时距扩大法、移动平均法和数学模型法。

（一）时距扩大法

时距扩大法就是将原时间数列中不同时间单位上的指标数值加以合并，得出一个扩大了时距的新时间数列，用以消除由于时距较短，现象受偶然因素影响所引起的不均匀状况。新时间数列中各指标数值所包含时期的长度将几倍于原数列中的时期长度，这是测定长期趋势的最简单、最原始的方法。

做中学 7-21

某公司2019—2023年各个季度产品销售额情况见表7-22，为合理安排生产，需要了解产品销售额的变化情况。

表 7-22　　某公司2019—2023年各个季度产品销售额情况表　　单位：万元

季度	2019 年	2020 年	2021 年	2022 年	2023 年
1	62	59	66	74	71
2	56	65	62	64	79
3	68	69	68	77	86
4	63	66	71	82	81

由于各年中每季度产品销售额有升有降，表 7-22 中的动态数列不能清晰地反映现象发展的趋势，因此，采用时距扩大法，即时距由季度扩大到年度，将每年中各季度的产品销售额相加，就得到各年的产品销售额新数列，见表 7-23。

表 7-23　　某公司2019—2023年各年产品销售额情况表

年份	2019 年	2020 年	2021 年	2022 年	2023 年
产品销售额（万元）	249	259	267	297	317

该新数列可以反映该公司产品销售额的发展趋势，其产品销售额是逐年上升的。

小贴士 7-6

运用时距扩大法应注意以下几个问题：

第一，这一方法只适用于时期数列，因为只有时期数列中各指标数值才具有可加性，而时点数列则不宜采用时距扩大法来对数列进行修匀。

第二，时距扩大的长度应该遵循现象发展的客观规律性。时距过短，不能消除现象变动中偶然因素的影响；时距过长，又会掩盖现象在不同时期发展变化的具体差异。对于没有明显的周期性或规律性的时间数列，扩大时距时应从小跨度开始逐步进行，以能够看出趋势规律为宜。

第三，为使扩大时距后得到的新数列中的每一个指标值具有可比性，应保持扩大后的时距一致。

（二）移动平均法

移动平均法是从数列第一项开始，按一定项数求序时平均数，逐项向后移动计算一系列序时平均数，得出的序时平均数构成一个新的时间数列。

通过移动平均对原数列进行修匀，消除了偶然因素所引起的不规则变动，使长期趋势变得明显，使原数列对应的曲线变得更平滑。

移动平均时采用的项数可以是奇数，也可以是偶数，但究竟进行奇数项还是偶数项移动平均，则应根据现象的特点而定。

设有时间数列为：a_1，a_2，a_3，…，a_n，若取三项移动平均，则移动平均形成的新数列为：

$$\bar{a}_2 = \frac{a_1 + a_2 + a_3}{3}$$

$$\bar{a}_3 = \frac{a_2 + a_3 + a_4}{3}$$

$$\vdots \qquad \vdots$$

$$\bar{a}_{n-1} = \frac{a_{n-2} + a_{n-1} + a_n}{3}$$

若取四项移动平均，则移动平均形成的新数列为：

$$\bar{a}_{2\frac{1}{2}} = \frac{a_1 + a_2 + a_3 + a_4}{4}$$

$$\bar{a}_{3\frac{1}{2}} = \frac{a_2 + a_3 + a_4 + a_5}{4}$$

$$\vdots \qquad \vdots$$

$$\bar{a}_{(n-2)\frac{1}{2}} = \frac{a_{n-3} + a_{n-2} + a_{n-1} + a_n}{4}$$

式中：$\bar{a}$的下标为对应时期的顺序号。

需要注意的是，进行奇数项移动平均和偶数项移动平均，处理方法是有区别的。对于奇数项移动平均，只进行一次移动平均即可；但进行偶数项移动平均时，要在第一次对原数列作移动平均后，对所得的新数列再做一次两项的移动平均，这样才能与原数列对齐。比如上述的四项移动平均后再进行两项移动平均，得到的新数列为：

$$\bar{a}_3 = \frac{\bar{a}_{2\frac{1}{2}} + \bar{a}_{3\frac{1}{2}}}{2},\ \bar{a}_4 = \frac{\bar{a}_{3\frac{1}{2}} + \bar{a}_{4\frac{1}{2}}}{2},\ \cdots,\ \bar{a}_{n-2} = \frac{\bar{a}_{(n-3)\frac{1}{2}} + \bar{a}_{(n-2)\frac{1}{2}}}{2}$$

做中学 7-22

某超市 2013—2022 年销售额情况见表 7-24 第 2 列，对其进行三项移动平均和四项移动平均，结果见表 7-24 的第 3 列至第 5 列。

表 7-24　某超市2013—2022年销售额移动平均计算表

年份	销售额（万元）	移动平均数		
		三项移动平均	四项移动平均	
			第一次移动平均	第二次移动平均
2013	670	—	—	—
2014	710	701	—	—
2015	723	724	710.75	725.5
2016	740	750	740.25	750.75
2017	788	774	761.25	772.75
2018	794	799	784.25	794.63
2019	815	811	805	813
2020	823	830	821	830.63
2021	852	849	840.25	—
2022	871	—	—	—

小贴士 7-7

应用移动平均法应注意下面几个问题：

第一，移动平均对原数列具有修匀作用，平均的时距项数越多，偶然因素影响越小，长期趋势越明显，对数列的修匀作用越强，但会使新数列中移动平均数减少，有时会造成移动平均数与实际相差太大，使时间数列分析的意义变小；反之，长期趋势就会因偶然因素的影响变得模糊不清。

第二，移动平均时距项数应与现象变动的周期一致，如果原动态数列为月份或季度资料，而且有周期变动，则将其扩大到年的资料以12项或4项移动平均为宜，这样才能较好地消除周期波动的影响。

第三，移动平均后，所得新数列的项数较原数列减少，若进行k项移动平均，当k为奇数时，首尾各减少$\frac{k-1}{2}$项；当k为偶数时，首尾各减少$\frac{k}{2}$项。

（三）数学模型法

数学模型法就是首先通过对时间数列的分析判断，根据现象发展的性质和特点，模拟一个比较符合时间数列的数学方程，运用该方程对原数列进行修匀，展示现象发展的长期趋势，并利用其进行分析和预测。

时间数列的变动趋势分为直线趋势和曲线趋势，对应的常用的数学模型有直线趋势模型和曲线趋势模型两大类，曲线模型又包括指数曲线、二次曲线等。

在建立方程之前先要确定趋势的形态，判断趋势形态的主要方法有两种：

一是画散点图，即用直角坐标系作散点图，若散点图呈直线形态，可以配合直线方程；若散点图呈曲线形态，可配合曲线方程。

二是根据动态分析指标判断，如果随着时间的推移，时间数列的逐期增长量大致相等，呈现出比较稳定的增长或下降的线性发展规律，则配合直线模型；若时间数列中的二级增长量大体相同，可配合抛物线模型；若时间数列的环比增长速度大体相同，则可配合指数曲线模型。

1.直线趋势测定方法

关于直线趋势模型的判断有两种方法，一是如果随着时间的推移，时间数列的逐期增长量大致相等，呈现出比较稳定的增长或下降的线性发展规律，那么就可以判断其适用直线趋势模型；二是画散点图，即用直角坐标系作散点图，若散点图呈直线形态，那么就可以判断其适用直线趋势模型。

当现象是按直线趋势发展变化时，拟合的直线趋势方程为：

$y_t = a + bt$

式中：y_t——时间数列的趋势值；

t——时间顺序号（一般取自然数序号）；

a——趋势直线在Y轴上的截距（其经济意义为现象在原点时的趋势值）；

b——趋势直线的斜率（其经济意义为逐期增长量，即t每增加一个单位y_t增加或减少的量)。

在此方程中，a、b是参数，是未知的，要运用该方程对原数列进行修匀，必须运用所给时间数列的资料求出a、b的值。求解a、b的方法有半数平均法、最小平方法(又称最小二乘法)，下面分别介绍。

(1) 半数平均法。

它是将呈直线趋势的时间数列分为项数相等的前后两部分（若为奇数项，可弃掉数列的首项），分别求其平均数$\overline{y_1}$、$\overline{y_2}$、$\overline{t_1}$、$\overline{t_2}$，得到两个点（$\overline{t_1}$，$\overline{y_1}$）和（$\overline{t_2}$，$\overline{y_2}$），在直角坐标系中绘出并连接这两点，便得到一条趋势直线，将这两点的坐标值代入直线方程求解即可。半数平均法的数学依据是，实际观察值y与计算的趋势值之间的离差之和等于零。即：

$$\sum(y - y_t) = 0$$

以$y_t = a + bt$代入上式，得：

$$\sum[y - (a + bt)] = 0$$

$$\sum y - \sum(a + bt) = 0$$

$$\sum y - na - b\sum t = 0$$

等式的两端同除以n，得：

$$\frac{\sum y}{n} - a - b\frac{\sum t}{n} = 0$$

将趋势线上的两点坐标（$\overline{t_1}$，$\overline{y_1}$）和（$\overline{t_2}$，$\overline{y_2}$）分别代入上式方程中，可得二元一次方程：

$$\begin{cases} \overline{y_1} - a - b\overline{t_1} = 0 \\ \overline{y_2} - a - b\overline{t_2} = 0 \end{cases}$$

解得：

$$\begin{cases} b = \dfrac{\overline{y_2} - \overline{y_1}}{\overline{t_2} - \overline{t_1}} \\ a = \overline{y_2} - b\overline{t_2}\ (\text{或}\ \overline{y_1} - b\overline{t_1}) \end{cases}$$

式中：$\overline{y_1}$——时间数列前半部分的各个观察值y_1的平均数；

$\overline{t_1}$——时间数列前半部分的各个时间顺序号t_1值的平均数；

$\overline{y_2}$——时间数列后半部分的各个观察值y_2的平均数；

$\overline{t_2}$——时间数列后半部分的各个时间顺序号t_2值的平均数。

计算出参数a和b的值后，就可得到趋势线方程，通过该趋势线方程即可测定现象的长期趋势（即对原数列进行修匀），并可预测现象将来某一时间可达到的水平。

做中学7-23

某企业2018—2023年冰箱产量资料见表7-25，试分析表中所列资料的趋势特征，拟合适当的数学模型，对原数列进行修匀并预测2026年企业冰箱的产量。

表 7-25　　某企业2018—2023年冰箱产量资料

年份	2018	2019	2020	2021	2022	2023
冰箱产量（千台）	122	127	131	135	140	144
逐期增长量（千台）	—	5	4	4	5	4

表 7-22 显示该企业各年逐期增长量大体相同，判断该企业冰箱产量呈直线上升趋势，可以拟合直线趋势方程。

设趋势线方程为：$y_t = a + bt$，以 2018 年为原点，采用半数平均法进行趋势分析，列表计算见表 7-26。

表 7-26　　半数平均法趋势分析计算表　　单位：千台

年份	时间序号 t	冰箱产量 y	趋势值 y_t	$(y - y_t)^2$
2018	1	122	122.67	0.4489
2019	2	127	127	0
2020	3	131	131.33	0.1089
2021	4	135	135.66	0.4356
2022	5	140	139.99	0.0001
2023	6	144	144.32	0.1024
合计	21	799	800.97	1.0959

n = 6，前三项为一组，后三项为一组。

前三项从 2018 年到 2020 年：

$$\overline{t_1} = \frac{1 + 2 + 3}{3} = 2$$

$$\overline{y_1} = \frac{122 + 127 + 131}{3} = 127(\text{四舍五入到个位})$$

后三项从 2021 年到 2023 年：

$$\overline{t_2} = \frac{4 + 5 + 6}{3} = 5$$

$$\overline{y_2} = \frac{135 + 140 + 144}{3} = 140(\text{四舍五入到个位})$$

$$b = \frac{\overline{y_2} - \overline{y_1}}{\overline{t_1} - \overline{t_2}} = \frac{140 - 127}{5 - 2} = 4.33$$

$$a = \overline{y_1} - b \cdot \overline{t_1} = 127 - 4.33 \times 2 = 118.34$$

得趋势直线方程为：$y_t = 118.34 + 4.33t$

将 t = 1，2，3，4，5，6 分别代入方程式，则得 y_t 各值，见表 7-26。

根据该趋势线方程式，可以预测 2026 年（t = 9）该企业冰箱的产量为：

$$y_9 = 118.34 + 4.33t = 118.34 + 4.33 \times 9 = 157.31(\text{千台})$$

（2）最小平方法。

它也称最小二乘法，其最理想的趋势线是最接近所有散点的趋势线。但是对于同一个表现为直线趋势的时间数列，可以拟合许多个方程，画出不同的趋势直线，但总有一条最理想，该条理想的趋势线，能够使实际观察值（y）与用该方程计算出的趋势值（y_t）之间的离差的平方和最小，即：

$$\sum(y-y_t)^2=\text{最小值}$$

将配合直线方程 $y_t=a+bt$ 带入上式，得：

$$\sum(y-a-bt)^2=\text{最小值}$$

其参数a、b可以通过求解下列两个联立方程求得：

$$\begin{cases}\sum y = na + b\sum t \\ \sum ty = a\sum t + b\sum t^2\end{cases}$$

解得：

$$\begin{cases}b=\dfrac{n\sum ty-\sum t\sum y}{n\sum t^2-\left(\sum t\right)^2} \\ a=\dfrac{\sum y-b\sum t}{n}=\bar{y}-b\bar{t}\end{cases}$$

式中：n表示时间数列的项数；t，a，b的含义同半数平均法。

做中学 7-24

根据表7-26的资料，应用最小平方法求得趋势方程的过程见表7-27。

表7-27　　最小平方法计算表

年份	时间序号t	冰箱产量y	ty	t^2	趋势值y_t	$(y-y_t)^2$
2018	0	122	0	0	122.24	0.0576
2019	1	127	127	1	126.61	0.1521
2020	2	131	262	4	130.98	0.0004
2021	3	135	405	9	135.35	0.1225
2022	4	140	560	16	139.72	0.0784
2023	5	144	720	25	144.09	0.0081
合计	15	799	2 074	55	798.99	0.4191

以2018年为原点，t的单位为年，y的单位为千台，将表7-24中有关数据代入a、b参数公式中计算得：

$$b=\frac{n\sum ty-\sum t\sum y}{n\sum t^2-(\sum t)^2}=\frac{6\times 2\,074-15\times 799}{6\times 55-15^2}=4.37$$

$$a=\frac{\sum y}{n}-b\frac{\sum t}{n}=\frac{799}{6}-4.37\times\frac{15}{6}=122.24$$

趋势线模型为：$y_t=122.24+4.37t$

将表7-24中的时间值t代入上式，可求得各年的趋势值y_t（见表7-27中最后一栏）。

比较表7-23和表7-24中的最后一列$(y-y_t)^2$合计数的大小，可以看出最小平方法计算出的合计数小于半数平均法计算出的合计数，说明应用最小平方法拟合趋势线模型的准确度高于半数平均法。

通常为了计算方便，可以把原点定位在时间数列的中点，使得$\sum t=0$，这样，求解a、b的公式可以简化为：

$$\begin{cases} b=\dfrac{\sum ty}{\sum t^2} \\ a=\dfrac{\sum y}{n} \end{cases}$$

中点的确定方法为：

如果时间数列的项数为奇数，可取数列的中间一年为原点，此时时间跨度为一年，逐期增长量为b，则：

t=…，-4，-3，-2，-1，+1，+2，+3，+4，…

如果时间数列的项数为偶数，则取数列中间两年的中点为原点，此时时间跨度为半年，逐期增长量为2b，则：

t=…，-7，-5，-3，-1，+1，+3，+5，+7，…

做中学7-25

根据表7-28的资料，以2020年和2021年的中点为原点，采用简便法分析长期趋势。

表7-28　　最小平方法计算表（简便法）

年份	时间序号t	冰箱产量y	ty	t^2	趋势值y_t	$(y-y_t)^2$
2018	-5	122	-610	25	122.22	0.0484
2019	-3	127	-381	9	126.60	0.1600
2020	-1	131	-131	1	130.98	0.0004
2021	1	135	135	1	135.36	0.1296
2022	3	140	420	9	139.74	0.0676
2023	5	144	720	25	144.12	0.0144
合计	0	799	153	70	799.02	0.4204

$$b=\frac{\sum ty}{\sum t^2}=\frac{153}{70}=2.19$$

$$a=\frac{\sum y}{n}=\frac{799}{6}=133.17$$

所以，$y_t = 133.17 + 2.19t$

将表7-36中的时间值t代入上式可得修匀数列（见表中y_t栏），这便是长期趋势。

2.曲线趋势模型

（1）二次曲线趋势模型。

如果一个动态数列的指标数值，在经过一段时期的逐渐上升后，又逐渐下降，或者与此相反，在经过一段时期的逐渐下降后，又逐渐上升；或者从绘制的折线图来看，折线不是呈直线上升或直线下降，而是先升后降，或者先降后升，图形上的线条有一个明显的转弯，那么该动态数列所反映现象的发展趋势基本上呈抛物线型。

二次曲线（抛物线）模型的数学方程式为：

$y_t = a + b \cdot t + c \cdot t^2$

方程中：有三个待定参数a、b、c，按最小平均法可推导以下方程组：

$$\begin{cases}\sum y = na + b\sum t + c\sum t^2 \\ \sum ty = a\sum t + b\sum t^2 + c\sum t^3 \\ \sum t^2y = a\sum t^2 + b\sum t^3 + c\sum t^4\end{cases}$$

解此方程组，可求出a、b、c三个参数的值，从而可以确定二次曲线（抛物线）的模型。

在具体运用中，为了简化计算，和直线趋势模型一样，可以以时间数列的中间一年为原点（当数列有奇数项时），或者以数列中间两年的中点为原点（当数列有偶数项时），中点以前的年次为负，中点以后的年次为正，以使$\sum t = 0$，$\sum t^3 = 0$则方程组可简化为：

$$\begin{cases}\sum y = n \cdot a + c\sum t^2 \\ \sum ty = b\sum t^2 \\ \sum t^2y = a\sum t^2 + c\sum t^4\end{cases}$$

解得
$$\begin{cases}a = \dfrac{\sum t^4\sum y - \sum t^2\sum t^2y}{n\cdot\sum t^4 - (\sum t^2)^2} \\ b = \dfrac{\sum ty}{\sum t^2} \\ c = \dfrac{n\sum t^2y - \sum t^2\sum y}{n\sum t^2 - (\sum t^2)^2}\end{cases}$$

注：求解参数a、b、c时，可将有关的数据资料代入简化的方程组，然后解此方程组，也可以将有关的数据资料直接代入a、b、c式求出。

做中学 7-26

某企业2016—2022年冰箱的产量资料见表7-29。

表7-29 某企业2016—2022年冰箱产量资料

年份	2016	2017	2018	2019	2020	2021	2022
冰箱产量（千台）	114	121	130	138	132	125	116
逐期增长量（千台）	—	7	9	8	-6	-7	-9

观察表7-29中销售量各年的变化情况，可以发现其产量先是逐年增加，到2019年达到高峰，后逐年下降。

该变化规律表明，该动态数列所反映的销售量的发展过程基本符合二次曲线（抛物线）特征，可以拟合二次曲线（抛物线）模型对原数列进行修匀。

设二次曲线（抛物线）模型的数学方程式为：$y_t = a + bt + ct^2$。

以2019年为原点，则t的取值见表7-30。

将表中数字代入简化的方程组（n=7）：

$$\begin{cases} 876 = 7a + 28c \\ 16 = 28b \\ 3\,316 = 28a + 196c \end{cases}$$

解得：

$a = 134.10$

$b = 0.57$

$c = -2.24$

二次曲线趋势方程为：$y_t = 134.10 + 0.57t - 2.24t^2$

将t值代入二次曲线趋势方程，便可求得相应的趋势值，见表7-30。

表7-30 最小平方法计算表

年份	时间顺序t	销售量y（万件）	ty	t^2	t^2y	t^4	y_t
2016	-3	114	-342	9	1 026	81	112.23
2017	-2	121	-242	4	484	16	124
2018	-1	130	-130	1	130	1	131.29
2019	0	138	0	0	0	0	134.1
2020	1	132	132	1	132	1	132.43
2021	2	125	250	4	500	16	126.28
2022	3	116	348	9	1 044	81	115.65
合计	0	876	16	28	3 316	196	875.98

（2）指数曲线趋势模型。

指数曲线趋势的判断：如果时间数列的环比增长速度大体相等，那么时间数列所反映的社会经济现象的发展趋势就属于指数曲线型。

指数曲线模型的方程为：

$y_t = a \cdot b^t$

式中：y_t，t表示时间序号；

a表示现象在t = 0时的趋势值；

b表示现象的平均发展速度（即现象每年以b的环比发展速度发展）。

要求解上述方程中参数a、b的值，可以将等式两边取对数化为直线的形式，得：

$\log y_t = \log a + t \cdot \log b$

令：$Y = \log y_t$，$A = \log a$，$B = \log b$

则指数曲线方程简化为：$Y = A + B \cdot t$

和线性趋势方程相同，利用最小平方法求出A、B的值，再用计算反对数方法计算a、b值，即可建立指数曲线趋势方程。

A、B的计算公式如下：

$$\begin{cases} B = \dfrac{n\sum tY - \sum t \sum Y}{n\sum t^2 - \left(\sum t\right)^2} \\ A = \dfrac{\sum Y - B\sum t}{n} \end{cases}$$

做中学7-27

某企业2016—2022年冰箱的产量资料见表7-31。试分析所给资料的发展趋势特征，拟合适当的趋势模型，预测2023年、2024年该企业冰箱产量。

表7-31　某企业2016—2022年冰箱产量资料

年份	2016	2017	2018	2019	2020	2021	2022
冰箱产量（千台）	114	137	165	199	241	291	352
逐期增长量（千台）	—	23	28	34	42	50	61
环比增长速度（%）	—	20.17	20.44	20.61	21.11	20.75	20.96

从表7-31资料可看出：该企业冰箱产量逐年上升，逐期增长量不断增大，计算的环比增长速度大致相等，该数列所反映的发展趋势基本符合指数曲线特征，因此，可建立指数曲线模型对原数列进行趋势分析。

设指数曲线方程为：$y_t = a \cdot b^t$

以2015年为原点，关于参数的计算过程见表7-32。

表7-32　参数的计算过程

年份	时序t	产量y（千台）	Y = log y	tY	t^2
2016	1	114	2.0569	2.0569	1
2017	2	137	2.1367	4.2734	4
2018	3	165	2.2175	6.6525	9

续表

年份	时序 t	产量 y（千台）	$Y=\log y$	tY	t^2
2019	4	199	2.2989	9.1956	16
2020	5	241	2.3820	11.9100	25
2021	6	291	2.4639	14.7834	36
2022	7	352	2.5465	17.8255	49
合计	28	1 499	16.1024	66.6973	140

则：$B=\dfrac{n\sum tY-\sum t\sum Y}{n\sum t^2-\left(\sum t\right)^2}=\dfrac{7\times 66.6973-28\times 16.1024}{7\times 140-28^2}=0.0817$

则：$A=\dfrac{\sum Y-B\sum t}{n}=\dfrac{16.1024-0.0817\times 28}{7}=1.9735$

得：$b=1.2070\quad a=94.0906$

该数列的指数曲线方程为：$y_t=94.0906\times 1.2070^t$

据此，可以求出该企业2023年和2024年的冰箱产量。

预测2023年（此时 t = 8）冰箱产量为：

$y_8=94.0906\times 1.2070^8=423.84$(千台)

预测2024年（此时 t = 9）冰箱产量为：

$y_9=94.0906\times 1.2070^9=511.58$(千台)

三、季节变动分析

（一）季节变动及其意义

微课7-5 季节变动分析

季节变动从狭义上讲，是指某些社会经济现象由于受自然因素的影响，在一年之内，随着季节更换而呈现比较有规律性的变动。例如，商业经营中时令商品的销售量，农业生产中的蔬菜、水果、禽蛋的生产量，工业生产中的禽蛋加工量、水力发电量等，都受生产条件和气候变化的影响而形成有规律的、周期性的重复变动。

受到节假日、风俗习惯等社会因素的影响，有些现象也会呈现类似的变动。如交通运输中的客流量、月饼的销售量、旅游业中游客数量等，其变动都具有一定的周期性、规律性和重复性。

分析季节变动的目的，在于消除由于季节变动带来的不利影响，充分利用它的有利因素，以便更好地组织生产，适应市场并满足人们生活的需要。例如，在工业生产中，以农副产品为原材料的加工业，要采取有效措施，克服由于农业生产的季节性给生产带来的不利影响。又如，在商业活动中，要根据商品的季节变动规律，及时组织货源，保证市场供应，以防止商品积压或脱销。分析季节变动，还可以根据季节变动规律，配合适当的季节模型，结合长期趋势对现象未来的发展进行预测。

（二）季节变动的测定

季节变动的测定是通过计算季节指数（也称季节比率）来表示各年的季节成分，其基本步骤是：先计算出季节指数，再根据季节指数和已知某年一个月或几个月的实际值，采用比率法预测该年其他各月或各季的数值。

季节指数是进行季节变动分析的重要指标，用来说明季节变动的程度。在乘法模型中，季节指数反映了某一个月份或某一个季度的数值占全年平均数值的大小，计算季节指数时以其平均数等于100%为前提。如果现象的发展没有季节变动，则各期的季节指数均应等于100%，如果存在季节变动，则各期的季节指数有的大于100%，而有的小于100%。如果大于100%，则该月（季）为旺季，如果小于100%，则该月（季）为淡季。因此，季节变动的程度大小是根据季节指数与其平均数100%的差异程度来测定的。

季节变动测定的方法很多，这里着重介绍按月（或季）平均季节指数法。

如果现象的发展不受长期趋势因素影响而仅受季节变动因素的影响，那么，对这样的时间数列测定其季节变动可以采用季节指数法。应用按月（或季）平均季节指数法的一般步骤是：

（1）根据所给时间数列资料，计算各年同月（或同季）的平均数。

（2）将数列中全部指标数值加总，求出各月（或各季）的总平均数。

（3）计算各月（或各季）的季节指数（也称季节比率），其公式是：

$$季节指数=\frac{各年同月(或季)平均数}{全期各月(或季)总平均数}\times 100\%$$

做中学 7-28

某银行2020—2022年各季度存款资料见表7-33，计算季节变动指数。

表 7-33　某银行2020—2022年各季度存款资料　金额单位：万元

季度	2020	2021	2022	三年合计	同季度平均数	季节指数（%）
1	890	980	1 210	3 080	1 027	94.94
2	950	1 120	1 290	3 360	1 120	103.54
3	830	1 340	1 360	3 530	1 177	108.81
4	670	1 180	1 160	3 010	1 003	92.72
合计	3 340	4 620	5 020	12 980	4 327	400.01
平均	—	—	—	—	1 081.75	100

根据表7-33的资料，计算过程如下：

（1）计算各年同季度的平均数：

将各年同季度的存款额相加，求出各个季度的平均数。

第一季度的平均存款额为：

$$第一季度平均存款额 = \frac{890 + 980 + 1\,210}{3} = \frac{3\,080}{3} = 1\,027(万元)$$

其他季度的计算依此类推，计算结果见表7–29中“同季度平均数”列。

（2）将各年存款额加总，计算各年总平均存款额：

$$总平均存款额 = \frac{3\,340 + 4\,620 + 5\,020}{4 \times 3} = \frac{12\,980}{12} = \frac{4\,327}{4} = 1\,081.75(万元)$$

（3）计算季节指数：

$$第一季度季节指数 = \frac{1\,027}{1\,081.75} \times 100\% = 94.94\%$$

其他季度的计算依此类推。

计算结果见表7–29中“季度指数（%）”列。

由表7–33可知该银行前三季度存款额呈上升趋势，第四季度呈下降趋势，反映该银行存在着明显的季节变化规律。

已知该银行2023年第一季度存款额为1 450万元，用相应季节指数预测该银行2023年第二季度、第三季度的存款额。即：

2023年第一季度：

$$存款额与季节指数的比率 = \frac{1\,450}{94.94\%} = 1\,527(万元)$$

所以，预测该银行2023年第二季度、第三季度的存款额分别为：

$y_2 = 1\,527 \times 103.54\% = 1\,581(万元)$

$y_3 = 1\,527 \times 108.81\% = 1\,662(万元)$

按月（或季）平均季节指数法，计算方便。但是，通过此方法进行分析时一般需要用较长时期的统计资料，以体现季节变动的规律。

本章总结

综合训练

一、单项选择题

随堂测7

1.下面属于时点指标的是（　　）。

A.历年旅客周转量　　B.某工厂年设备台数

C.历年商品销售量　　D.某银行储户存款余额

2.对间隔相等的连续时点数列计算平均发展水平采用（　　）。

A.简单算术平均法　　B.加权算术平均法

C.首末折半法　　D.半数平均法

3.某工业企业产品年生产量为10万件，期末库存量为3.8万件，它们（　　）。

A.均为时期指标　　B.均为时点指标

C.前者为时期指标，后者为时点指标　　D.前者为时点指标，后者为时期指标

4.报告期水平与基期水平之差称为（　　）。

A.环比增长速度　　B.定基增长速度

C.增长量　　D.平均增长量

5.计算平均发展水平时，首尾折半法适用于（　　）。

A.间隔相等的间断时点数列　　B.间隔不等的间断时点数列

C.间隔相等的连续时点数列　　D.时期数列

二、多项选择题

1.时间数列的构成要素包括（　　）。

A.时间要素　　B.空间要素　　C.标志数值　　D.指标数值

2.编制时间数列的基本原则有（　　）。

A.时间长短的一致性

B.总体范围的一致性

C.经济内容的一致性

D.各项指标值的计算方法、计算价格和计量单位的一致性

3.下列数列属于时间数列的有（　　）。

A.某厂历年总产值

B.某商场各月末商品库存额

C.某商场各月商品销售额

D.某企业各月成本计划完成程度

4.时间数列速度分析指标有（　　）。

A.发展速度　　B.增长速度

C.发展水平　　D.平均发展速度

E.平均增长速度　　F.增长量

5.季节变动可以是现象在（　　）的周期性变动。

A.一个月内　　B.一个季度　　C.一年　　D.若干年

三、简答题

1.简述时间数列的概念、构成要素、种类，并联系实际举例说明。

2.简述时间数列的编制原则。

3.简述时期数列和时点数列的异同。

4.简单算术平均法、加权算术平均法、首尾折半法、加权序时平均法、$\bar{c}=\frac{\bar{a}}{\bar{b}}$各适用于哪些类型时间数列平均发展水平的计算？

5.测定现象长期趋势的方法有哪些？

四、技能训练

训练1

［背景资料］

某商场2022年年末商品库存额为520万元，2023年各月末商品库存额资料见表7-34。

表 7-34 某商场2023年各月末商品库存额资料 单位：万元

月份	1	2	3	4	5	6	7	8	9	10	11	12
月末商品库存额	610	510	460	490	620	530	650	550	640	680	580	610

[能力要求]

试根据上述资料计算各个季度平均库存额和全年平均库存额。

[温馨提示]

本训练旨在使学生熟练判断数列类型和平均发展水平的计算。

训练 2

[背景资料]

某公司 2023 年钢材库存资料如下：

1 月 1 日 30 吨，3 月 31 日 38 吨，4 月 30 日 50 吨，6 月 30 月 45 吨，9 月 30 日 40 吨，12 月 31 日 66 吨。

[能力要求]

试计算该公司 2023 年平均钢材库存量。

训练 3

[背景资料]

某企业 2023 年人事档案显示：2022 年年底有职工 1 200 人。

2023 年职工人数的变动情况如下：1 月 1 日招聘 30 人，3 月 31 日辞职 15 人，7 月 1 日聘入大学生 13 人，10 月 31 日退休 8 人。

[能力要求]

计算该企业 2023 年的年均职工人数。

[温馨提示]

(1) 本训练旨在使学生正确理解和熟练判断间隔不等的连续时点数列与间隔不等的间断时点数列；

(2) 计算时注意研究时间范围的要求。

训练 4

[背景资料]

某公司 2022 年上半年工业增加值及平均工人数资料见表 7-35。

表 7-35 某公司2022年上半年工业增加值及平均工人数资料

	1月	2月	3月	4月	5月	6月
工业增加值（万元）	800	922	968	990	1 210	1 153
平均工人数（人）	1 980	2 010	2 100	2 080	2 200	2 050

[能力要求]

(1) 计算第一、二季度及上半年月平均工业增加值；

(2) 计算第一、二季度及上半年每个工人创造的工业增加值。

[温馨提示]

(1) 注意“工人平均人数数列”与“年(季、月)末工人人数数列”是两种性质不同的时间数列;

(2) 构成“每个工人创造的工业增加值”数列的分子数列是时期数列,数列中每个指标值的大小与时期长短有直接关系,所以,计算时应注意(1)与(2)的不同。

训练5

[背景资料]

某企业2023年上半年各月份产品销售收入净额和销售利润率资料见表7-36。

表7-36　某企业2023年上半年各月份产品销售收入净额和销售利润率资料

月份	1月	2月	3月	4月	5月	6月
销售收入净额(万元)	300	350	420	400	460	500
销售利润率(%)	22	21	25	19	22	26

[能力要求]

计算该企业2023年上半年月平均销售利润率。

[温馨提示]

销售利润率=利润总额/产品销售收入净额。

第八章

指数分析

知识目标

1.理解统计指数的含义、作用以及种类；

2.掌握综合指数、平均指数的基本原理、编制原则以及方法。

能力目标

1.熟练计算并运用价格指数进行社会以及经济分析；

2.熟练运用指数体系进行因素分析。

素养目标

1.在使用统计指数的过程中培养效率意识和安全意识；

2.养成良好的职业道德和积极的学习态度；

3.养成相应的数据处理能力、再学习能力、创新能力以及职业岗位竞争力。

第一节　统计指数概述

微课8-1

认识统计指数

统计指数是一种在社会经济活动中被广泛应用的分析研究工具。它可以用于静态分析，也可以用于动态分析，在实际工作中侧重于动态分析，特别是用于复杂经济现象总体的综合变动分析和多因素分析。

本章阐述了统计指数的概念、作用和种类；个体指数和总指数；简单指数和加权指数；定基指数和环比指数；综合指数的编制原则与方法；平均指数的编制方法；指数体系和因素分析；总量指标的两因素分析和多因素分析；平均指标的因素分析。

一、统计指数的概念、表现形式和特点

（一）统计指数的概念

统计指数产生于对物价变动的分析。18世纪中叶，由于金银大量流入欧洲，欧洲

的物价飞涨，引起社会不安，商品价格更是人们普遍关注的问题之一。人们需要科学的方法在若干商品的价格上升与下降中找到一定时期内商品价格的总变动趋势，统计指数应运而生。

在200多年的发展期间，指数的应用范围随着社会经济的发展和统计研究的需要而不断地得到拓宽，指数理论也不断地得到充实和完善，指数的概念也相应地得到扩展。最初，指数只是指反映个别商品物价变动的相对数；然后发展到反映动态数列、发展速度的相对数；后来进一步发展到反映社会现象数量对比关系的相对数，即指数。

我国统计界一般认为统计指数的概念有广义和狭义之分。

广义的指数泛指所有反映社会经济现象数量变动或差异程度的指标，即用来表明同类现象在不同空间、不同时间、实际与计划对比变动情况的相对数。如结构相对数、比例相对数、比较相对数、动态相对数、计划完成相对数等，都属于广义的指数。

狭义的指数仅指反映不能直接相加的复杂社会经济现象在数量上综合变动情况的相对数。比如，要说明一个国家或一个地区商品价格综合变动情况，由于各种商品的经济用途、规格、型号、计量单位等不同，不能直接将各种商品的价格简单对比，而要解决这种复杂经济总体各要素相加的问题，就要编制统计指数综合反映它们的变动情况。例如，要反映市场上猪肉、鸡蛋和菜花三种商品的综合变动情况，我们不能把1斤猪肉和1斤鸡蛋以及1斤菜花直接相加，因为他们是不同的商品，加总起来毫无意义。因此，由不同的产品或商品所组成的总体便是一个复杂总体，要反映复杂总体数量的综合变动便不能简单地采用一般相对数的方法，统计指数就是反映复杂总体数量综合变动的一类方法。

利用统计指数的原理和方法，通过编制实物量指数、价格指数等，可以反映不同产品或商品的实物量、价格等的综合变动情况。本章主要基于统计指数的狭义的概念探讨指数的作用、编制方法以及在统计分析中的运用。

做中学 8-1

某超市在2021年3月和2022年3月销售三种主要商品的销售情况见表8-1。

表 8-1 某超市2021年3月和2022年3月三种主要商品的销售情况 金额单位：元

商品名称	计量单位	销售量		销售价格	
		2021年3月 q_0	2022年3月 q_1	2021年3月 p_0	2022年3月 p_1
甲	台	425	500	2 180	2 184
乙	件	3 450	3 680	145	142
丙	千克	1 510	1 420	1 720	1 730

根据表8-1中的资料，利用一般计算动态相对数也就是广义的指数的方法，只能分别计算每种商品的销售量指数和价格指数（统计上个体销售量指数和个体价格指数，分别用 k_q 和 k_p 表示）即：

甲商品：$k_q = \frac{q_1}{q_0} = \frac{500}{425} = 117.65\%$，$k_p = \frac{p_1}{p_0} = \frac{2\,184}{2\,180} = 100.18\%$

乙商品：$k_q = \frac{q_1}{q_0} = \frac{3\,680}{3\,450} = 106.67\%$，$k_p = \frac{p_1}{p_0} = \frac{142}{145} = 97.93\%$

丙商品：$k_q = \frac{q_1}{q_0} = \frac{1\,420}{1\,510} = 94.04\%$，$k_p = \frac{p_1}{p_0} = \frac{1\,730}{1\,720} = 100.58\%$

广义的统计指数与狭义的统计指数在实际中均得到较为广泛的应用。但从指数理论和方法上看，统计指数所研究的主要是狭义指数。

（二）统计指数的表现形式

指数作为一种对比性的统计指标具有相对数的形式，通常表现为百分数。它表明若把作为对比基准的水平（基数）视为100，则所要考察的现象水平相当于基数的多少倍。

做中学8-2

已知2022年我国CPI指数同比上涨2%，低于3%的预期涨幅目标。如果将2021年（基期年份，通常为上年或上年同期）我国CPI指数水平看成100，则2022年CPI指数就相当于2021年的102%，或者说2022年我国CPI指数上涨了2%。

拓展阅读8-1

（三）统计指数的特点

概括地讲，统计指数具有以下三个特点：

1.相对性

统计指数是总体各变量在不同场合下对比形成的相对数，它可以度量一个变量在不同时间或不同空间的相对变化。

【做中学8-2】中的2022年我国CPI指数上涨2%或者说2022年CPI指数相当于2021年的102%，就是两个不同时间上的数值对比形成的指数，称为时间性指数。

再如，2022年济南市实现生产总值12 027.5亿元，烟台市实现生产总值9 515.86亿元，则2022年烟台市的生产总值是济南市的79.11%，这是两个不同空间上的数值对比形成的指数，称为区域性指数。

2.综合性

统计指数反映一组变量在不同场景下的综合变动水平。

综合性指数是相对数的一种特殊形式，它是由一组变量或项目综合对比形成的。例如，我国的居民消费价格指数就是将若干种商品和服务组成一组消费项目，通过综合后计算价格指数，以反映消费价格的综合变动程度的一种相对数。如果不考虑综合性，统计指数就不可能发展成一种独立的理论和方法体系。

3.平均性

统计指数是总体水平的一个代表性数值。

平均性的含义有两点：一是统计指数进行比较的综合数量是作为个别量的一个代表，这本身就具有平均的性质；二是两个综合量对比形成的统计指数反映了个别量的平均变动水平，比如物价指数反映了多种商品和服务项目价格的平均变动水平。

例如，2022年4月，全国居民消费价格同比上涨2.1%，它反映的不是某一类消费品或国内某一地区的消费品价格变动情况，而是全国消费品综合相对的平均变动情况，也就是消费品价格总水平相较上年同期上升了2.1%。

二、统计指数的作用

统计指数在社会经济统计工作中具有重要作用，主要表现在以下三个方面：

（一）综合反映社会经济现象的总变动方向及变动幅度

统计指数最基本的作用就是综合反映社会经济现象的总变动方向及变动幅度。在统计实践的过程中，经常要研究多种产品或商品的价格综合变动情况，以及多种商品的销售量或产品产量的总变动、多种产品的成本总变动、多种股票价格的综合变动等。

这类问题由于各种产品或商品的使用价值不同、各种股票价格涨跌幅度和成交量不同，所研究总体中的每个个体不能简单直接相加，要通过编制统计指数将由许多不能同度量的个别事物组成的现象总体转化为可以加总对比的状态，从而综合说明现象总体变动的程度。

同时，统计指数中的子母项的差值可以说明现象变动的绝对效果。例如，2022年4月我国CPI指数为上年同期的105.20%，这个数值反映的并不是某一类消费品或我国某一地区的消费品价格变动情况，而是全国消费品综合相对的平均变动，也就是说消费品价格总水平较上年同期上升了5.20%。

（二）分析现象总变动中各因素变动的影响方向和影响程度

利用指数体系理论可以测定复杂社会经济现象总变动中，各构成因素的变动对现象总变动的影响情况，并对经济现象变化作综合评价。

任何一个复杂现象都受到多个因素的影响。例如，商品销售额受销售量和销售价格两个因素的影响；工业总产值受职工人数、劳动生产率和产品价格三个因素影响。

通过编制指数，可以分析和测定复杂社会经济现象变动中各因素变动影响的方向、程度和效果，并且可以根据各因素变动的影响，综合评价利润总额变动的情况。

（三）通过编制指数数列反映同类现象的变动趋势

编制一系列反映同类现象变动情况的指数形成的指数数列，可以反映被研究现象的变动趋势。

例如，根据1980—2022年的零售价格资料，编制42个环比价格指数，从而构成零售价格指数数列。这样，就可以揭示零售价格的变动趋势，研究物价变动对经济建设和人民生活水平的影响程度。

素养提升8-1

“没有调查，没有发言权”是一句流传广泛、影响深远的口号。这一口号是毛泽东在他的名作《反对本本主义》（原题《调查工作》）一文中提出的一个著名论断。毛泽东在文中对当时党和红军存在的教条主义、本本主义，进行了尖锐的批评，强调离开实际调查，就要产生唯心的阶级估量和唯心的工作指导，其结果不是机会主义，便是盲动主义。因此，毛泽东提出“没有调查，没有发言权”“注重调查！”“反对瞎说！”“中国革命斗争的胜利要靠中国同志了解中国情况”。这个论断后来成为中国共产党人一切从实际出发、深入群众、理论联系实际的行动口号。

资料来源　佚名.【一起学党史】《百年党史关键词》——“没有调查，没有发言权”[EB/OL]. [2022-01-17]. https://www.thepaper.cn/newsDetail_forward_16327924.

三、统计指数的种类

按照不同的标志可以把统计指数分成多种类别。

（一）按所反映对象的范围不同，统计指数可分为个体指数、类指数和总指数

如果构成有限总体的各个单位可以通过直接加总得到总体单位总量，那么这样的总体称为简单总体。简单总体反映的是同类的社会经济现象。

反映简单总体或同类经济现象变动的相对数，统计上称为个体指数，即广义的指数。

个体指数一般用k来表示。如根据【做中学8-1】中的资料，可以分别计算出甲、乙、丙三种商品的个体销售量指数和个体价格指数。

当有限总体中包含了不同种类的单位时，这些单位不能通过直接加总得到总体单位总量，这样的总体称为复杂总体。

复杂总体所反映的是不同类型的社会经济现象，反映复杂总体或经济现象综合变动的相对数，统计上称为总指数，即狭义的指数。总指数一般用$\overline{K}$表示。例如，根据【做中学8-1】中的资料，可以分别计算出甲、乙、丙三种商品的销售量总指数、价格总指数和销售额总指数。一般情况下，指数是指总指数。

类指数也叫组指数，是介于个体指数和总指数之间的，说明现象总体中各类现象总变动的指数。

对于总指数而言，类指数具有个体指数的性质；对于个体指数而言，类指数又具有总指数的性质。例如，在居民消费价格总变动中的食品类价格指数、烟酒及用品类价格指数、家庭设备用品及服务类价格指数等，都是类指数。

总指数与类指数之间的划分是相对的，没有绝对界限。

（二）按所反映的社会经济现象的性质不同，统计指数可分为数量指标指数和质量指标指数

数量指标指数简称数量指数，是根据数量指标计算的，反映社会经济现象总的规模和总的水平变动的指数。

例如，根据【做中学8-1】中的资料计算的甲、乙、丙三种商品的销售量总指数和销售额总指数，再如产品的产量指数、职工人数指数等，都是数量指标指数。

质量指标指数简称质量指数，是根据质量指标计算的，反映现象数量关系变化的指数。

例如，根据【做中学8-1】中的资料计算的甲、乙、丙三种商品的价格总指数，再如成本指数、劳动生产率指数等都是质量指标指数。

（三）按总指数的编制方法不同，统计指数可分为综合指数和平均指数

综合指数是直接以被研究现象总体中的两个总量指标为基础编制的总指数，它是总指数的基本形式。

编制综合指数的基本原理是首先将所研究现象总体中不能同度量的个别现象的量，以另一个因素或多个因作为媒介，使其转化为可同度量的量，然后加总、对比，以综合反映所研究现象总体的变动方向和变动程度。

综合指数法的最大优点在于不仅可以反映复杂经济现象总体的变动方向和变动程度，而且可以准确地、定量地说明现象变动所产生的实际经济效果。

运用综合指数法编制总指数，要求掌握全面的、相对应的质量指标和数量指标的原始资料，否则无法进行编制。

平均指数是从个体指数出发，即先计算出数量指标或质量指标的个体指数，然后对个体指数进行加权平均，得出平均指数，据以测定现象总的变动方向和变动程度。

平均指数的计算形式基本上有两种，一种是加权算术平均指数，另一种是加权调和平均指数。

平均指数法和综合指数法虽然计算方式不同，但结果相同。因为平均指数公式中所用的权数是根据综合指数的原理和要求，从相应的综合指数公式中有关综合指标转化而来的，所以人们习惯上把平均指数公式称为综合指数的变形公式。但从应用条件来看，综合指数不如平均指数灵活。

在商品品种不多的情况下，比较容易取得两个时期各品种的数量指标和质量指标资料，可以用综合指数公式计算总指数，也可以用平均指数公式计算总指数。

如果品种很多，无法取得两个时期各品种的数量指标和质量指标资料，但能取得相应的个体指数和基期、报告期的综合数据资料，这种情况下，只能用平均指数公式来计算总指数。

（四）按所反映指标的表现形式不同，统计指数可分为总量指标指数和平均指标指数

总量指标指数，是利用总量指标的对比来反映现象总量变动的指数，如商品销售额指数、产品产量指数等。

平均指标指数是利用平均指标的对比反映现象一般水平变化的指数，如劳动生产率指数、平均工资指数等。

（五）按其在指数体系中所处的位置和作用不同，统计指数可分为现象总体指数和影响因素指数

现象总体指数是指两个或两个以上同时变动因素的相对数，属于广义指数。如销售额指数，既包括了销售量的变动，同时也包括了价格的变动，反映销售量和价格共同变动的结果。

影响因素指数是只有一个因素变动，并从属于某一现象总体指数的相对数，属于狭义指数。

如销售量指数，只有销售量一个因素变动，并从属于销售额指数，反映销售量变动

的方向和程度，及其变动对销售额的影响；价格指数，只有价格一个因素变动，也从属于销售额指数，反映价格变动的方向和程度，及其变动对销售额的影响。

现象总体指数与影响因素指数的关系不是随意形成的，它是由现象的客观联系决定的。

如“销售额=销售量×价格”，由此形成了“销售额指数=销售量指数×价格指数”的关系，这种客观联系及其数量上的对等关系是进行因素分析的重要理论基础。

（六）按计算时所采用的基期不同，统计指数可分为定基指数、环比指数和年距指数

定基指数是指在按时间顺序编制的指数数列中，各时期指数的对比基期均为同一个固定时期。如定基发展速度就是定基指数。定基指数可以反映社会经济现象的长期动态及其发展变化的过程。

环比指数是指各期依次以其前一时期为基期而编制的指数，说明某一现象的逐期发展情况。

计算季、月指数时，以上年同期为基期，称为年距环比指数。它说明本年内各季、月和上年同季、同月相比的发展情况。

编制环比指数数列，是为了反映某种社会经济现象的逐期变动程度，当各时期采用不变权数时，各环比指数的连乘积等于定基指数。

年距指数是反映现象报告期数量与上年同期数量对比情况的相对数。年距指数是将报告期某一指标与上年同期同一指标相比编制的统计指数。年距指数能够避免季节变动的影响，在统计实践中应用比较广泛。

拓展阅读8-2

（七）按所反映的时间状态不同，统计指数可分为动态指数和静态指数

1.动态指数

动态指数是由两个不同时期的同类经济变量值对比形成的指数，说明现象在不同时间上发展变化的过程和程度。

例如，我国2022年5月全国居民消费价格指数107.70%就是两个不同时间上的数值对比形成的指数，说明居民消费价格在不同时间上发展变化情况。

指数方法论主要论述动态指数，动态指数是出现最早、应用最多的指数，也是理论上最为重要的统计指数。

2.静态指数

静态指数是动态指数在实际应用中的扩展，包括空间指数和计划完成指数两种。

空间指数（亦称地域指数或区域性指数）是将不同空间（如不同国家、地区、部门、企业等）的同类现象进行比较的结果，反映现象在不同空间的差异程度。

例如，2022年山东省实现的地区生产总值为8.74万亿元，辽宁省实现的地区生产总值为2.9万亿元，则2022年辽宁省的地区生产总值是山东省的33.18%，这是两个不同空间上的数值对比形成的指数。

计划完成指数是由同一地区、同一单位的实际指标数值与计划指标数值对比而形成的指数，反映计划的执行情况或完成程度。

做中学8-3

某企业2024年第一季度产品计划产量1 000件，实际完成1 120件，则产量计划完成指数为：

$$计划完成指数=\frac{1\ 120}{1\ 000}\times 100\% = 112\%$$

计算结果表明，该企业超额12%完成产量计划，实际产量比计划产量多了120件。

第二节　综合指数

一、综合指数的意义

（一）综合指数的概念

总指数有两种表现形式，分别是综合指数和平均指数。总指数的两种表现形式是由指数的性质所决定的。

综合指数是总指数的基本形式，它是直接以被研究现象总体中的两个总量指标为基础编制的总指数。平均指数是综合指数的变形，但又具有相对独立的意义，它是以被研究现象总体中的个体指数为基础，对若干个体指数进行加权平均而编制的总指数。

一般来说，当一个总量指标可以分解为两个或两个以上因素指标时，将其中一个或一个以上的因素指标固定下来，只观察其中一个因素指标的变动方向及程度，这样的总量指标对比形成的总指数就叫综合指数。

例如，各种产品由于具有不同的使用价值和计量单位，不能直接相加，进行比较；但各种产品的数量可乘以各自相应的价格得出价值量，而价值量是可以相加和进行对比的。这里的价格称为同度量因素。对于由两个或两个以上因素构成的总量指标，在计算总指数时，只变动其中一个因素，固定其他因素，由此计算出的总指数，即综合指数。

又如，商品销售额受销售量和销售价格两个因素的影响，在对比两个时期商品销售额时，为了单独观察销售价格因素变动对商品销售额变动的影响，就需要把某个时期的销售量固定下来，这样两个时期的销售价格分别乘以同一时期的销售量所得的两个销售额之比，就反映了在一定销售量条件下各种销售价格综合变动的方向和程度，及其对实际销售额的影响。

拓展阅读8-3

（二）综合指数编制的基本原理

编制综合指数的基本原理是：首先，将所研究现象总体中不能直接加总计算的个别现象的量，以另一个或多个因素为媒介，使其转化成可以直接加总计算的量；其次，对转化后的量进行加总、对比，从而综合反映所研究现象总体的变动方向和变动程度。

综合指数法的最大优点是不仅可以反映复杂经济现象总体的变动方向和程度，而且可以准确地、定量地说明现象变动所产生的实际经济效果。

（三）综合指数的特点

1.借助于同度量因素进行综合对比

在分析复杂社会经济现象综合变动时，不同计量单位的事物不能直接相加，但有时又需要把它们作为一个总体来研究，必须把它们加总起来，这是运用综合指数法首先要解决的问题。

众所周知，人们从事社会生产活动，创造了各种各样的产品，这些不同的产品具有不同的使用价值和不同的计量单位，是不能同度量（即直接加总）的事物。马克思在《资本论》中分析商品二重性时指出："作为使用价值，商品首先有质的差别，作为交换价值，商品只能有量的差别，因而不包括任何一种使用价值的原子。"这就是说，作为使用价值不同的产品或商品是不能同度量的，但所有的产品或商品都是人们从事社会劳动的成果，都是人类劳动的结晶，都具有一定的价值，而价值对于任何产品或商品流通来说是都是相同的，是能同度量的。价格是价值的货币表现。因此在编制指数时，就可以用不同的产品或商品流通的数量乘以它们相应的价格，借助价格这一媒介因素，使不能同度量的使用价值转化为能同度量的价值量，这样就可以把两个时期的价值量进行综合对比了。

2.同度量因素的时期要固定

运用综合指数法编制总指数时，人们只关心一个因素的变动程度。如工业产品产量总指数只反映各种工业产品产量的总变动；零售价格总指数只反映多种商品零售价格的总变动。这就要求编制指数时，把新加入的媒介因素作为同度量因素加以固定，来测定人们所关心的因素的变动。

3.用综合指数法编制总指数，使用的是全面资料，没有代表性误差

例如，用综合指数法编制产品产量指数，要求使用报告期和基期的全部产品产量资料，即利用全面统计资料。全面统计资料只存在登记性误差，而不存在代表性误差。

综合指数（Composite Index）是代表多种要素构成现象的综合变动的相对数，是统计指数的最主要形式。例如，多种不同的产品或商品的价格综合变动水平就是价格综合指数，通常用 $I_p = \sum q_1 p_1 / \sum q_1 p_0$ 表示。

拓展阅读 8-4

二、综合指数的编制

由于研究社会经济现象的指标有数量指标与质量指标之分，综合指数也因此分为数量指标综合指数和质量指标综合指数。这两种综合指数编制的基本原理相同，但在编制方法上有所不同。

微课 8-2

（一）数量指标综合指数的编制

数量指标综合指数是说明数量指标变动情况的指数，如产品产量指数、指数等。

数量指标综合指数的编制

现以商品销售量指数为例说明数量指标综合指数的编制方法。

做中学 8-4

某超市在2021年和2022年三种商品的销售价格及其销售量资料见表8-2。

表 8-2 某超市三种商品的销售价格及其销售量资料 金额单位：元

产品名称	计量单位	销售量（q）		销售价格（p）	
		2021年基期（q_0）	2022年基期（q_1）	2021年基期（p_0）	2022年基期（p_1）
甲	米	600	570	30	50
乙	件	900	1 080	80	60
丙	千克	2 500	2 800	120	120

由表8-2中的资料可以看到，三种商品的销售量各有增减，其个体销售量指数分别为：

$$甲商品：k_q = \frac{q_1}{q_0} = \frac{570}{600} = 0.95 = 95.00\%$$

$$乙商品：k_q = \frac{q_1}{q_0} = \frac{1\ 080}{900} = 1.2 = 120.00\%$$

$$丙商品：k_q = \frac{q_1}{q_0} = \frac{2\ 800}{2\ 500} = 1.12 = 112.00\%$$

个体指数只能说明每一种商品的变动方向和变动程度，要综合说明三种商品销售量总的变动方向和变动程度，需要编制销售量总指数。

编制销售量总指数要求把三种商品2021年和2022年的销售量分别加总，然后将两个时期的销售总量进行对比。但由于三种商品的计量单位不同，其销售量不能直接加总。

因此，在编制销售量总指数时，需要运用综合指数的基本原理，解决以下三个问题：

1. 寻找同度量因素，把不能直接相加的个别现象的量转化为可以相加的量

所谓同度量因素，即把不能直接加总的量转化成可以直接加总的量时，起媒介作用的事物。

在【做中学8-4】中，三种商品的使用价值和计量单位不同，其销售量不能直接加总。但我们可以引入商品的单位价格，并以其为媒介，将不能直接加总的商品销售量转化成可以直接加总的商品销售额，即：

商品销售量 × 单位价格 = 销售额

这里，商品销售量（数量指标）是被研究的对象，是要说明的变动方向和变动程度所指的事物，统计上称之为指数化因素。

单位价格（质量指标）将不能直接加总的销售量转化为可以直接加总的销售额，是起媒介作用的事物，即前面所说的同度量因素。

同度量因素不仅起着媒介的作用，还具有权数的作用。

通过单位价格的媒介作用，将两个时期的三种商品的销售量转化为销售额后，就可以将这三种商品在两个时期的销售额分别加总，再将两个时期的销售总额进行对比，从

而得到销售额总指数公式：

$$\overline{K}_{qp}=\frac{\sum q_1p_1}{\sum q_0p_0}$$

式中：$\overline{K}_{qp}$——销售额总指数；

q_1——报告期商品销售量；

q_0——基期商品销售量；

p_1——报告期商品单价；

p_0——基期商品单价。

把表8-2中的资料代入公式，则：

$$\overline{K}_{qp}=\frac{570\times50+1\,080\times60+2\,800\times120}{600\times30+900\times80+2\,500\times120}=\frac{429\,300}{390\,000}=1.1008=110.08\%$$

$$\sum q_1p_1-\sum q_0p_0=429\,300-390\,000=39\,300(\text{元})$$

计算结果表明，报告期销售总额比基期增长了10.08%，增加的绝对额为39 300元。

可见，通过引入同度量因素，解决了三种商品不能直接加总的问题。

但是，上面计算的销售额总指数，既包括了销售量的变动，也包括了价格的变动，即销售额增长了10.08%和绝对额增加了39 300元是销售量和价格同时变动的结果。

要编制单纯反映销售量综合变动情况的总指数，必须从销售额的变动中排除同度量因素变动的影响。

2.通过固定同度量因素，排除同度量因素的影响

只有把与两个时期的商品销售量相乘的价格固定，计算出来的两个时期的销售额对比的结果才能单纯地反映多种商品销售量总的变动方向和变动程度。即假设报告期和基期的价格相同，这样编制出来的指数才是销售量总指数。

基于这个原理建立起来的数量指标综合指数的一般公式是：

$$\overline{K}_q=\frac{\sum q_1p}{\sum q_0p}$$

式中：$\overline{K}_q$——销售量总指数（数量指标指数）；

p——商品两个时期相同的价格。

公式中的商品价格可以选择基期价格，也可以选择报告期价格。现仍以【做中学8-4】为例进行分析。

（1）商品价格（同度量因素）选择基期价格p_0，此时销售量总指数的公式为：

$$\overline{K}_q=\frac{\sum q_1p_0}{\sum q_0p_0}$$

上述公式称为基期加权综合指数公式，由德国著名经济统计学家拉斯贝尔（Étienne Laspeyres，1834—1913）于1864年首次提出，也被人们称为拉氏指数公式。

将表8-2中的资料代入公式，则：

$$\overline{K}_q=\frac{570\times30+1\,080\times80+2\,800\times120}{600\times30+900\times80+2\,500\times120}=\frac{439\,500}{390\,000}=1.1269=112.69\%$$

$\sum q_1p_0-\sum q_0p_0=439\ 500-390\ 000=495\ 00$(元)

计算结果表明，报告期三种商品的销售量比基期增长了12.69%；由于销售量的增长，使销售额增加了49 500元。

(2) 商品价格（同度量因素）选择报告期价格 p_1，此时销售量总指数的公式为：

$$\overline{K}_q=\frac{\sum q_1p_1}{\sum q_0p_1}$$

上述公式称为报告期加权综合指数公式，由德国著名经济统计学家帕舍于1874年首次提出，也被人们称为帕氏指数公式。

将表8-2中的资料代入公式，则：

$$\overline{K}_q=\frac{570\times50+1\ 080\times60+2\ 800\times120}{600\times50+900\times60+2\ 500\times120}=\frac{429\ 300}{384\ 000}=1.1180=111.80\%$$

$\sum q_1p_1-\sum q_0p_1=429\ 300-384\ 000=45\ 300$(元)

计算结果表明，报告期三种商品销售量比基期增长了11.80%；由于销售量的增长，使销售额增加了45 300元。

上述计算分析结果表明，同一数量指标综合指数的同度量因素，固定在不同时期会得出不同的结果。

3.确定同度量因素所属的时期

通过以上分析可以看出，选用不同时期的价格作为同度量因素，编制的销售量综合指数是不同的。

究竟应该采用哪种公式计算销售量综合指数，取决于统计研究的目的。当编制销售量指数目的在于测定各种商品销售量的总变动时，就要求在计算中必须尽量排除价格变动的影响。

因此，只有采用将基期销售价格作为同度量因素的公式，才能反映销售量本身的变动程度及影响的绝对销售额；而以报告期价格作为同度量因素的公式，则包含了价格和销售量共同变动的影响，不能确切反映销售量变动影响的绝对销售额。

综上所述，编制销售量指数，应将作为同度量因素的价格固定在基期。由此，我们可以概括出编制数量指标综合指数的一般原则：编制数量指标综合指数，应以基期的质量指标作为同度量因素。

但上述说法也不是绝对的，在实际运用中，要注意根据研究的目的及资料条件等，针对具体情况灵活运用。

其计算公式为：

微课8-3

质量指标综合指数的编制

$$\overline{K}_q=\frac{\sum q_1p_n}{\sum q_0p_n}$$

式中：p_n——某一固定时期的价格

（二）质量指标综合指数的编制

质量指标综合指数是反映质量指标数量变动情况的指数，如价格指数、劳动生产率指数、成本指数等。现以商品销售价格指数为例说明质量指标综合指数的编制方法。

仍以【做中学8-4】为例，由表8-2中的资料可以看到，2022年与2021年比，三种商品的个体价格指数分别为：

甲商品：$k_p = \frac{p_1}{p_0} = \frac{50}{30} = 166.67\%$

乙商品：$k_p = \frac{p_1}{p_0} = \frac{60}{80} = 75.00\%$

丙商品：$k_p = \frac{p_1}{p_0} = \frac{120}{120} = 100\%$

个体价格指数只能说明每一种商品价格的变动方向和变动程度，要综合说明三种商品价格总的变动方向和变动程度，则需要编制价格总指数。

虽然从表面上看，商品的价格都是以货币表示的，其计量单位相同，似乎可以相加汇总，然后再进行对比，从而得到价格总指数。但其实这样做是不合理的。

原因如下：

（1）各种不同商品的价格代表着不同质的商品价值，仅仅是数值上的简单相加是没有意义的。

（2）各种商品的销售量是不同的，如果不考虑各种商品销售量的大小，直接将它们在报告期和基期的价格分别相加并进行对比，那么，价格变动幅度大的商品，即使销售量很小，其价格变动对价格总变动的影响仍然很大，这显然是不合理的。

（3）各种商品的价格都是单位价格，而商品数量的计量单位不同（如论重量的商品，可以分别以吨、千克、克等为计量单位），这样，其单位价格也会随着计量单位的变动增加或减少，将各种商品的单位价格相加计算的总指数，会得出许多不同的结果，这显然是不科学的。

因此，在编制价格总指数时，仍然需要运用综合指数的基本原理，合理解决以下三个问题。

1.寻找同度量因素，把不能直接相加的个别现象的量转化为可以相加的量

在【做中学8-4】中，三种商品的价格不能直接加总。我们可以引入各种商品的销售量，并以其为媒介，将不能直接加总的商品价格转化成可以直接加总的商品销售额，即：

单位价格 × 商品销售量 = 销售额

这里的单位价格是指数化因素，即被研究的对象，是要说明的变动方向和变动程度所指的事物；商品销售量（数量指标）是同度量因素，它将不能直接加总的价格转化成了可以直接加总的销售额，这样就可以将三种商品在两个时期的销售额分别加总，再进行对比，得出销售额总指数（销售额总指数的公式及计算结果见“数量指标综合指数”编制的第一步）。但是，以上计算出的销售额总指数，既包括了销售量的变动，也包括了价格的变动，即销售额增长了10.08%和绝对额增加39 300元是销售量和价格同时变动的结果。要编制单纯反映价格综合变动情况的总指数，必须从销售额的变动中排除同度量因素变动的影响，即将同度量因素固定。

2.通过固定同度量因素，排除同度量因素的影响

同编制数量指标综合指数一样，只有把与两个时期的商品价格相乘的商品销售量固定，即假设报告期和基期的销售量相同，这时，计算出来的两个时期的销售额对比的结果才能单纯地反映多种商品价格总的变动方向和变动程度。这样编制出来的指数才是价格总指数。

基于这个原理建立起来的质量指标综合指数的一般公式是：

$$\overline{K}_p = \frac{\sum p_1 q}{\sum p_0 q}$$

式中：$\overline{K}_p$——价格总指数（质量指标指数）；

q——商品两个时期相同的销售量

公式中的商品销售量可以选择基期销售量，也可以选择报告期销售量。仍以【做中学8-4】为例进行分析。

拓展阅读8-5

（1）商品销售量（同度量因素）选择基期销售量q_0，此时价格总指数的公式为：

$$\overline{K}_p = \frac{\sum p_1 q_0}{\sum p_0 q_0}$$

同以基期价格为同度量因素的销售量总指数公式一样，上述公式也属于基期加权综合指数公式，亦称为拉氏指数公式。

将表8-2中的资料代入公式，则：

$$\overline{K}_p = \frac{600 \times 50 + 900 \times 60 + 2\,500 \times 120}{600 \times 30 + 900 \times 80 + 2\,500 \times 120} = \frac{384\,000}{390\,000} = 0.9846 = 98.46\%$$

$$\sum p_1 q_0 - \sum p_0 q_0 = -6\,000(\text{元})$$

计算结果表明，报告期三种商品价格总水平比基期下降了1.54%；由于价格总水平的下降，使销售额减少了6 000元。

（2）商品销售量（同度量因素）选择报告期销售量q_1，此时价格总指数的公式为：

$$\overline{K}_p = \frac{\sum p_1 q_1}{\sum p_0 q_1}$$

同以报告期价格为同度量因素的销售量总指数公式一样，上述公式也称为报告期加权综合指数公式，亦称为帕氏指数公式。

将表8-2中的资料代入公式，则：

$$\overline{K}_p = \frac{570 \times 50 + 1\,080 \times 60 + 2\,800 \times 120}{570 \times 30 + 1\,080 \times 80 + 2\,800 \times 120} = \frac{429\,300}{439\,500} = 0.9768 = 97.68\%$$

$$\sum p_1 q_1 - \sum p_0 q_1 = 429\,300 - 439\,500 = -10\,200(\text{元})$$

计算结果表明，报告期三种商品价格总水平比基期下降了2.32%；由于价格总水平的变化，使销售额减少了10 200元。

上述计算分析结果表明，同一质量指标综合指数的同度量因素，固定在不同时期会得出不同的结果。

3.确定同度量因素所属的时期

通过以上分析可以看出，选用不同时期的销售量作为同度量因素，编制的物价综合指数也是不同的。

用基期的销售量作为同度量因素的公式，能够单纯反映商品价格的总变动，而计算表明的是按过去的销售量销售这三种商品实现的销售额，这是没有实际意义的。而用报告期作为同度量因素的公式，尽管在反映商品销售价格的同时，也包含了销售量的变动因素部分影响在内，但是，它可以说明在目前的商品销售量条件下，由于价格的变动引起的商品销售额变动。同时，也可说明在目前销售量的条件下，由于物价变动引起的销售额变动，这样，更具有现实意义。

综上所述，编制价格总指数，应将作为同度量因素的销售量固定在报告期。由此，我们可以概括出编制质量指标综合指数的一般原则：编制质量指标综合指数，应以报告期的数量指标作为同度量因素。

当然，也可以以某一固定时期的销售量作为同度量因素，其计算公式为：

$$\overline{K}_p = \frac{\sum p_1 q_n}{\sum p_0 q_n}$$

式中：q_n——某一固定时期的销售量

通过以上对编制数量指标综合指数和质量指标综合指数的分析，我们可以得出编制综合指数的一般原则：编制数量指标综合指数，要以质量指标为同度量因素，并将质量指标固定在基期；编制质量指标综合指数，要以数量指标为同度量因素，并将数量指标固定在报告期。

第三节　平均指数

一、平均指数的意义

编制综合指数，必须全面掌握报告期和基期的指数化因素和同度量因素资料。但是，在实际工作中，往往不能及时地全面掌握所需资料，这样，就不能直接运用综合指数公式进行计算。但是，可以对综合指数基本公式加以变形。

平均指数是综合指数的变形形式。它是从个体指数出发，先计算出数量指标或质量指标的个体指数，然后对个体指数进行加权平均，得出平均指数，据以测定现象总的变动方向和变动程度。

平均指数的实质是以个体指数作为变量，并根据个体在总体中的地位加权平均，即对个体指数进行平均化，以测定现象的综合平均变动情况。它在国内外统计工作中，作为一种独立的形式，得到广泛的应用。平均指数作为综合指数的变形来使用，只是改变了综合指数公式的计算形式，不会改变综合指数的计算结果和经济意义，其指数形式和权数的选择必须按综合指数的编

拓展阅读8-6

制原理和要求来确定。

二、平均指数的编制

根据掌握资料的不同，平均指数的计算有两种基本形式：一种是加权算术平均指数，另一种是加权调和平均指数。

（一）加权算术平均指数

微课 8-4

平均指数的编制

加权算术平均指数是对个体指数按加权算术平均方式进行平均，即以个体指数为变量值，以综合指数公式的分母资料为权数，计算个体指数的加权算术平均数。

1.数量指标的加权算术平均指数的计算

如果掌握的资料是个体数量指标指数和数量指标综合指数公式中的分母资料，就可把数量指标综合指数变形为加权算术平均指数的形式。

以商品销售量指数为例进行说明。

数量指标的加权算术平均指数的公式为：

$$\overline{K}_q=\frac{\sum k_q q_0 p_0}{\sum q_0 p_0}$$

式中：$k_q=\frac{q_1}{q_0}$（个体销售量指数，要进行平均的变量值），q_0p_0 为基期实际销售额

从上式可以看出，加权算术平均指数消除了报告期销售量 q_1 与基期价格 p_0 相乘得出假定销售额的资料所限和计算的麻烦，从而使资料既易取得，又简化了计算过程。同时，若将 $k_q=\frac{q_1}{q_0}$ 代入上述公式，还可还原为数量指标综合指数的基本形式：

$$\overline{K}_q=\frac{\sum k_q q_0 p_0}{\sum q_0 p_0}=\frac{\sum \frac{q_1}{q_0} q_0 p_0}{\sum q_0 p_0}=\frac{\sum q_1 p_0}{\sum q_0 p_0}$$

做中学 8-5

以某超市 2021 年和 2022 年三种商品的销售资料进行加权算术平均指数计算，具体见表 8-3。

表 8-3　加权算术平均指数计算表　金额单位：元

产品名称	计量单位	销售量		个体销售量指数（%）k_q	基期销售额 p_0q_0	个体指数乘以权数 $k_q\times p_0q_0$
		q_0	q_1			
甲	米	600	570	95.00	18 000	17 100
乙	件	900	1 080	120.00	72 000	86 400
丙	千克	2 500	2 800	112.00	300 000	336 000
合计	—	—	—	—	390 000	439 500

$$\overline{K}_q=\frac{\sum k_q q_0 p_0}{\sum q_0 p_0}=\frac{439\,500}{390\,000}=1.1269=112.69\%$$

$$\sum k_q q_0 p_0-\sum q_0 p_0=439\,500-390\,000=49\,500(\text{元})$$

计算结果表明，三种商品销售量平均增长了12.69%，由于销售量的增长使销售额增加了49 500元。

这个结果与前面销售量综合指数的计算结果是相同的。可见，数量指标的加权平均指数和数量指标综合指数的结果是相等的，只是使用的资料和计算形式有所不同。

2.质量指标的加权算术平均指数的计算

如果掌握的资料是个体质量指标指数和质量指标综合指数公式中的分母资料，就可把质量指标综合指数变形为加权算术平均指数的形式。

以价格总指数为例进行说明。

质量指标的加权算术平均指数的公式为：

$$\overline{K}_p=\frac{\sum k_p q_1 p_0}{\sum q_1 p_0}$$

式中：$k_p=\frac{p_1}{p_0}$（个体价格指数，要进行平均的变量值）

q_1p_0——报告期假定销售额（价格总指数的综合指数的分母资料，权数）

从上式可以看出，若将$k_p=\frac{p_1}{p_0}$代入上述公式，还可以还原为质量指标综合指数的基本形式：

$$\overline{K}_p=\frac{\sum k_p q_1 p_0}{\sum q_1 p_0}=\frac{\sum \frac{p_1}{p_0} q_1 p_0}{\sum q_1 p_0}=\frac{\sum q_1 p_1}{\sum q_1 p_0}$$

使用质量指标的加权算术平均指数公式时，可将平均指数使用的权数通过抽样调查资料，以比重（相对数）w的形式固定下来，即采用固定权数，并在一定时期内保持不变。这样计算的平均指数称为固定权数的平均指数，其计算公式为：

$$\overline{K}_p=\frac{\sum k_p w}{\sum w}$$

式中：w——某一时期的比重权数（%）；

k_p——个体指数。

我国居民消费价格指数就是采用这种形式编制的。

做中学8-6

下面是居民消费价格指数计算表（见表8-4）。已知各大类、交通工具和通信工具中类及其代表商品（代表规格品）的有关资料（有关数据均为假设）。要求据以编制有关的价格指数。

表 8-4 某市居民消费价格指数计算表

类别及品名	规格等级	计量单位	平均价格（元）		指数（%）	权数	指数×权数
			基期	报告期			
总指数	—	—	—	—	102.69	100	—
一、食品类	—	—	—	—	104.15	42	43.743
二、衣着类	—	—	—	—	95.46	15	14.319
三、家庭设备及用品	—	—	—	—	102.70	11	11.297
四、医疗保健	—	—	—	—	110.43	3	3.313
五、交通和通信工具	—	—	—	—	98.53	4	3.941
1. 交通工具	—	—	—	—	104.37	60	62.622
电动摩托车	001 型	辆	8 450	8 580	101.54	45	45.693
人力自行车	A66m	辆	336	360	107.14	50	53.570
电动三轮车	普遍	辆	540	552	102.22	5	5.111
2. 通信工具	—	—	—	—	89.77	40	35.908
电话机	中档	部	198	176	88.88	80	71.104
手机	中档	部	900	840	93.33	20	18.666
六、文教娱乐用品	—	—	—	—	101.26	5	5.063
七、居住项目	—	—	—	—	103.50	14	14.490
八、服务项目	—	—	—	—	108.74	6	6.524

解：利用表 8-4 中的资料和公式，依次计算各类别的消费价格指数和消费价格总指数如下：

（1）计算交通工具和通讯工具两个中类的价格指数。

①交通工具类指数为：

$$\overline{K}_p = \frac{\sum k_p w}{\sum w} = \frac{45.693 + 53.570 + 5.111}{100} = 1.0437 = 104.37\%$$

②通讯工具类指数为：

$$\overline{K}_p = \frac{\sum k_p w}{\sum w} = \frac{71.104 + 18.666}{100} = 0.8977 = 89.77\%$$

由此可以进一步计算各中类的“指数×权数”资料。

（2）计算交通和通讯工具大类的价格指数。

$$\overline{K}_p = \frac{\sum k_p w}{\sum w} = \frac{62.622 + 35.908}{100} = 0.9853 = 98.53\%$$

（3）计算居民消费价格总指数。

$$\overline{K}_p = \frac{\sum k_p w}{\sum w} = \frac{43.743 + 14.319 + 11.297 + 3.313 + 3.941 + 5.063 + 14.490 + 6.524}{100}$$

$$= 1.0269 = 102.69\%$$

（二）加权调和平均指数

加权调和平均指数是对个体指数按加权调和平均的方式进行平均，即以个体指数为变量值，以综合指数公式的分子资料为权数，计算个体指数的加权调和平均数。

如果掌握的资料是个体质量指标指数和质量指标综合指数公式中的分子资料，就可把质量指标综合指数变形为加权调和平均指数的形式。

以价格总指数为例进行说明。

质量指标的加权调和平均指数的公式为：

$$\overline{K}_p=\frac{\sum q_1p_1}{\sum \frac{1}{k_p}q_1p_1}$$

式中：$k_p=\frac{q_1}{q_0}$

q_1p_1—报告期实际销售额

从上式可以看出，加权调和平均指数消除了综合指数的假定销售额 q_1p_0，以报告期实际数值 q_1p_1 为权数，使资料较易取得，并简化了计算过程。同时，若将 $k_p=\frac{q_1}{q_0}$ 代入上式，还可以还原为质量指标综合指数的基本公式，即：

$$\overline{K}_p=\frac{\sum q_1p_1}{\sum \frac{1}{k_p}q_1p_1}=\frac{\sum q_1p_1}{\sum \frac{1}{\frac{p_1}{p_0}}q_1p_1}=\frac{\sum q_1p_1}{\sum q_1p_0}$$

做中学 8-7

以某超市 2021 年和 2022 年三种商品的销售资料进行加权调和平均指数计算，具体见表 8-5。

表 8-5 加权调和平均指数计算表 金额单位：元

产品名称	计量单位	销售价格		个体价格指数（%）k_p	报告期销售额 p_1q_1	个体指数乘以权数 $\frac{1}{k_p}\times p_1q_1$
		p_0	p_1			
甲	米	30	50	166.67	28 500	17 100
乙	件	80	60	75.00	64 800	86 400
丙	千克	120	120	100.00	336 000	336 000
合计	—	—	—	—	429 300	439 500

$$\overline{K}_p=\frac{\sum q_1p_1}{\sum \frac{1}{k_p}q_1p_1}=\frac{429\,300}{439\,500}=0.9768=97.68\%$$

$$\sum q_1p_1-\sum \frac{1}{k_p}q_1p_1=429\,300-439\,500=-10\,200(\text{元})$$

计算结果表明，三种商品报告期的价格比基期平均下降了 2.32%，由于价格的下降，使销售额减少了 10 200 元。这与前面的销售价格综合指数计算结果是一致的。

因此，质量指标的加权调和平均指数和质量指标综合指数实质上是一致的，只是所依据的统计资料和计算公式的形式不同而已。

我国农副产品收购价格总指数，就是以报告期各类农副产品收购额为权数，以各种农副产品的收购价格指数为变量，用加权调和平均数计算的。

三、几种重要的经济指数

（一）居民消费价格指数（Consumer Price Index，CPI）

1. 概念

消费价格指数是反映一定时期内各种消费品和生活服务价格综合变动程度的一种相对数，我国称之为居民消费价格指数（以下简称CPI）。消费价格指数是世界各国普遍编制的一种指数，它可以用于分析市场价格的基本动态，是政府制定物价政策和工资政策的重要依据。居民消费价格指数是度量消费商品及服务项目价格水平随着时间变动程度的相对数，反映居民购买的商品及服务项目价格水平的变动趋势和变动程度。

其按年度计算的变动率通常被用来反映通货膨胀或紧缩的程度；CPI及其分类指数还是计算国内生产总值以及资产、负债、消费、收入等实际价值的重要参考依据。

2. 消费价格指数的编制

全国的CPI由国家统计局编制发布，各省、自治区、直辖市CPI由国家统计局认定反馈，各调查总队公开。

CPI的编制步骤如下：

第一步，确定调查目录。

编制居民消费价格指数，首先要确定将要调查的商品和服务项目。与国际上的做法一样，我国统计部门抽选一组居民经常消费的、对居民生活影响较大的、有代表性的、固定数量的商品和服务，这一组固定数量的商品和服务统称为“商品篮子”。

第二步，确定调查的范围。

CPI价格调查在全国31个省（区、市）中抽取500个市县开展，在这些市县采用抽样调查方法抽选确定价格调查网点。

第三步，确定调查的商品。

在每个价格调查网点，选择确定要调查的商品，即“代表规格品”。“代表规格品”是每个基本分类下设的，用来反映某个基本分类价格变化的具有特定产地、规格、等级、牌号、花色等特征的一组商品。选取代表规格品遵循以下原则：

①消费数量较大，供应相对稳定，生产和销售前景较好。

②选中的工业消费品必须是合格产品，产品包装上应有注册商标、产地、规格等级等标识。

③价格变动趋势和变动程度有较强的代表性，即选中规格品的价格变动特征与未选中规格品之间价格变动的相关性愈高愈好。

例如，某市选中“金龙鱼牌食用调和油”作为“食用植物油”这一基本分类的代表规格品，未选“福临门牌食用调和油”，是由于市场上这两种商品的价格上涨一般是联动的，因此只选一种就能反映食用植物油的价格变动情况。由于中国幅员辽阔，各地消费习惯不尽相同，各市县根据当地情况抽选的代表规格品有部分差异。例如，粮食制品这一基本分类下，北京选择的是馒头、火烧和大饼等代表规格品，贵阳选择的是米粉、卷粉等代表规格品。

第四步，确定价格采集方法。

通过手持数据采集器，采用定人、定点、定时的方法直接调查。在保证价格准确的前提下，经国家统计局审定，各地可利用被调查单位的电子数据进行辅助采价，也可从互联网采集特定商品和服务价格。以大米为例，"大米"是小类"粮食"下的一个基本分类，为了计算其价格指数，某调查市选取了"七河源牌5千克袋装米"作为大米的3个代表规格品之一，抽选了甲乙丙三个价格调查点，在采价日，采价员前往各个价格调查网点采集价格。全国各地采价员使用手持数据采集器，登录统一的电子平台，即时数据全部及时传送至国家统计局服务器中，各省市县工作人员可以同时审核原始价格。

第五步，进行权数的设置。

在实际生活中，居民家庭在一些商品上消费支出较多，在另一些商品上的支出相对较少，因此，在计算价格指数时，引入"权数"，权数显示出"篮子"中每一类商品或服务在居民消费总支出中所占的比重，一般用百分比来表示。通过权数能够计算某类商品的价格变动对上一级指数变动的影响程度。

第六步，确定价格指数对比基期。

从2000年开始，CPI计算由每月变动对比基期改为固定对比基期，居民消费价格首轮对比基期定为2000年，即以2000年平均价格为基期价格。考虑到消费市场的发展变化、居民消费的升级换代，为更准确地反映居民消费结构的新变化和物价的实际变动，国家统计局规定每5年进行一次基期轮换。CPI基期轮换包括调查商品"篮子"、调查网点、代表规格品和权数等的调整。从2016年开始到2020年的五年，使用2015年作为对比基期，调查商品和权数以2015年城乡居民消费支出结构来确定。

我国CPI编制流程图如图8-1所示。

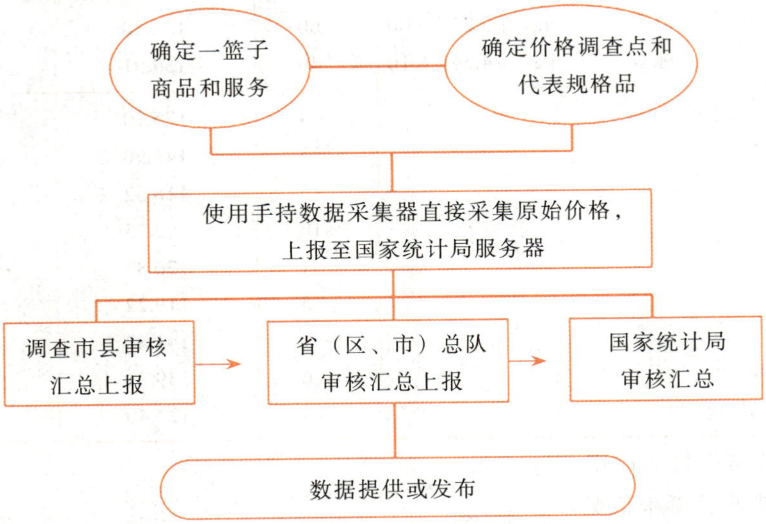

图8-1 我国CPI编制流程图

我国CPI中的权数，主要是根据全国城乡居民家庭各类商品和服务的消费支出详细比重确定的。CPI汇总计算方法采用链式拉式公式，编制月环比、月同比以及定基价格指数。消费价格指数的计算公式为：

$$\overline{K}_p=\frac{\sum k_p w}{\sum w}$$

式中：k_p——个体价格指数；

w——权数。

利用上述公式，依次编制各小类、中类的消费价格指数和消费价格总指数。

具体计算见表8-6。

表8-6 消费价格指数具体计算过程

类别和产品	规格等级牌号	计量单位	平均价格（元）		权数（%）	基数为100	
			基期 p_0	本期 p_1	$\frac{w}{\sum w}$	指数（%）$k_p=\frac{p_1}{p_0}$	指数×权数 $\sum k_p\frac{w}{\sum w}$
甲	乙	丙	（1）	（2）	（3）	（4）=（2）/（1）	（5）=（4）×（3）
食品大类指数					100		129.16
其中：							
1.粮食品中类					14	151.58	21.22
（1）细粮小类					96	151.70	145.63
	二等粳米	kg	1.81	2.80	80	154.70	123.60
	籼米	kg	1.56	2.20	20	141.03	28.10
（2）粗粮小类					4	148.96	5.96
	赤豆	kg	3.23	5.00	60	154.80	93.00
	绿豆	kg	4.36	6.10	40	139.91	55.96
2.油脂中类					4	175.90	7.04
3.肉禽蛋中类					25	146.90	36.73
4.水产品中类					15	118.32	17.75
5.鲜菜中类					10	62.75	6.28
6.干菜中类					1	120.83	1.21
7.鲜果中类					5	119.22	5.96
8.干果中类					1	144.82	1.45
9.其他产品类					6	139.21	8.35
10.饮食业中类					19	122.40	23.26

3.消费价格指数的作用

（1）反映通货膨胀状况。

通货膨胀的严重程度是用通货膨胀率来反映的，它说明了一定时期内商品价格持续上升的幅度。通货膨胀率一般以居民消费价格指数来表示。

其计算公式为：

$$通货膨胀率 = \frac{报告期居民消费价格指数 - 基期居民消费价格指数}{基期居民消费价格指数} \times 100\%$$

（2）反映货币购买力的变动情况。

货币购买力是指单位货币能够购买到的消费品和服务的数量。居民消费价格指数上涨，则货币购买力下降；反之，居民消费价格指数下降，则货币购买力上升。居民消费价格指数的倒数就是货币购买力指数，即：

$$货币购买力指数 = \frac{1}{居民消费价格指数} \times 100\%$$

（3）反映物价对职工实际工资的影响。

消费价格指数的提高意味着实际工资的减少，消费价格指数的下降意味着实际工资的提高。因此，可以利用消费价格指数将名义工资转化为实际工资，其计算公式是：

$$实际工资 = \frac{名义工资}{消费价格指数}$$

做中学 8-8

表 8-7 是 2018—2022 年英国某地区工人每小时的名义工资和消费价格指数，计算工人每小时的实际工资，并分析工人的购买力的变动。

表 8-7　2018—2022年工人每小时名义工资和消费价格指数资料表

年份	每小时名义工资（英镑）	消费价格指数（%）
2018	11.46	140.30
2019	11.76	144.50
2020	12.06	148.20
2021	12.44	152.40
2022	12.78	156.70

解： 运用上述公式，可以计算得出英国某地区工人 2018—2022 年各年的每小时实际工资分别为：8.17 英镑、8.14 英镑、8.14 英镑、8.16 英镑、8.16 英镑。

每小时的实际工资在这几年间变动幅度比较小，可见，在消除了通货膨胀的影响之后，工人的购买力几乎没有变化。

（二）零售物价指数

零售物价指数（Retail Price Index，RPI）是反映城乡商品零售价格变动趋势的一种经济指数。零售物价的调整变动直接影响城乡居民的生活支出和国家的财政收入，影响居民购买力和市场供需平衡，影响消费与积累的比例。零售物价指数是编制财政计划、价格计划，制定物价政策、工资政策的重要依据。目前，统计工作中按月、季、年编制零售物价指数，计算工作量和采价工作量非常大。

我国的零售物价指数的编制程序与消费价格指数的编制程序基本相同，也是采用固定加权算术平均指数公式。权数直接影响指数的可靠性，因此每年要根据居民家庭收支调查资料调整一次权数。

编制零售物价指数时，全国统一规定了商品分类。全部商品分为十四大类，每个大类又分为若干中类，中类内再分为小类，每个小类又包括若干商品。各大类、中类、小类中各部分零售额比重之和均等于100%。这样，各小类的加权平均指数便是中类的指数，各中类的加权平均指数便是大类的指数，各大类的加权平均指数就是总指数，即零售物价指数。

物价不可能全面调查，只能在部分市、县调查，在我国根据人力、财力，大约选200个市、100个县作为物价变动资料的基层填报单位。

目前，零售物价指数的入编商品共计353项，其中不包括服务项目（但以往包含一部分对农村居民销售的农业生产资料，现已取消），对商品的分类方式也与消费价格指数有所不同。这些都决定了消费价格指数和零售物价指数在分析意义上的差别：消费价格指数综合反映城乡居民所购买的各种消费品和生活服务的价格变动程度，零售物价指数则反映城乡市场各种零售商品（不含服务）的价格变动程度。

延伸学习8-1　人们对物价的感受与CPI数据有差异的主要原因

（一）个体与总体的差异

CPI是一个综合反映居民消费商品和服务价格变动情况的平均数，是一个加权计算后的综合平均数，不针对具体的商品，所调查的商品既包括价格上涨的品种，也包括价格下跌的品种。因此，要了解某种具体商品（个体）或服务价格变动情况，要对号入座、研究具体分类指数。

例如，想了解自来水的价格涨了多少，就要具体看“水”这一基本分类的价格指数。同时，居民更容易对与其日常生活密切相关的商品涨价感受强烈，比如蔬菜、水果以及肉类等刚需商品，人们对这些商品价格上涨比较敏感，而家电等耐用消费品，消费频率低，消费者一般对这些商品价格的变动不是很敏感，这些商品价格近年来保持稳中有降态势，因此，综合计算出的CPI“篮子”内的商品价格变动幅度不会很大。

（二）对比基期的差异

CPI主要公布的是环比、同比指数，对比基期分别为上月和上年同月。短期内，CPI指数变动幅度不可能很大，而人们感受价格变化，对比的基期可能是3、5年前，甚至10年前。如果把居民消费价格放在比较长的时期内观察，价格变动幅度就会比较明显。

（三）价格指数与绝对价格的差异

价格指数是反映价格变动的相对数，指数涨幅高并不意味绝对价格也高。例如，成都的猪肉价格由每斤10元涨至20元，涨幅是100%；北京的猪肉价格由每斤15元涨至20元，涨幅是33.3%。虽然成都的猪肉价格涨幅远高于北京，但绝对价格是一样的。

资料来源 《领导干部统计知识问答》编写组. 领导干部统计知识问答［M］. 北京：中国统计出版社.

（三）工业生产指数

工业生产指数概括地反映一个国家或地区各工业产品产量的综合变动程度，也是衡量经济增长水平的重要指标之一。

1.我国工业生产指数的编制

我国工业生产指数是通过计算各种工业产品的不变价格产值来编制的。

采用不变价格法编制工业生产指数的好处是，只要具备了完整的不变价格产值资料，就能够很容易地计算出有关的生产指数，而且可以在不同层次上（如各地区、各部门、各企业等）进行编制，满足各方面的分析需要。

其不足之处是，不变价格的制定和不变价格产值的计算本身是一项非常繁杂的工作，这项工作又必须连续不断地、全面地展开，难度较大。尤其是在市场经济条件下，要在整个工业生产领域内运用不变价格计算完整的产值资料，面临着很多实际的问题。

编制工业生产指数一般有三个步骤：

第一，对各种工业产品分别制定相应的不变价格标准。

第二，逐项计算各种产品的不变价格产值，加总起来就得到全部工业产品的不变价格总产值。

第三，将不同时期的不变价格总产值加以对比，得到相应时期的工业生产指数。

其计算公式为：

$$\overline{K}_q = \frac{\sum q_t p_c}{\sum q_0 p_c} \quad 或 \quad \overline{K}_q = \frac{\sum q_t p_c}{\sum q_{t-1} p_c}$$

式中：p_c——不变价格

拓展阅读8-7

2.国外的工业生产指数的编制

国外普遍采用加权算术平均指数形式来编制工业生产指数，目的是说明工业增加值中物量因素的综合变动程度，其分析意义与一般的工业总产量指数有所不同。

在实践中，通常采用固定加权算术平均指数法来编制工业生产指数，以此来简化指数的编制工作，即以各种工业品的增加值比重作为权数，并且将这种比重权数相对固定下来，连续地编制各个时期的工业生产指数。

其计算公式为：

$$\overline{K}_q = \frac{\sum k_q w}{\sum w}$$

式中：k_q——各种工业品的个体产量指数

（四）股票价格指数

1.股票价格指数的概念

股票价格指数是反映股票市场上多种股票价格变动趋势的一种相对数，它是根据精心选择的那些具有代表性和敏感性强的样本股票在某时点的平均市场价格计算的动态相对数。

股票价格指数是反映证券市场行情变化的重要指标，也是影响投资人决策和行为的主要因素之一；它的波动和走向能够反映经济的景气状况，被视为一个地区或国家宏观经济态势的“晴雨表”。

计算股价指数时通常要考虑以下四点：

（1）样本股票必须具有典型性、普通性，为此，选择样本时应综合考虑其行业分布、市场影响力、股票等级、适当数量等因素。

（2）计算方法应具有高度的适应性，能对不断变化的股市行情作出相应的调整或修正，使股票指数或平均数有较强的敏感性。

（3）要有科学的计算依据和手段。计算依据的口径必须统一，一般均以收盘价为计算依据，但随着计算频率的提高，可能会以每小时价格甚至更短的时间价格计算。

（4）基期应有较好的均衡性和代表性。

股票价格指数一般用加权综合指数的方法编制，其计算公式为：

$$\overline{K}_q = \frac{\sum p_1 q}{\sum p_0 q}$$

式中：q——股票发行量

股票发行量可以确定在基期，也可以确定在报告期，多数以报告期发行量为权数。

做中学 8-9

假设有三种股票的价格和发行量资料见表 8-8，试计算股票价格指数。

表 8-8　三种股票的价格和发行量资料

股票名称	基期价格（元）	报告期价格（元）	报告期发行量（万股）
A	25	26.50	3 500
B	8	7.80	8 000
C	12	12.60	4 500

解：

$$股票价格指数 = \frac{\sum p_1 q}{\sum p_0 q} = \frac{3\,500 \times 26.5 + 8\,000 \times 7.8 + 4\,500 \times 12.6}{3\,500 \times 25 + 8\,000 \times 8 + 4\,500 \times 12} = 1.0309 = 103.09\%$$

计算结果表明股票价格指数上涨了 3.09%。

股价指数的单位习惯上用“点”表示，即以基期指数为 100（或 1 000），每上升或下降 1 个单位称为 1 点。

2. 几种常见的股票价格指数

拓展阅读 8-8

世界各地的股票市场都有自己的股票价格指数。

（1）道·琼斯股票价格指数。

它是世界上历史最为悠久的股票指数，由道·琼斯公司（Dow Jones & Company）创始人查尔斯·亨利·道（Charles Henry Dow）于 1884 年开始编制。最初的道·琼斯股票价格平均指数是根据11种具有代表性的铁路公司的股票，采用简单算术平均法进行计算编制而成的。

其计算公式为：

$$股票价格平均数 = \frac{入选股票的价格之和}{入选股票数量}$$

道·琼斯股票价格指数共分四组：

①以30家有代表性的工业公司股票为编制对象的道·琼斯工业股价平均指数；

②以20家有代表性交通运输业公司股票为编制对象的道·琼斯运输业股票价格平均指数；

③以15家有代表性公用事业公司股票为编制对象的道·琼斯公用事业股票价格平均指数；

④以上述三种股价平均指数所涉及的65家公司股票为编制对象的道·琼斯股票价格综合平均指数。

现在通常被引用的是第一组——工业股票价格平均指数（The Dow Jones Industrial Average，DJIA）。

道·琼斯股票价格平均指数以1928年10月1日为基期，在纽约交易所每30分钟公布一次，用当日当时的股票价格算术平均数与基期的比值求得，各国投资者对其都极为重视。道·琼斯股票价格平均指数是西方新闻媒体引用最多的股票价格指数。

（2）标准普尔股票价格指数。

除了道·琼斯股票价格指数外，标准普尔股票价格指数在美国也很有影响，它是美国最大的证券研究机构即标准普尔公司编制的股票价格指数。该公司于1923年开始编制发布股票价格指数，最初采选了230种股票，编制两种股票价格指数。

1957年，这一股票价格指数的范围扩大到500种股票，分成95种组合。其中最重要的四种组合是工业股票组、铁路股票组、公用事业股票组和500种股票混合组。从1976年7月1日开始，改为400种工业股票、20种运输业股票、40种公用事业股票和40种金融业股票。几十年来，虽然有股票更迭，但始终保持为500种。

标准普尔公司股票价格指数以1941—1943年抽样股票的平均市价为基数，以上市股票数为权数，按基期进行加权计算，其基点数为10。

以目前的股票市场价格乘以股票市场上发行的股票数量作为分子，用基期的股票市场价格乘以基期股票数作为分母，相除之数再乘以10就是股票价格指数。

（3）香港恒生指数。

它是香港证券市场上最有代表性的股票价格指数，于1969年11月24日，由香港恒生银行编制并首次公开发布。

香港恒生指数以33种具有代表性的股票（成分股）为指数计算对象，其中金融业股票4种，公用事业股票6种，地产业股票9种，其他行业股票14种。以1964年7月31日为基期，基日指数定为100，计算公式为：

$$\text{即时指数}=\frac{\text{现时成分股的总市值}}{\text{上日收市时成分股的总市值}}\times\text{上日收市指数}$$

成分股的市值是按股价乘以发行股数计算的。因此，香港恒生指数也是以股票发行量为权数的加权综合指数。

由于恒生股票价格指数所选择的基期适当，因此，不论股票市场狂升或猛跌，还是处于正常交易水平，恒生股票价格指数基本上能反映整个股市的活动情况。

（4）日经道·琼斯股价指数（日经平均股价）。

它是由日本经济新闻社编制并公布的反映日本股票市场价格变动的股票价格平均数。该指数从1950年9月开始编制。最初根据东京证券交易所第一市场上市的225家公司的股票算出修正平均股价，当时称为“东证修正平均股价”。1975年5月1日，日本经济新闻社向道·琼斯公司买进商标，采用美国道·琼斯公司的修正法计算，这种股票指数也就改称“日经道·琼斯平均股价”。1985年5月1日在合同期满10年时，经两家商议，将名称改为“日经平均股价”。

按计算对象的采样数目不同，该指数分为两种：

一种是日经225种平均股价。其所选样本均为在东京证券交易所第一市场上市的股票，样本选定后原则上不再更改。1981年定位制造业150家公司，建筑业10家公司、水产业3家公司、矿业3家公司、商业12家公司、陆运及海运14家公司、金融保险业15家公司、不动产业3家公司、仓库业、电力和煤气4家公司、服务业5家公司的股票。由于日经225种平均股价从1950年一直延续下来，因而其连续性及可比性较好，成为考察和分析日本股票市场长期演变及动态的最常用和最可靠指标。

另一种是日经500种平均股价。它是从1982年1月4日起开始编制的。由于其采样包括有500种股票，其代表性就相对更为广泛，但它的样本是不固定的，每年4月要根据上市公司的经营状况、成交量和成交金额、市价总值等因素对样本进行更换。

（5）《金融时报》股票价格指数。

其全称是“伦敦《金融时报》工商业普通股股票价格指数”，是由英国《金融时报》公布的。该股票价格指数包括在英国工商业中挑选出来的具有代表性的30种公开挂牌的普通股股票。它以1935年7月1日作为基期，其基点为100点。该股票价格指数以能够及时显示伦敦股票市场情况而闻名于世。

（6）上海证券交易所股价指数。

它是由上海证券交易所编制的股票指数，1990年12月19日正式开始发布。该股票指数的样本为所有在上海证券交易所挂牌上市的股票，其中新上市的股票在挂牌的第二天纳入股票指数的计算范围，主要有上证综合指数和上证30指数。

①上证综合指数。

它是以1990年12月19日为基日（该日为上海证券交易所正式营业之日），基日指数定为100，以所有在上海证券交易所上市的股票为编制范围，采用以股票发行量为权数的综合股价指数。计算公式为：

$$上证综合指数 = \frac{报告期市价总值}{基日市价总值} \times 100\%$$

其中，市价总值是股票市价乘发行股数，基日市价总值也称为除数。

当市价总值出现非交易因素（增股、配股、汇率等）变动时，原除数需修正，以维持指数的连续可比。修正公式为：

$$修正后的除数 = \frac{修正后的市价总值}{修正前的市价总值} \times 原除数$$

②上证30指数。

它是以在上海证券交易所上市的A股中选取的最具市场代表性的30种样本股票为计算对象，并以这30种流通股的股数为权数的加权综合股价指数，取1996年1月至3月的平均流通市值为指数的基期，指数以“点”为单位，基期指数定为1 000点。

上海证券交易所股票指数的发布几乎是和股市行情的变化同步的，它是我国证券投资者和证券从业人员研究判断股票价格变化趋势必不可少的参考依据。

拓展阅读8-9

（7）深圳证券交易所股价指数。

它是由深圳证券交易所编制的股票指数。深圳证券交易所股价指数包括深证综合指数和深证成分股指数。

①深证综合指数。

它是以在深圳证券交易所上市的所有股票为对象编制的指数，1991年4月3日为指数的基日，1991年4月4日首次公布。

深证综合指数以发行量为权数，纳入指数计算范围的股票称为指数股。

深证综合指数的基本计算公式为：

$$指数 = \frac{现时指数股总市值}{基日指数股总市值} \times 100\%$$

若遇到股市结构有所变动，其修正是用“连锁”方法计算得到的指数溯源于原有基期，以维持指数的连续性。

每日连锁方法的计算公式为：

$$今日即时指数 = \frac{今日即时指数股总市值}{经调整的上日指数股收市总市值}$$

②深证成分股指数。

它是以1994年7月20日为基日，基日指数定为1 000，于1995年1月23日开始发布。深证成分股指数以流通量为权数，从上市公司中挑选出40家具有代表性的成分股计算，计算公式同深证综合指数。

（五）区域价格指数

区域价格指数用于比较不同地区或国家各种商品价格的综合差异程度，它是进行地区对比和国际对比的一种重要分析工具。

假设对A与B两个地区进行价格比较，其区域价格指数的计算公式为：

$$\overline{K}_p^{A/B}=\frac{\sum p_A(q_A+q_B)}{\sum p_B(q_A+q_B)}$$

这个指数可以抵消A与B两个地区数量构成差异对价格指数带来的影响，在国际经济对比中，有广泛的应用。股票价格指数就是由特定的金融服务机构编制的股价统计数据，它的意义在于度量和反映股票市场总体的价格水平和变化趋势。

第四节　指数体系和因素分析

一、指数体系

（一）指数体系的概念

社会经济现象的变动受多种因素的影响，有些因素之间具有乘积关系，如：

商品销售额=商品销售量×商品价格

总产值=产品产量×产品价格

由此可见，商品销售量和商品价格是影响商品销售额的两个因素，产品产量和产品价格是影响总产值的两个因素。

在统计中，这种乘积关系也存在于指数之间。如果将这些数量关系的报告期水平除以基期水平，即将这些静态联系推广到动态上依然存在，即：

商品销售额＝商品销售量×商品销售价格

生产总成本＝产品产量×单位产品成本

原材料费用=产品产量×单位产品原材料消耗量×原材料价格

上述的这种关系，以指数形式表现时，同样也存在这种对等关系。

统计上把这种经济上具有一定的联系，数量上具有一定对等关系的三个或三个以上的指数所构成的整体，称为指数体系。社会经济现象之间的相互联系、相互影响的关系是客观存在的。

有些社会经济现象之间的联系可以用经济方程式表现出来，如：

商品销售额指数=商品销售量指数×商品销售价格指数

即：$\dfrac{\sum q_1p_1}{\sum q_0p_0}=\dfrac{\sum q_1p_0}{\sum q_0p_0}\times\dfrac{\sum q_1p_1}{\sum q_1p_0}$

生产总成本指数=产品产量指数×单位产品成本指数

即：$\dfrac{\sum q_1z_1}{\sum q_0z_0}=\dfrac{\sum q_1z_0}{\sum q_0z_0}\times\dfrac{\sum q_1z_1}{\sum q_1z_0}$

原材料费用指数=产品产量指数×单位产品原材料消耗量指数×原材料价格指数

即：$\dfrac{\sum q_1m_1p_1}{\sum q_0m_0p_0}=\dfrac{\sum q_1m_0p_0}{\sum q_0m_0p_0}\times\dfrac{\sum q_1m_1p_0}{\sum q_1m_0p_0}\times\dfrac{\sum q_1m_1p_1}{\sum q_1m_1p_0}$

指数之间的数量关系，不仅在相对数上表现为总变动指数等于各因素指数的乘积，而且在变动影响的绝对量上也表现为总变动额等于各因素变动影响额之和。如：

商品销售额绝对差额＝销售量变动影响的差额＋销售价格变动影响的差额

即：$\sum q_1p_1-\sum q_0p_0=\left(\sum q_1p_0-\sum q_0p_0\right)+\left(\sum q_1p_1-\sum q_1p_0\right)$

一般来说，三个或三个以上有联系的经济指数之间如果能构成一定数量上的对等关系，就可以把这种经济上有逻辑联系，数量上有对等关系的若干个指数构成的整体称为指数体系。

如前所述，指数体系一般保持两个对等关系：一是各影响因素指数的乘积等于现象总体指数；二是各影响因素变动额之和等于现象总体变动额。

（二）指数体系的作用

指数体系的作用主要包括：

1.指数体系是因素分析的基本依据

编制指数，不仅要反映复杂社会经济现象的总变动，还要分析现象总变动中各构成因素的影响作用。利用指数体系，可以对现象总变动中各因素的影响进行定量分析，测定各因素变动对现象总变动在方向、程度和绝对量上的影响。这种分析方法，又叫指数因素分析法，是统计分析中广泛运用的一种重要分析方法。

2.指数体系可以进行统计推算

在统计研究或统计分析中，常常缺乏一些必要的统计资料。为此，就需要按照社会经济现象的客观联系，根据已有的统计资料推算出所需要的统计资料。指数体系的这种经济和数量关系，使我们可以根据现象之间的相互联系进行相互推算。

做中学8-10

某地区2022年工业企业平均职工人数为5 000 000人，比上年增加5%，全年工资总额为1 200 000万元，比上年增长100 000万元，要求推算2021年工人平均工资。

上述经济现象之间可以构成如下的指数体系：

工资总额指数=平均职工人数指数×平均工资指数

由此，可以先推算出工人年平均工资的变动：

工人年平均工资指数=工资总额指数÷平均职工人数指数

$$=\frac{1\,200\,000}{1\,200\,000-100\,000}\div\frac{5\,000\,000}{5\,000\,000\div(1+5\%)}=103.90\%$$

计算结果表明：2022年平均工资比2021年平均工资增长3.90%。

又知：2022年平均工资 $=\dfrac{1\,200\,000}{500}=2\,400$ 元，由此，可以推算出2021年的平均工资，即：2021年平均工资 $=\dfrac{2\,400}{103.9\%}=2\,309.91$ 元。

3.为确定各影响因素指数公式提供依据

用综合指数法编制总指数时，指数体系也是确定同度量因素时期的根据之一。因为指数体系是进行因素分析的根据，要求各个指数之间在数量上保持一定的联系。因此，编制产品产量指数时，如用基期价格作同度量因素，那么编制产品价格指数时就必须用报告期的产品产量作为同度量因素；如果编制产品产量指数时用报告期价格作同度量因素，那么编制产品价格指数时就必须用基期的产品产量作为同度量因素。

（三）建立指数体系的基本要求

利用指数体系既可以对现象发展的相对变化程度及各因素的影响程度进行分析，也可以对现象发展变化的绝对数量及各因素的影响数额进行分析。

在实际分析中，比较常用的是基期权数加权的数量指数和报告期权数加权的质量指数形成的指数体系。建立指数体系时必须遵循以下三个基本要求：

1.分析研究对象与其影响因素之间的内在经济联系

指数体系中各指数间的数量关系，反映了客观社会经济现象与其影响因素之间的动态联系，而这种动态联系是由它们固有的内在经济联系所决定的。因此，在建立指数体系时，首先要分析研究对象与其影响因素之间的内在经济联系。

2.确定质量指标指数、数量指标指数及其相互关系

无论是含有两个因素的指数体系还是含有三个或三个以上因素的指数体系，其影响因素指数中，总是由质量指标指数和数量指标指数所构成的，且它们的乘积必须有实际意义，即它们之间必然存在内在的经济联系。

3.区分各指数的指数化因素和同度量因素

在指数体系的影响因素中，必然同时包含指数化因素和同度量因素，且每一个影响因素中，只有一个指数化因素，其余的都是同度量因素。如在原材料费用指数中的产品产量指数，其产品产量为指数化因素，单位产品原材料消耗量和原材料价格都是同度量因素。

二、因素分析

（一）进行因素分析的基本步骤

进行指数因素分析一般分为四个步骤：

1.确定要分析的对象及影响的因素

复杂的社会现象是由两个或两个以上的因素构成的，各因素之间的客观联系是进行指数因素分析法的前提。因此在进行指数因素分析时，首先要对所要研究的现象进行定性分析，确定分析的对象及其有哪些影响因素。例如，要分析某企业不同时期商品销售额变动情况，通过分析它的影响因素有两个，一是商品销售价格，二是商品销售量。

2.建立指数体系

根据指标间数量对等关系的基本要求，确定分析所采用的对象指标和因素指标，并列出指数体系的两个关系式：相对数关系式和绝对数关系式。相对数关系式即现象总体指数等于各影响因素指数的乘积；绝对数关系式即现象总体变动额等于各影响因素变动额之和。

例如：

商品销售额指数=商品销售量指数×商品销售价格指数

即：$\frac{\sum q_1p_1}{\sum q_0p_0}=\frac{\sum q_1p_0}{\sum q_0p_0}\times\frac{\sum q_1p_1}{\sum q_1p_0}$

商品销售额绝对差额=销售量变动影响的差额＋销售价格变动影响的差额

即：$\sum q_1p_1-\sum q_0p_0=\left(\sum q_1p_0-\sum q_0p_0\right)+\left(\sum q_1p_1-\sum q_1p_0\right)$

3.计算指数体系两个关系式中的各项数值

按照公式的内容和要求，收集相关资料，并进行整理和计算。

4.分析说明

根据计算的结果，作出分析结论和简要的文字说明。

（二）总量指标的因素分析

微课 8-5

总量指标指数体系的因素分析

总量指标的两因素分析就是将所分析现象的总量指标分解为两个因素，对其总量变动进行因素分析。

以产品生产或销售为例，总量指标的变动（即总指数），可用如下公式表达：

$$\overline{K}_{qp}=\frac{\sum q_1p_1}{\sum q_0p_0}$$

总指数可分解为数量指标综合指数和质量指标综合指数两个因素的乘积。指数体系如下：

相对数关系为：$\dfrac{\sum q_1p_1}{\sum q_0p_0}=\dfrac{\sum q_1p_0}{\sum q_0p_0}\times\dfrac{\sum p_1q_1}{\sum p_0q_1}$

绝对数关系为：$\sum q_1p_1-\sum q_0p_0=(\sum q_1p_0-\sum q_0p_0)+(\sum p_1q_1-\sum p_0q_1)$

做中学 8-11

某小微企业产品同时生产几种不同的产品，报告期2022年和基期2021年的有关资料见表8-9。

表 8-9　某小微企业产品产量和价格资料表

产品名称	计量单位	产品产量		出厂价格（元）	
		基期 q_0	报告期 q_1	基期 p_0	报告期 p_1
A	件	600	500	11	10
B	台	1 000	1 200	5	6
C	页	4 000	4 100	2	2

解：从表8-9的资料可以看出，该企业总产值指数为：

$$\overline{K}_{qp}=\frac{\sum q_1p_1}{\sum q_0p_0}=\frac{500\times10+1\,200\times6+4\,100\times2}{600\times11+1\,000\times5+4\,000\times2}=\frac{204\,000}{196\,000}=104.08\%$$

报告期总产值比基期增加的绝对额为：

$\sum q_1p_1-\sum q_0p_0=204\,000-196\,000=8\,000$(元)

产品产量总指数为：

$$\overline{K}_q=\frac{\sum q_1p_0}{\sum q_0p_0}=\frac{500\times 11+1\,200\times 5+4\,100\times 2}{600\times 11+1\,000\times 5+4\,000\times 2}=\frac{197\,000}{196\,000}=100.51\%$$

产品产量增加使总产值增加的绝对额为：

$$\sum q_1p_0-\sum q_0p_0=197\,000-196\,000=1\,000(\text{元})$$

产品出厂价格总指数为：

$$\overline{K}_p=\frac{\sum p_1q_1}{\sum p_0q_1}=\frac{500\times 10+1\,200\times 6+4\,100\times 2}{500\times 11+1\,200\times 5+4\,100\times 2}=\frac{204\,000}{197\,000}=103.55\%$$

出厂价格提高使总产值增加的绝对额为：

$$\sum p_1q_1-\sum p_0q_1=204\,000-197\,000=7\,000(\text{元})$$

总产值指数的相对数分解体系为：104.08%=100.51%×103.55%

总产值增加值的绝对数分解体系为：8 000元=1 000元+7 000元

计算结果表明，该工业企业报告期的总产值比基期增长了4.08%，增加额为8 000元，是由于产品产量和出厂价格两个因素发生变动共同引起的，其中产品产量增长0.51%，使总产值增加1 000元，出厂价格增长3.55%，使总产值增加7 000元。

（三）平均指标的因素分析

1.平均指标的含义

平均指标又称“统计平均数”，是反映社会经济现象总体各单位某一数量标志在一定时间、地点条件下所达到的一般水平的综合指标。这里的平均指标是指总体在分组的条件下，用加权算术平均法计算出来的平均指标。平均指标在认识社会经济现象总体数量特征方面有重要作用，得到广泛应用。

（1）平均指标可以反映现象总体的综合特征。

（2）平均指标可以反映分配数列中各变量值分布的集中趋势。

（3）平均指标经常用来进行同类现象在不同空间、不同时间条件下的对比分析，从而反映现象在不同地区之间的差异，揭示现象在不同时间之间的发展趋势。

从综合指数的定义可以看出，当一个总量指标可以分解成两个因素的乘积时，就可以计算每一个因素的变动对总量的影响。同样，对平均指标来讲，我们也可以用上述方法进行分析，因为平均指标也能够分解成两个影响因素：一是各组的代表标志值，二是各组的比重，即权数。即：

$$\bar{x}=\frac{\sum xf}{\sum f}$$

式中：x——各组的代表标志值；

f——权数。

要分别分析各因素的变动对平均指标变动的影响，就要建立平均指标分析的指数体系。

$$\text{加权算术平均指标指数}=\frac{\dot{x}_1}{\dot{x}_0}=\frac{\sum x_1f_1}{\sum f_1}\div\frac{\sum x_0f_0}{\sum f_0}$$

式中：$\bar{x}_1$——报告期的平均数；

$\bar{x}_0$——基期的平均数；

x_1——报告期各组代表标志值；

x_0——基期各组代表标志值；

f_1——报告期各组单位数；

f_0——基期各组单位数

在统计中上述公式称为可变构成指数。这个现象总体指数又可以分解为两个有联系的影响因素指数，其中反映权数变动影响的指数称为结构影响指数，此时，各组代表标志值即x将被固定，根据质量指标指数和数量指标指数的编制原理，标志值作为同度量因素固定在基期，即：

$$结构影响指数=\frac{\sum x_0 f_1}{\sum f_1}\div\frac{\sum x_0 f_0}{\sum f_0}$$

反映各组代表标志值变动影响的指数称为固定构成指数，此时，权数f将被固定，根据质量指标指数和数量指标指数的编制原理，权数作为同度量因素固定在报告期，即：

$$固定构成指数=\frac{\sum x_1 f_1}{\sum f_1}\div\frac{\sum x_0 f_1}{\sum f_1}$$

2.平均指标的因素分析方法

平均指标的三个指数所构成的指数体系的相对数关系可以分解为：

可变构成指数＝固定构成指数×结构影响指数

$$即：\frac{\sum x_1 f_1}{\sum f_1}\div\frac{\sum x_0 f_0}{\sum f_0}=\left(\frac{\sum x_1 f_1}{\sum f_1}\div\frac{\sum x_0 f_1}{\sum f_1}\right)\times\left(\frac{\sum x_0 f_1}{\sum f_1}\div\frac{\sum x_0 f_0}{\sum f_0}\right)$$

平均指标的三个指数所构成的指数体系的绝对数关系可以分解为：

平均指标增减额=结构影响指数分子减分母差额+固定构成指数分子减分母差额

$$即：\frac{\sum x_1 f_1}{\sum f_1}-\frac{\sum x_0 f_0}{\sum f_0}=\left(\frac{\sum x_1 f_1}{\sum f_1}-\frac{\sum x_0 f_1}{\sum f_1}\right)+\left(\frac{\sum x_0 f_1}{\sum f_1}-\frac{\sum x_0 f_0}{\sum f_0}\right)$$

做中学 8-12

已知某连锁企业基期和报告期分店的月营业额情况见表8-10。

表 8-10　某连锁企业基期和报告期分店的月营业额情况

类型	分店数量（家）		平均营业额（万元）		营业额指数（%）			
	基期	报告期	基期	报告期	x_1/x_0	x_0f_0	x_1f_1	x_0f_1
	f_0	f_1	x_0	x_1				
头部分店	3 000	2 000	8 000	8 500	106.25	2 400 000	1 700 000	1 600 000
一般分店	2 000	3 000	5 000	5 500	110.00	1 000 000	1 650 000	1 500 000
合计	5 000	5 000	—	—	—	3 400 000	3 350 000	3 100 000

相关计算如下：

$$\bar{x}_0=\frac{\sum xf}{\sum f}=\frac{8\,000\times 3\,000+5\,000\times 2\,000}{6\,000}=6\,800(\text{万元})$$

$$\bar{x}_1=\frac{\sum xf}{\sum f}=\frac{8\,500\times 2\,000+5\,500\times 3\,000}{5\,000}=6\,700(\text{万元})$$

全体分店的平均营业额指数：

$$\bar{x}_1=\frac{\bar{x}_1}{\bar{x}_0}=\frac{6\,700}{6\,800}=98.53\%$$

全体分店的平均营业额绝对差额：

$$\bar{x}_1-\bar{x}_0=6\,700-6\,800=-100$$

$$\text{结构影响指数}=\frac{6\,200}{6\,800}=91.18\%$$

$$\bar{x}_n-\bar{x}_0=6\,200-6\,800=-60$$

$$\text{固定构成指数}=\frac{6\,700}{6\,200}=108.06\%$$

$$\bar{x}_1-\bar{x}_n=6\,700-6\,200=500$$

$$98.53\%=98.18\%\times 108.06\%$$

$$-10=-60+50$$

本章总结

结论说明：报告期与基期相比，全部店铺的总营业额低了1.47%，减少了100元。由于店铺结构变化降低了8.82%，平均每店减少60元。

综合训练

随堂测8

一、单项选择题

1. 甲产品报告期产量与基期产量的比值是120%，这是（　　）。

A. 综合指数　　B. 总指数　　C. 个体指数　　D. 平均数指数

2. 下列指数中属于数量指标指数的是（　　）。

A. 物价指数　　B. 平均工资指数　　C. 销售量指数　　D. 销售额指数

3. 某零售企业产品物价上涨，但是销售额持平，则销售量指数（　　）。

A. 增长　　B. 下降　　C. 不变　　D. 不能确定

4. 我国股票价格指数采用的计算方法是（　　）。

A. 实际权数平均指数　　B. 综合指数　　C. 固定权数平均指数　　D. 平均指数

二、多项选择题

1. 综合指数是（　　）。

A. 总指数的一种形式

B. 由两个总量指标对比形成的指数

C. 可变形为平均指数

D. 由两个平均指标对比形成的指数

E.一切现象的动态相对数

2.零售物价总指数是（ ）。

A.综合指数　　B.平均指数

C.固定权数物价指数　　D.实际权数物价指数

E.质量指标指数

3.统计指数按其反映现象范围的不同可分为（ ）和（ ）。

A.个体指数　　B.总指数　　C.平均指数　　D.物价指数

4.统计指数按其反映指标性质的不同可分为（ ）和（ ）。

A.物价指数　　B.居民消费指数　　C.数量指标指数　　D.质量指标指数

5.指数体系的作用有（ ）。

A.对现象进行综合评价

B.进行指数之间的相互推算

C.对现象的总变动进行因素分析

D.可以测定复杂现象的综合变动

E.分析总体数量特征的长期变动趋势

6.我国证券交易所股价指数包括（ ）。

A.上证综合指数　　B.深圳综合指数

C.上证30指数　　D.深圳成分指数

E.股价平均指数

三、技能训练

1.据调查，某地四类代表性商品的各类价格指数分别为100%，110%，105%，103%，各类代表商品的固定权数分别为10、30、40、20，试求这四类商品的价格总指数。

2.某企业2020年职工平均工资水平提高了10%，职工人数增加了2%，问该企业工资总额增长了多少？

3.某商业企业有关销售资料见表8-11。

表8-11　某企业商品销售统计表

商品名称	计量单位	销售量		销售价格（元）	
		基期	报告期	基期	报告期
甲	千克	12 000	10 000	200	400
乙	件	80 000	90 000	40	60
丙	米	100 000	120 000	150	150

要求：（1）计算销售量总指数，以及销售量变动对销售额绝对数的影响；

（2）计算价格总指数，以及价格变动对销售额绝对数的影响。

四、简答题

1.简述统计指数有哪些作用。

2.简述综合指数编制的一般原则。
3.平均指数与平均指标指数的区别是什么？
4.零售物价指数与居民消费价格指数区别是什么？
5.我国股票价格指数有哪几种？简要描述其编制方法。

参考文献

[1] 由建勋．统计基础［M］．北京：高等教育出版社，2018.

[2] 傅智端．统计学基础［M］．济南：山东人民出版社，2011.

[3] 贾俊平．统计学基础［M］．5版．北京：中国人民大学出版社，2020.

[4] 粟方忠．统计学原理［M］．8版．大连：东北财经大学出版社，2023.

[5] 贾俊平，何晓群，金勇进．统计学［M］．8版．北京：中国人民大学出版社，2022.

[6] 吴风庆．统计学习题与案例解析［M］．北京：科学出版社，2017.

[7] 嵇冉．易思玲摘取伦敦奥运会首金的统计分析［J］．中国统计，2012（9）．

[8] 辛国华．用统计预测设计小区垃圾处置系统［J］．中国统计，2012（5）．

[9] 韩纪连，尹世耐．应用最小二乘法预测出院人次［J］．统计与咨询，2012（4）．

[10] 邓力．买100返200是打几折［J］．数据，2009（6）．

[11] 王波．电动汽车：一场农村包围城市的绿色盛宴［J］．市场研究，2011（3）．

[12] 邓力．话说三帧兽首价格走势图［J］．数据，2009（5）．

参考文献

[illegible]